マーケティング学説史

アメリカ編

マーケティング史学会 [編]

History of Marketing Thought in the United States, part 2

Marketing History Society of Japan, ed.

同文舘出版

マーケティング史学会

学説史シリーズ V

(1) マーケティング史学会は，マーケティング史やマーケティング学説史などマーケティングに関する歴史的研究をすすめ，その研究水準の向上と発展に寄与することを目的とする。
(2) 本巻は，当学会の目的の1つであるマーケティング学説史に関する共同研究の成果の一部である。
(3) 本巻の執筆者は，奥付に紹介されている。

マーケティング史学会

《マーケティング学説史シリーズ》

Ⅰ.『マーケティング学説史－アメリカ編－』1993年，(増補版) 2008年。
Ⅱ.『マーケティング学説史－日本編－』1998年，(増補版) 2014年。
Ⅲ.『オルダースン理論の再検討』2002年。
Ⅳ.『マーケティング研究の展開〈シリーズ・歴史から学ぶマーケティング 第1巻〉』2010年。
Ⅴ.『マーケティング学説史－アメリカ編Ⅱ－』2019年。

【出版はすべて同文舘出版による】

は　し　が　き

　本書は，アメリカにおいて一世紀を超す期間，歴史的に内容豊かなマーケティング論を作り上げてきた諸学者が存在してきたことに鑑み，マーケティングの果たしてきた，それぞれの機能・領域を重視して，12名の学者を取り上げる。すなわち，マーケティングの総論，マーケティング・チャネル，卸売業，小売業，販売管理といった諸領域で，それぞれ大きく理論貢献してきた学者の人と学説，現代的評価をも明らかにするものである。

　本書の構成は以下のようである。第1章ではマーケティングの総論領域として，歴史研究で橋頭保を築いたR・バーテルズを，第2章，第3章では同様に総論領域として，その理論内容を豊かにした，P・D・コンヴァースと，E・J・マッカーシーを取り上げる。コンヴァースはいわゆるマーケティング科学論争の嚆矢となる論文や，歴史書の出版等を，マッカーシーは戦後に基礎理論体系としての4Pの枠組みを提示したことで知られる。第4章，第5章ではチャネル領域として，J・C・パラマウンテン, Jr.と，L・P・バックリンを取り上げる。パラマウンテンはチャネル研究にあたり流通の政治経済的利益集団分析（ポリティクス）として現状の解明をし，バックリンはチャネル構造を市場の垂直的な組織とそれらの効率性（経済学のアプローチ）から理論的に解明を意図している。

　さらにチャネルの構成要素である卸売業と小売業の発展構造等を明らかにするため，第6章では卸売業論として，その研究の端緒ともなり，ミスター卸売業と称されたT・N・ベックマンを取り上げる。第7章〜第9章では小売業論領域として，小売業経済理論のP・H・ナイストロム，小売業形態発展理論のM・P・マクネアと，S・C・ホランダーを取り上げる。第10章〜第12章では販売管理・販売促進・広告論領域として，第10章では販売管理とりわけ科学的販売員管理のC・W・ホイトを，第11章では広告理論と思想についてのP・T・チェリントン，第12章では広告の経済効果とマーケティング・ミックスのN・H・ボーデンを順次取り上げている。

　これら取り上げるべき学者の選択については，それぞれの重要性や貢献など

を公平に評価しつつ，学会内でアンケートなどを実施して最終決定している。執筆についても同様の方法で調整し，ベストメンバーが担当者になっている。なお，ホランダーの章については，恩師を偲びたいとして，その門下であるアメリカのキープ教授が，所属大学の経営学部長（現・学務担当副学長）という現職多忙の中で執筆されたことを記しておきたい。

本書の第1集として『マーケティング学説史―アメリカ編―』をすでに1993年に出版している（同文舘出版，2008年には増補版）が，アメリカにおいてマーケティング理論を研究し後世に大きく貢献した学者を取り上げ，その人と学説を明らかにし，さらに現代的評価もするという専門研究書であった。とはいえ一書に盛り込む学者数も限られ，当然ながら万全なものとはいえなかったことから，その第2集として本書IIが企画された。

参考までに，第1集である前著の内容は，個別経済的マーケティング論領域，および社会経済的マーケティング論領域に2区分して，それぞれ戦前と戦後3名，全体で12名を取り上げ，その学者の学説内容や位置づけを行なった。これを端的に表現するよう，各章には副題を掲げて理解を容易にすることとした。取り上げた学者とその副題を表示すれば以下のようである。

『マーケティング学説史―アメリカ編―』（1993年，増補版＝2008年）
　　　（個別経済的マーケティング論）
　　　　　　第1章　A・W・ショー
　　　　　　　　　―マーケティング論のパイオニア―
　　　　　　第2章　R・W・バトラー
　　　　　　　　　―忘れられた先駆者―
　　　　　　第3章　M・T・コープランド
　　　　　　　　　―消費者行動に関する先駆的研究―
　　　　　　第4章　J・A・ハワード
　　　　　　　　　―マーケティング管理論および消費者行動論の開拓者―
　　　　　　第5章　W・オルダーソン
　　　　　　　　　―機能主義的マーケティング管理論の栄光と挫折―
　　　　　　第6章　P・コトラー
　　　　　　　　　―現代マーケティング学界の第一人者―

（社会経済的マーケティング論）
  第7章 L・D・H・ウェルド
    ―社会経済的マーケティング論の創始―
  第8章 F・E・クラーク
    ―機能的アプローチの集大成―
  第9章 R・F・ブレイヤー
    ―制度主義的マーケティング論の開拓者―
  第10章 E・A・ダディ & D・A・レヴザン
    ―制度主義的マーケティング論のパイオニア―
  第11章 E・T・グレサー
    ―マーケティングと公共政策―
  第12章 R・コックス
    ―流通のパラドックス：その価値論的格闘―

　マーケティング史学会（旧・マーケティング史研究会）は，1988年創立で2018年に30周年を迎えた。当初から，メンバーによる真摯な研究報告会を春秋に開催してきた一方で，学会外部にその成果を公にするために専門書出版も行ってきた。「学説史シリーズ」，「実践史シリーズ」，「翻訳シリーズ」の3本柱による専門書で，本書を含め13冊が結実している（学説史シリーズ5冊，実践史シリーズ7冊，翻訳シリーズ1冊）。本書は学説史シリーズの一冊として，創立30周年の記念行事の一環として出版するものである。

　巻末にはこれまでの研究会・学会の歩みを記録している。ここに30周年を期して，研究組織としてこれまで同様に，今後もさらなる研究領域の研鑽に務めることをメンバー一同で心している。

　なお，創立20周年時には，〈シリーズ・歴史から学ぶマーケティング〉を統一テーマとして，第1巻『マーケティング研究の展開』，第2巻『日本企業のマーケティング』，および第3巻『海外企業のマーケティング』の3巻本を出版している。これらと本書を併せてお読みいただくと，マーケティング論を形成してきた重要な諸学者を知ることができるだけではなく，その理論の骨子や基本文献を理解できるものと考えている。

　本書の編集にあたっては，章の構成等について最小限の統一をする以外は，それぞれ執筆者の意図を最大限尊重し内容については変更等を加えていない。

なお，各章の章頭にはアメリカの大学等より掲載許諾を得た肖像写真を掲げている（許諾文は各章末に付記）。編集担当は大内秀二郎（近畿大学）と小原 博（拓殖大学）とがあたった。また，編集終盤には戸田裕美子（日本大学）の協力も得た。

　末筆ながら，本書を含め学会の12冊もの出版をかたじけなくしている同文舘出版，ならびに同社・取締役編集局長の市川良之氏にひとかたならぬお世話になった。心より御礼を申し上げたい。

2018年12月10日

マーケティング史学会

（編集責任者　小原　博）

目　　次

はしがき

第1章　R・バーテルズ ……………………………………………… 3
　　　──マーケティング学説史の金字塔──
　第1節　は じ め に ……………………………………………………… 3
　第2節　代表的著作『マーケティング理論の発展』…………………… 5
　　1．概　　観　5
　　2．章立て構成　6
　　3．「付録」A～Dとマーケティング思想の構成分野　7
　　4．重要と思われる箇所　その①：「マーケティングの意味と起源」
　　　に関するくだり　9
　　5．重要と思われる箇所　その②：「マーケティング研究の萌芽」に
　　　関するくだり　11
　第3節　晩年の著作『社会開発のマーケティング』…………………… 12
　　1．執筆に至る経緯　12
　　2．概要と意義　13
　第4節　主 要 論 文 ……………………………………………………… 14
　第5節　現代的評価 ……………………………………………………… 19

第2章　P・D・コンヴァース ……………………………………… 25
　　　──マーケティング基礎理論の先達──
　第1節　は じ め に ……………………………………………………… 25

第2節　マーケティングの基礎理論 …………………………………………… 27
　第3節　マーケティングの科学論争 …………………………………………… 30
　第4節　小売商圏の実証と理論 ………………………………………………… 34
　第5節　現代的評価 ……………………………………………………………… 36
　【補説】19世紀後半アメリカ・マーケティング論の発展 …………………… 38
　【資料】AMAコンヴァース学会賞 …………………………………………… 44

第3章　E・J・マッカーシー …………………………………………………… 47
　　　　　――4P論によるマネジリアル学派の推進者――

　第1節　はじめに ………………………………………………………………… 47
　第2節　マッカーシーの業績 …………………………………………………… 49
　　1.　業績の概要　49
　　2.　『ベーシック・マーケティング』　50
　　3.　その他の業績　53
　第3節　学説史上の位置づけ …………………………………………………… 54
　　1.　マネジリアル学派の形成　54
　　2.　4P論の再考　56
　　3.　4P論の問題点　60
　第4節　現代的評価 ……………………………………………………………… 61

第4章　J・C・パラマウンテン，Jr. …………………………………………… 65
　　　　　――集団分析による流通の政治経済的研究――

　第1節　はじめに ………………………………………………………………… 65
　第2節　『流通のポリティクス』（1955年）…………………………………… 66
　　1.　方法論としての集団分析　66
　　2.　利益集団の経済的衝突の3形態　67
　　3.　利益集団の政治的紛争による政策形成過程　69
　第3節　マーケティング研究における位置づけ ……………………………… 74

1. 反チェーン運動の背景　74
　　　2. 反チェーン運動の歴史的意義の評価　75
　　　3. マーケティング研究への貢献　76
　　第4節　現代的評価 …………………………………………………… 78

第5章　L・P・バックリン …………………………………………… 83
　　　　　──流通チャネルの経済学的分析──
　　第1節　はじめに ……………………………………………………… 83
　　第2節　『流通経路構造論』(1966年) ………………………………… 86
　　　1. 問題の所在　86
　　　2. 本書の構成　87
　　　3. チャネル概念の定義　88
　　　4. チャネル産出　89
　　　5. マーケティング機能とチャネル構造　91
　　　6. 延期─投機の原理　92
　　第3節　バックリン・モデルの理論系譜上の位置づけ　95
　　第4節　現代的評価　97

第6章　T・N・ベックマン ………………………………………… 103
　　　　　──ミスター卸売業──
　　第1節　はじめに ……………………………………………………… 103
　　第2節　主著『卸売業』の内容 ……………………………………… 105
　　　1. 卸売商の定義と分類　105
　　　2. 卸売市場の性格　109
　　　3. 卸売商の地位の安定性の検討　113
　　第3節　ベックマンの卸売論の特徴 ………………………………… 115
　　第4節　現代的評価 …………………………………………………… 118

第7章　P・H・ナイストロム ……………………………………… 123
──小売研究のパイオニア──

第1節　はじめに ………………………………………………… 123
 1．知られざる小売研究の泰斗　123
 2．ウィスコンシン・アイデアの申し子　124
 3．コロンビア大学ビジネススクール　126
 4．生涯現役を貫いたナイストロム　128

第2節　ナイストロムの主著『小売の経済学』：ナイストロムが挑んだ
  　　2つの目的 ………………………………………………… 128
 1．『小売の経済学』のファクトブックとしての有用性　130
 2．小売経営と小売業務における科学的アプローチの提唱　132
 3．小売形態論の基礎　133
 4．取引制度と規範的小売機構　134

第3節　ナイストロムの研究の位置づけ ………………………… 136
第4節　現代的評価 ……………………………………………… 137

第8章　M・P・マクネア ………………………………………… 141
──小売業態論の創始者──

第1節　はじめに ………………………………………………… 141
第2節　ハーバード・ビジネス・スクールにおける教育 ……… 142
第3節　ハーバード・ビジネス・スクールにおける研究 ……… 144
 1．アメリカにおける百貨店の研究　144
 2．アメリカにおける小売業の動態：「小売の輪」の提唱　146

第4節　現代的評価 ……………………………………………… 152

第9章　S・C・ホランダー ……………………………………… 157
──小売研究者にしてマーケティング史研究者──

第1節　はじめに ………………………………………………… 157

第 2 節　専門職への途 ………………………………………………… 158
第 3 節　「基礎」から「マーケティング理論」へ …………………… 161
第 4 節　小売業へのインパクト ……………………………………… 163
第 5 節　マーケティング史―関心から情熱へ ……………………… 167
第 6 節　知的リーダーのロールモデル ……………………………… 174

第 10 章　C・W・ホイト ……………………………………………… 187
　　　　　――販売管理論の先駆的実践者――

第 1 節　は じ め に …………………………………………………… 187
第 2 節　『科学的販売管理』と時代背景 …………………………… 188
　　1. 著者の経歴による問題提起　188
　　2. セールスマンの歴史的変遷　189
第 3 節　『科学的販売管理』 ………………………………………… 190
　　1. 概　　　要　190
　　2. セールスマンへの教育　192
　　3. 販　売　管　理　193
第 4 節　ホイトの理論的位置づけ …………………………………… 196
　　1. 『プライマー』とセールスマンシップ論　196
　　2. 後世の販売管理論への影響　198
第 5 節　現代的評価 …………………………………………………… 201

第 11 章　P・T・チェリントン ……………………………………… 205
　　　　　――広告研究のパイオニア――

第 1 節　は じ め に …………………………………………………… 205
第 2 節　チェリントンの広告研究 …………………………………… 209
　　1. 広告によって実現される経済性　210
　　2. 広告によって消費者にもたらされる社会的便益　212
第 3 節　広告形成期におけるチェリントンの広告研究の貢献 …… 216

1. チェリントンの広告研究の新奇性　216
　　　2. 後年の広告研究に対するチェリントンの影響　218
　第4節　現代的評価 ………………………………………………………… 219

第12章　N・H・ボーデン ………………………………………… 225
　　　——広告の経済効果とマーケティング・ミックスの先駆者——
　第1節　はじめに ………………………………………………………… 225
　　　1. 略　　　歴　225
　　　2. 主 要 著 作　226
　第2節　『広告の経済効果』(1942) ……………………………………… 227
　　　1. 時 代 背 景　227
　　　2. 本書の内容　229
　第3節　「マーケティング・ミックスの概念」 ………………………… 234
　　　1. 背　　　景　234
　　　2. マーケティング・ミックス概念　235
　第4節　現代的評価 ………………………………………………………… 238

《補録》マーケティング史学会30年の歩み …………………………… 243

事項索引　253
人名索引　258

マーケティング学説史

―アメリカ編Ⅱ―

第1章

R・バーテルズ
―― マーケティング学説史の金字塔 ――

第1節 はじめに

　一般に，マーケティング研究は大きく分けて個別経済主体的アプローチの系譜に位置づけられるものと社会経済的アプローチの系譜に位置づけられるものとがある[1]。ところが，それらのいずれにも属さないが，わが国のマーケティング研究に重要な影響をもたらした研究がある。ロバート・バーテルズ（Robert Bartels, 1913-1989）の場合がそれであり，彼は生涯をマーケティング研究への歴史的アプローチ，すなわち学説史研究に捧げた。かかる意味でのバーテルズが，どのようにしてわが国のマーケティング研究に影響を及ぼすことになったのか，周辺事情を探ることから論を起こそう。

　わが国へ「マーケティング」概念が導入されたのは，アメリカへ派遣された経済使節団（1955年秋）が帰国した際の記者会見によるとされる。その後，日本生産性本部と各地の商工会議所などが先導役となって"新しい経営理念としてのマーケティング"，すなわち個別経済主体的マーケティング研究としての「マーケティング管理論」が唱導・流布された[2]。例えば，ハワード『経営者のためのマーケティング・マネジメント』が1959年に出版され，続いてハンセン『マーケティング』が1960年に出版された[3]。また，"4Psの概念図式"で有名なマッカーシーの『ベーシック・マーケティング』が出版されたのもこの頃である[4]。しばらくして，コトラー『マーケティング・マネジメント』が1971年に出版されるなど，企業マーケティング論の標準的テキストが次々と

出版された[5]。

　当時のわが国は，戦後復興を成し遂げ，さらに高度経済成長期から成熟社会へ向けて進行中であった。それゆえ，アメリカから導入された新しい経営理念・技法としての「新式マーケティング論」を取り入れることに実務界のみならず学会も懸命であった。もちろん，一方で，第二次世界大戦前から「配給論」や「市場配給論」といった名の下にアメリカの伝統的マーケティング論，すなわち社会経済的マーケティング研究が導入され，論じられていたのは言うまでもない[6]。

　そうして，大勢は新式マーケティング論のさらなる推進・精緻化へと進むが，その一方で「マーケティング論の起源や歴史」が探求されるようになる。そこに格好の書として出現したのがバーテルズ『マーケティング理論の発展』であった[7]。当時，わが国の商業・マーケティング研究者にとっては，語学力や資金上の問題もあり，膨大な数に及ぶマーケティング文献を渉猟することは難儀であった。それが，バーテルズの同書によって困難が解消されることになった。すなわち，同書には1900年から1970年代までの米国におけるマーケティング文献のほとんどが網羅され，整序されていた。歴史的アプローチを採用する者，マーケティング研究にアカデミズムを求める者，企業マーケティング論の精緻化に飽き足らない研究者などにとって"待望の書"であった。こうして同書は，マーケティング研究の歴史を渉猟する際の，また学説史研究を志す研究者のバイブル的存在となったのである。

　ところで，バーテルズについては，さらに2つの点を指摘しておかねばならない。1つは，一方でバーテルズはマーケティング研究の重要な局面・節目ごとに論文を著わし，マーケティング研究の動向に相当の影響を与えて来たということである。本章の第4節では，そのような意味において意義づけられる論文5篇を取り上げ，その論旨と学説史上の意義を探る。

　いま1つは，晩年になって『社会開発のマーケティング』を著わしているが，この書にはマーケティングに対するバーテルズの思想が凝縮して綴られている，ということである[8]。ところが，バーテルズといえば『マーケティング理論の発展』が代表作であることから，こちらはその陰に隠れていた。本章の第3節で，晩年の重要著作として取り上げる理由がそこにある。

　バーテルズの略歴とひととなりについては，以下の通りである[9]。バーテルズは，1913年に生まれ，76歳（1989年死去）で生涯を閉じた。オハイオ州立

大学を卒業（1935年）後，ノースウェスタン大学でMBA（1936年），そしてオハイオ州立大学からPh.D.（1941年）を取得した。学位論文は「マーケティング文献：発展と評価」であった。Ph.D.取得後，ワシントン大学，カリフォルニア州立大学バークレー校で教鞭をとったが，母校のオハイオ州立大学にもどり，定年まで経営学部マーケティング学科で講じた。名誉教授となった定年後も，アメリカ各地の大学で講じ，また優れた論文を発表し続けるなど，マーケティング研究の第一線で活躍した。

ちなみに，バーテルズが生涯研究生活を過ごしたオハイオ州立大学はアメリカにおけるマーケティング研究のメッカであり，わが国からも多くの研究者が訪れた。山中豊国教授は1975～76年の間，同大学に研究滞在したが，それが縁で『マーケティング理論の発展』を翻訳することになったという。

バーテルズの風貌は，名優ゲーリー・クーパーを思わせるほどに長身かつ端正な顔立ちで，身だしなみも素敵であった[10]。実際にバーテルズは演劇俳優になることに憧れていたが，大恐慌時代を機に両親の勧めで研究者の道を歩むことになったという。また，敬虔なクリスチャンであり，在日中も日曜日は教会へ行くのを常としていた。キリスト教は彼の一生をつなぐ導きの糸であった。浮世絵や中国アンティークなどの美術品収集を趣味とし，ジョークを愛し，ホスピタリティー精神にあふれる，この時代の善きアメリカ人研究者の典型であった。来日講演時の録音テープから流れるバーテルズの声は力強く明快で，その誠実な人柄が偲ばれる[11]。

一方で，歴史研究が軽視されつつある学会の現況を嘆くことしばしばであった。それだけ，マーケティング研究に対して常に真摯であった。結婚経験はあるが，若い頃に離婚し，その後は生涯を独身で通した。死後，遺言により数百万ドルを，大学，教会，出身地の町へ寄付したという。

第2節　代表的著作『マーケティング理論の発展』

1. 概　観

バーテルズの代表的著作として認められるのは『マーケティング理論の発

展』(第2版)である。そして，同書は10年後に『マーケティング学説の発展』(第3版)として出版された[12]。バーテルズは，この書においてマーケティング研究の開始から執筆時までの，すなわち1900年～1974年(第2版)／1987年(第3版)までのマーケティング文献を渉猟・評価し，編年史的に整序づけた。1913年生まれで1989年に没していることから，バーテルズはマーケティング研究の生成・発展と共に生涯を全うしたことになる。まさにバーテルズは，マーケティング研究の生き証人であり，後にも先にもこれ以上のマーケティング研究者とマーケティング学説史研究は現れないであろう。

バーテルズのこの書をして「学説史にあらず編年史である」と位置づける向きもあるが[13]，脚色された学説史よりも，文献資料を忠実に渉猟し整序づけた編年史としての本書の方が，後の世代の学究には価値ある存在と解される。また，同書に盛られたマーケティング文献の整理づけと圧倒的数量には驚嘆させられる。すなわち，1900年頃から1974年(第2版)／1987年(第3版)までのマーケティング文献のほとんどが分野別に渉猟されており，マーケティング研究全体を歴史的に鳥瞰する上で，また学説史研究を推し進める上で，これ以上の書はない。

ところで，バーテルズはこの書のタイトルを *The History of Marketing Thought* としているが，そこにいう"Marketing Thought"はマーケティングの「概念」，「知識」，「研究」，「理論」をも含めた全体をいうのであって，日本語の"思想"にイメージされるイデオロギー的なそれではない。訳者が日本語の題名を直訳して「マーケティング思想の歴史」としないで，『マーケティング理論の発展』(第2版)／『マーケティング学説の発展』(第3版)としている理由もそこにあると思われる[14]。

2. 章立て構成

同書の章立て構成は以下の通りである。第2版(原書1976年)は14章と「付録」A・B・Cから成り，第3版(原書1988年)では新たに第15章と「付録」Dが増補されている。「第3版を著す目的は1950年以降のマーケティング理論とその理論に重要な影響を与えた学者の貢献を紹介し論評することであり，また1950年以降の新しい動向として，全体論的方法，管理者主義，学際的方法，国際主義，物流，機能論，環境主義，消費者主義，比較論的方法，未

来主義を加える必要があったからである[15]」とバーテルズ自身が述べているとおりである。

以下は同書第 3 版の章立て構成である。
第 1 章 マーケティングの意味
第 2 章 マーケティング思想に関連する初期の諸理論
第 3 章 初期のマーケティング思想
第 4 章 広告
第 5 章 信用
第 6 章 セールスマンシップと販売管理
第 7 章 小売業
第 8 章 卸売業
第 9 章 マーケティング調査
第 10 章 マーケティング総論
第 11 章 マーケティング管理
第 12 章 関連分野からの諸概念
第 13 章 マーケティング思想の新領域
第 14 章 マーケティング思想の成熟
第 15 章 マーケティング学説発展の諸要因
付録 A：マーケティング思想の先駆者たち（1900 〜 1947 年）
付録 B：マーケティング思想の先駆者たち（1950 〜 1987 年）
付録 C：マーケティング文献目録（1900 〜 1974 年）
付録 D：マーケティング文献への指導的貢献者分類索引表

3.「付録」A 〜 D とマーケティング思想の構成分野

　一般に，学説史研究においては文献の渉猟数が肝要であるが，それらをどのように再構成・整序するかによって真価が問われる．本書の場合は「付録」A 〜 D を検討することによって知ることができる．すなわち，「付録」部分は「付録 A：マーケティング思想の先駆者たち」，「付録 B：マーケティング思想への貢献者たち」（1950 〜 1987 年），「付録 C：マーケティング文献目録」（1900 〜 1974 年），「付録 D：マーケティング文献への指導的貢献者分類索引表」から成り，全体で 96 ページに及んでいる．

バーテルズは，まずマーケティング思想の先駆者たちに対して書簡文通形式のアンケートを実施した。その際に，①「いかなる主観的要因や個人的経験が彼らに創造的な影響を与えたか」，②「それが彼らの著作にいかに具現化されたか」，③「またそれがマーケティング理論の動向にいかに影響を与えたか」を尋ねた[16]。そのアンケート結果（返信内容）が「付録A：マーケティング思想の先駆者たち（1900～1949年）」（第2版，18名）と「付録B：マーケティング思想への貢献者たち（1950～1987年）」（第3版では22名を追加）に集約されている。

次に「付録C：文献目録1900～1974年」では，「この書が最初に出版された時，その文献目録は，当時のマーケティング文献の体系を成すとみなされていた書物のほぼ完全な目録をなしていた[17]」と述べ，例えば「マーケティング思想の端緒」分野における最初の文献として

・1936　HAGERTY, JAMES E."Experiences of Our Early Marketing Teachers," *Journal of Marketing*, Ⅰ, July, 1936, p.20.

が挙げられ，その後に14文献が続いて列挙されている。

次いで「広告」分野における最初の文献として

・1903　Scott W.D., *The Theory of Advertising*, Boston：Small, Maynard & Co., 1903.

が挙げられ，その後に236文献が続いて列挙される，といった具合である。

以下は，そうしてバーテルズが措定したマーケティングの構成分野である。〔　〕は最初の文献出版年であり，（　）はそれ以降執筆時に至るまでの同分野の文献数である[18]。

・マーケティング思想の端緒〔1936年～〕（14文献）
・広告〔1903年～〕（236文献）
・信用〔1906年～〕（117文献）
・販売活動とセールスマンシップ〔1904年～〕（141文献）
・販売管理〔1913年～〕（90文献）
・マーケティング調査〔1912年～〕（92文献）
・小売業〔1911年～〕（176文献）
・卸売業〔1920年～〕（46文献）
・総合的マーケティング／マーケティング総論〔1901年～〕（155文献）

そして，第3版（1987年）では「最近において出版物が大量に増加したことから，著者による選択が必要になって来た。収録されたものは，マーケティング思想に対して著しい貢献をなしたもの並びにその発展の傾向と特徴を示すものである。最近の分類は次のものを含んでいる」と述べ，さらに以下の9分野を追加している[19]。

・マーケティング管理〔1948年～〕（47文献）
・マーケティングの社会的・行動的諸側面〔1955年～〕（28文献）
・マーケティングの数量的諸側面〔1964年～〕（12文献）
・マーケティング・システム〔1923年～〕（21文献）
・環境主義と比較マーケティング〔1963年～〕（25文献）
・国際マーケティング〔1935年～〕（13文献）
・ロジスティクス〔1955年～〕（18文献）
・マーケティングと社会〔1962年～〕（17文献）
・マーケティング理論の概念的発展〔1935年～〕（81文献）

要するに，バーテルズにとっての「マーケティング思想の構成分野」（1900～1987年）とは，このように分類される全体をいうのである。

第3版になって追加された「付録D：マーケティング文献への指導的貢献者 分類索引表」には，分野ごとの指導的貢献者が列挙されている[20]。

4. 重要と思われる箇所 その①：「マーケティングの意味と起源」に関するくだり

バーテルズは，同書の第1章～第3章で「マーケティングの意味」，「マーケティング思想に関する初期の理論」，そして「初期のマーケティング思想」について論じている。その中から，とくに重要と思われる箇所は「マーケティングの意味と起源」に関するくだりである。

「……人類史の年譜には，いずれが他に対していっそう大きい影響をもったかを語ることができないほどに，急速な社会的変化の時期がある。すなわち，思考の変化や環境の変化についていえることである。1900年以降は，このような時期であった[21]」。「……そして工業化の進んだ諸国では，市場経済の成立が，社会的・経済的構造にもろもろの変化をもたらした。アメリカ合衆国においては，市場経済が発達しただけではなく，ビジネスに対する新しい態度が国

の経済を革命し，徐々に世界に影響を与えた。その革命的要因は"マーケティング"という言葉で確認される[22)]」と述べ，「マーケティングの発展は，状況のしからしめるところであった。環境的諸条件が市場実務に注目を集めた。工業生産は拡大しもろもろの社会的価値が経済的成功を刺激した。さらに，新しいまた広がりゆく市場が積極性と革新に無限の可能性を与えた。同時に人々の市場や実務に対する見方もまた変化した。注意は，ますます市場に，その諸制度に，その社会的役割に，また市場の活動に従事している人々の実務的改良のために払われた。そのような環境の中で，マーケティングの初期的概念が形成された。そして，マーケティングの近代的実務が始められた[23)]」という。

　ところで，バーテルズは「マーケティングの出現」については特にこだわりをもって論じている。すなわち，トレンチの言語理論に関する哲学論議を引用し，それにヒントを得て次のとおりいう[24)]。「……人間の言語は思想の発展に応じて発展してきた。新しい思考は新しい言語に表現を見出すのである。……すなわち，"マーケティング"という用語は，今世紀初頭までは用いられておらず，しかも現在でさえも他の言語には"マーケティング"に相当するものはないということである。……推測されることは，"マーケティング"という用語が示す思考は，常に存在していたものではないということである。……20世紀初頭における流通実務のただ一片の変化が新しい名称の使用を急激にもたらしたのではない。否，流通実務の新概念を生み出す諸々の思考の合流がその結果を生み出し"マーケティング"という用語を初めて用いるようにしたのである。したがって"マーケティング"は，単に実務としてだけでなく概念として―市場実務に関する概念としてみなされなければならないのである。……マーケティングは，商取引，あるいは販売活動とは異なる何物かを示しているのだけではなく，"マーケティング"という用語の使用を通じて，それは種々の微妙に異なる思考を示すために用いられてきたからである[25)]」。そして，「マーケティングによって最初意味されたのは，ある販売活動，あるいは販売促進活動の仕事に先立ち考慮に入れなければならない諸要素の結合であった[26)]」。また，「マーケティングのエッセンスは諸要素の結合であった。この諸要素の結合に対して無知蒙昧であったことが，他の諸言語において"マーケティング"に相当する用語が欠如している理由である[27)]」という。

　これらの論議によって明らかにされることは，マーケティング思想において極めて重要な意味を持つ。それは「二人の人間と一匹のガチョウがいれば

"マーケティング"は成り立つのか，それとも歴史的状況の変化が"マーケティング"という新たな概念を出現させたのか」（筆者）との問答に集約される。この問答に対してバーテルズは，"マーケティング"は知覚対象（percept）ではなく概念（concept）であり，歴史上のある時期に市場実務と市場取引における変化の中で生まれることになったと結論づけ，その時期をアメリカの19世紀末から20世紀初頭にかけての頃とするわけである。

5. 重要と思われる箇所 その②：「マーケティング研究の萌芽」に関するくだり

バーテルズは，"マーケティング研究の萌芽"を「経済理論の実際世界との乖離」に求めている。それは，とくに第2章「マーケティング思想に関連する初期の諸理論」における「市場」の箇所での説明に見られる。それらの中で特に重要と思われる箇所を再構成することにしよう。

「研究が開始し，マーケティングの知識を生み出すにつれて，市場に関する定説的な諸概念の再検討が必要とされた[28]」。マーケティング研究が20世紀初頭に萌芽しつつあった時，既に経済学は確固たる理論体系をそなえる学問として成立していた。したがって，当時マーケティングの分野に携わる研究者のほとんどは古典派の経済学を学的知識として備える者たちであった。つまり，初期のマーケティング研究者は，経済理論によって想定されるところの市場観なり市場取引における人間および企業行動観なりを備えていた。ところが，彼らは，市場経済システムの急激な拡張と変革によって発生して来た市場実務と市場取引をめぐる諸問題——"マーケティング諸問題"——を分析し，説明し，あるいは解決策を提示するにあたり，経済理論とその諸仮説（理論前提）があまりにも実際の市場とかけ離れていることを悟るようになったのである[29]。

例えば，経済理論（前提）と実際との乖離とは，以下のようなものであった。「供給はそれ自ら需要を創る」とする販路説は，広告とセールスマンシップなどの販売促進効果によって，需要が単なる購買力〔供給〕以上のものよりなることが証明されるようになって覆された。「費用が価格の主たる決定要因である」とする投下費用説も，実際には生産過程においてよりもむしろ市場において価格形成がなされるようになるにつれて説明力を失っていった。市場と価格動向について完全な知識を有し経済的合理性に基づいて行動する「経済人」の仮説は，実際の人々の消費行動とかけ離れるようになった。「完全競争」と

「市場の自動調和的均衡」（神の見えざる手）の仮説は，不完全競争，独占，企業集中および企業による市場支配などの前に再検討を余儀なくされるようになった。「自由放任主義の哲学」も政府による市場介入や企業規制の政策に取って代わられるようになった。生産によって，創出される「形態的効用」のみを経済的効用として認め，流通活動は不生産的であるとされてきたが，流通活動の成長とその重要性が増すにつれて，新たに場所的，時間的，所有的効用が加えられるようになった[30]。

　マーケティング研究の萌芽に関するこれらの説明は，歴史的にも論理的にも説得力を持つものである。もっとも，バーテルズは，その後にマーケティング研究がどのようにして固有の研究領域を形成していくかについて特段の説明をしていないが，それは同書の「付録」A～Dの内容を検討することによって知ることができる。

　あるいは，以下のようなロジャーの見解によって代替することができよう。「こうしてマーケティング研究は，従来，市場と市場実務を説明して来た経済理論がマーケティング諸問題の解決には役立たないことを知って，一から始めねばならなかったのである。あるいは，経済学者が一国の経済全体からスタートし，市場組織についてある仮説を立てたのに対して，マーケティング研究者は，製品を消費者へ配送し，需要を創造し，動かすという詳細なプロセスを含む，特定のマーケティング問題の実際的解決の研究において，個々の企業の問題からスタートしなければならなかったのである[31]」。

第3節　晩年の著作『社会開発のマーケティング』

1. 執筆に至る経緯

　バーテルズは晩年になって『社会開発のマーケティング』を著わした[32]。この書は，マーケティング学説史研究に生涯を捧げてきたバーテルズ自身のマーケティングに対する考え方や思いが綴られており，むしろバーテルズの思想を知るには格好の書である。

　バーテルズは1979年に日本学術振興会の協力を得て福岡大学大学院（山中

教授）へ招聘され，また日本各地の大学，日本商業学会部会，各種企業などで講演を行なった。それらをベースに帰国後に著わされたのがこの書である。

同書は紙幅が 117 ページ（原書 120 ページ）の比較的薄い書である。原書はⅣ部構成 8 章から成るが，日本語版には第Ⅴ部（「第 9 章 21 世紀のマーケティング」）が増補されている。

2．概要と意義

経済史家ロストウは経済発展についての一般理論：『経済成長の諸段階』[33]を著わしているが，バーテルズによるこの著書はマーケティング研究の分野におけるそれに相当するように思われる。というのは，バーテルズは，この著書の中でマーケティング技術や慣行を経済発展との関連において発展段階的に一般性を持つものとして考えているからである。もっとも，ロストウ（W. W. Rostow）のそれは，経験的事実や資料に基づく本格的歴史理論書であるのに対し，バーテルズのこの書は晩年における講義や講演を下地にして著わされたエッセイ風の書である。そのように考えると，むしろこの書はジョーン・ロビンソン（Joan Robinson）『経済学の考え方』[34]のそれに近い性格のものといった方が適切なのかもしれない。というのは，自身の学問分野の思想（知識，理論，歴史）についてすべてを知り尽くした研究者が，晩年になって思いのたけを著述しているからである。

この書を著わすことによってバーテルズが主張したかったのは，「マーケティング慣行と思想は，人間社会が成熟段階へ至る過程において普遍的であり，その発展段階に応じて現れ方が異なる[35]」ということである。その際にバーテルズは累進段階説という表現を用いて，すなわち心理学者マズロー（A. H. Maslow）の「欲求 5 段階説」に倣って人間社会の発展段階をマーケティング思想の発展にからめて論じている。「この累進は，下部から上部へ，肉体的なものから知的な物へ，物理的なものから精神的なものへと進むのである。すなわち，それは人間としての高度な自己実現を述べており，そして人間としての精神的な，かつ生来の尊厳さや価値の実現を述べているのである[36]」という。すなわち，バーテルズはマーケティングを経済発展との関連において発展段階的にとらえるのである。(1)業務活動としてのマーケティング，(2)経営管理としてのマーケティング，(3)社会的活動としてのマーケティング，(4)マクロ管理と

してのマーケティング，である[37]。

　本書の意義は以下の「監訳者あとがき」に述べられている通りである。「バーテルズ博士によれば，マーケティングは19世紀に生を受け，20世紀に技術として発展してきたが，いま問われているのは，21世紀に何をなし得るかということである。もちろん博士は，マーケティングの現状を高次の発展途上にあるものとみなし，単なる企業経営的範疇を超え，さらに大きいシステムとして，ついには社会的規範の概念としての存在意義を強調するのである。……バーテルズ博士は，21世紀においてマーケティングは技術として発展したが，しかし社会の最高の期待を満たすものではなかったと結論し，さらに21世紀にはそれが果たされ得るかと問いかけるのである。博士の問題は，いまや，マーケティングは財とサービスに対して責任ある経済的技術であるか，倫理的精神的期待に関連する消費ニーズに対応するため社会に対して責任ある制度なのか，に帰着するのである[38]」。

第4節　主要論文

　バーテルズは，一方でマーケティング研究における論客の一人であった。マーケティング研究の在り方や方法をめぐる論争のたびに論稿を著わしている。それらの中から重要と思われる論文5編を取り上げ，論旨と意義を探ることにしよう。

・論文①：「マーケティングは科学たりうるか」⇒科学論争への参画

　マーケティング研究者が自らの研究領域が科学であるか否かを明示的に問うようになったのは，コンヴァースの論文「マーケティング科学の発展―試論的概観」を嚆矢とする[39]。この時期は第二次世界大戦で停止していたマーケティング研究の再開の頃であり，オルダースン＆コックス「マーケティング理論へ向けて」が著わされる[40]。また，アメリカ・マーケティング協会も同年にマーケティング理論についての会議を開催する[41]。こうして，マーケティング学会を挙げてマーケティング理論や科学への志向が高まり，ここに「科学論争」（第1期「素朴科学志向期」）が開始された[42]。

次いで，ヴェイル「マーケティング理論へ向けて—ひとつの見解」，ハッチンソン「科学としてのマーケティング—ひとつの評価」，スタイントン「マーケティングにおける科学」(1952) などが参画し，ここに「マーケティングは科学か技芸か」が論じられ，第2期「科学対技芸論争期」が形成される[43]。

そうした中にあって，バーテルズは「マーケティングは科学たりうるか」を著わし，ウェブスター大辞典に「科学」の意味を求め，「それらに照らし合わせるならマーケティングは科学であり，学科であり，あるいは技芸であり得よう」と述べ，マーケティングは科学とも学科とも技芸ともみなせる，またはいずれの側面も有しているとした。すなわち，「マーケティングを技芸（art）としてみなすということは知ることよりも行うことを強調し，……学科（discipline）としてのマーケティング概念は主題のアカデミックな側面を強調し，……科学（science）としてのマーケティングは理論，法則，原理，そして概念といった方法論的付随物をともなうところの流通についての知識体系から成る」とした[44]。科学対技芸論争は，バーテルズによるこの論文での見解が広まるにつれて終焉していくこととなる。すなわち，「マーケティングは科学か技芸か」から開始した論議が，「技芸とも学科とも科学ともみなせる」ということになれば議論はそこで中止してしまう。各論者は自らの「マーケティング観」や「科学観」が各々に相違していることに気づくことになる。そうして，科学対技芸論争は次の段階「科学条件論争」へと展開していくことになった[45]。

ところで，バーテルズによるかかる視角は「科学」についての「方法主義」に依拠するものと思われる。ここに，バーテルズはそれを意識していたか定かではないが，期せずして科学に対する方法主義という視角がマーケティング科学論争の中に提示されることになった。この立場は，科学方法論議においては全く常識的な視角であり，のちにハントによって引き継がれる[46]。ところで，マーケティング科学論争は科学対技芸論争期のあと「科学条件論争期」，「規範科学論争期」を経て「科学哲学論争期」へと展開していった[47]。

・論文②：「マーケティングの考え方に関する声明」⇒マーケティング定義への提言

　この論文は，単独ではなくオハイオ州立大マーケティング専任教員による共同執筆であるが，筆頭がバーテルズであることからバーテルズ論文の1つとして挙げることにする。

バーテルズを含むオハイオ州立大学マーケティング科目担当教員スタッフ 12 名は，「マーケティングの考え方に関する声明」を *JM* 誌に発表した[48]。彼らはこの声明文を著わす動機について次のとおり言う。「マーケティングの考え方にとっての基本は，マーケティングそれ自体の特質（nature）をどのように考えるかということである。われわれは，マーケティング教育者として自分たちの見解が目標を前進させるのに十分であるかどうか判断するためには，マーケティングの特質と目的についてのわれわれの考え方を再吟味し，明らかにせねばならない[49]」と述べ，マーケティング・スタッフ間で共有されているマーケティングについての基本的考え方を以下のとおり整理づけた。

　すなわち，マーケティングは①１つのビジネス活動として，②一群の相互に関連するビジネス活動として，③取引現象として，④思考の枠組みとして，⑤政策決定における整合的・統合的機能として，⑥企業目的の意味として，⑦経済的プロセスとして，⑧構造的制度として，⑨製品の交換または所有権の移転過程として，⑩集中化・均等化・分散化のプロセスとして，⑪時間的・場所的・所有的効用の創造として，⑫需要と供給の調整のプロセスとして，⑬その他の多数な意味において，など 12 通りを超えて多くに解されているとした[50]。

　ところで，この論文の原題は "A Statement ……" であることから，アメリカ・マーケティング協会（AMA）に対する「声明（文）」であったと解される。当時の AMA は「マーケティングとは生産者から消費者へ製品及びサービスの流れを方向づけるビジネス活動の遂行である」と定義していた[51]。ところが，教育現場では「マーケティング」があまりにも多様かつ多岐に解され使用されている現状を見かねて，マーケティングを教える教師としての責任感から，この声明文を著わしたと思われる。加えて，AMA 定義（1960 年）が「マーケティングは……ビジネス活動である」とする偏った意味に定義づけられていることへの不満があったと解される。それが証拠に，彼らはこの声明文の中で自らによるマーケティング定義を提示している[52]。

　ちなみに，AMA は 1960 年以降，1985 年，2004 年，2007 年，そして 2013 年と定義変更を繰り返したが，2013 年の定義は半世紀前のオハイオ州立大の定義に似通ったものである[53]。

・論文③：「マーケティングの一般理論」⇒一般理論構築論議への参画

　マーケティング学会は「科学論争」のあと，マーケティング一般理論の構築論議へと展開するが，ここでもバーテルズが登場する。すなわち，60年代後半から70年代初頭にかけてバーテルズの研究関心はメタ理論やマーケティング一般理論の構築へと移行する。すなわち，この時期にバーテルズは「マーケティングの一般理論」を著わし，また当該論文を含む一連の論文を纏めた著書『マーケティング理論』を出版している[54]。

　バーテルズは，この論文の中で，マーケティング一般理論は次の7つの下位理論の結合によって構築されるとした。①社会的イニシァチブの理論，②経済（市場）隔離の理論，③市場の役割・期待・相互作用の理論，④フローとシステムの理論，⑤行動制約の理論，⑥社会変化とマーケティング発展の理論，⑦社会的制御のマーケティング理論である[55]。

　ハントは，バーテルズのマーケティング一般理論構想を「提示されている理論命題は発見の文脈においては示唆に富んでいるが，正当化の文脈において理論化に耐えられるような代物ではない」と批判した[56]。確かに，バーテルズは科学論争への参画にあたって「科学」（science）の意味をウェブスター大辞典に求めることから開始するなど，いわゆる科学哲学や科学方法論の洗礼を受けた形跡がない[57]。

　もっとも，バーテルズはハントからの批判に対して以下のとおり反論している。「ハントによる私への批判は，私の理論がハントの価値基準によるテストに適うものではないからである。彼の価値基準によれば，理論とは①体系的に関連する一連の所説，②法則の帰納，および③経験的にテスト可能な命題よりなる。ハントへの反論はピンソン等によってなされているが，それは，ハントの結論がハント自身の価値基準に矛盾しているというものであった」[58]。

・論文④：「マーケティングにおける自己喪失危機」⇒境界論争への参画

　マーケティング研究は，コトラーを中心にして「マーケティング概念拡張論」[59]，「ソーシャルマーケティング論」[60]，「マーケティングの一般概念」[61]，『非営利組織のマーケティング』[62]へと論議が展開するに及んで，いわゆるマーケティング学会挙げての"境界論争"が展開する。すなわち，「マーケ

ティング研究はどこまでを範囲に含むか」が論じられるようになる。そうした中にあって，バーテルズは「マーケティングにおける自己喪失危機」を著わして，マーケティング概念拡張の風潮に対して警鐘を鳴らした[63]。

　もっとも，バーテルズは，マーケティング概念の拡張を頭から批判しているわけではない。マーケティング概念の拡張によって期待される成果を認めつつも，①マーケティングの起源は経済的な財やサービスの流通に主眼を置くことによって開始された，②したがって，仮にマーケティングが経済的領域のみならず非経済的領域への応用を含むまでに拡張されるとするなら，もともと知覚されていたマーケティングは別の名前の下に生まれ変わらなければならなくなってしまうと述べ，マーケティング概念の拡張に疑問を呈した。しかし，晩年には「マーケティングの定義を絶えず再吟味し，全世界に対するマーケティングの貢献の可能性を繰り返し再評価していくことである」と述べるなど，立場を変えている[64]。

・論文⑤：「マーケティングはその責務を遂行していないのではないか」⇒あるべき論の展開

　この論文は JM 誌1983年秋季号特集号に掲載されている。この号には12篇の論文が収められ，バーテルズの論文はハントやアンダーソンの論文と共に「マーケティングの範囲や本質とマーケティングにおける科学についての包括的論議」に区分けされている[65]。その中で，バーテルズは論文「マーケティング研究はその責務を遂行していないのではないか」を著わす[66]。それより以前にバーテルズは，オハイオ州立大名誉教授として来日講演し，帰国後に『社会開発のマーケティング』を著わしている。したがって，この論文に盛られた主張は同上書での展開とほぼ同じである。

　すなわち，バーテルズはこの論文を通じて「マーケティングとは何か，どうあるべきか。それは企業のプロセスなのか，それとも社会のプロセスなのか。あるいは，それは利益のためにか，それともサービスのために在るのか。……それは，市場の要求にのみ対応するものなのか，それとも人類のニーズを満たすためのものなのか」との問いを投げかける。そうして，バーテルズは「マーケティング学（the marketing discipline）の責務は，これまで課されて来た限定的意味においてではなく広範囲な意味において何を成すべきかを考えることである」とし，それを可能にさせるのはマーケティング学者自身である，と結ん

でいる[67]。

第5節　現代的評価

　これまでの考察と議論を箇条書き的にまとめ，「現代的評価」に代えよう。
　（1）　バーテルズの代表的著作である『マーケティング理論の発展』はマーケティング学説史研究におけるバイブル的存在として位置づけられる。マーケティング分野において，後にも先にもこれ以上の学説史研究は現れないであろう。
　（2）　バーテルズは，同書の冒頭において「マーケティングを知覚対象（percept）ではなく概念（concept）として解すべきである」とすることから論を展開している。すなわち，「二人の人間と一匹のガチョウが居ればマーケティングが成り立つ」のではなく，マーケティングは歴史上のある時期に，ある新しい思考（すなわち「販売活動に先立ち考慮に入れなければならない諸要素の結合という考え方」）を表象する「概念」として登場したとするわけである。ここにバーテルズ学説史の論理的基盤がある。
　（3）　そして，バーテルズは，マーケティング研究の萌芽は19世紀末から20世紀初頭にかけてのアメリカに求められるとする。すなわち，経済システムの爆発的拡張と変革下にあって「経済理論の諸仮説が実際世界と乖離するようになった」ことによって，そこにマーケティング研究の登場の理論的背景が得られるとした。
　（4）　バーテルズは，一方で論客として，マーケティング研究の動向に対して事あるごとに発言（寄稿）して来たが，それらは相当の影響を与えるものであった。その1つにオハイオ州立大学マーケティング・スタッフとの共同論文「マーケティングの考え方に関する声明」がある。その際に，バーテルズ等が提示したマーケティング定義は約50年後のAMA定義（2007／2013年）に近いものである。これは，学説史研究を通じてあらゆるマーケティング研究の動向に熟知していたバーテルズの先見の明によるものであろう。また，マーケティング研究の概念拡張論争や科学論争にも一論客として参画し，マーケティング研究の動向に影響を与えた。
　（5）　もっとも，バーテルズはメタ理論や科学方法論議においては曖昧で

あったと言わざるを得ない。すなわち，1970年代後半からマーケティング科学方法論議を主導するハントの指摘にあるように，バーテルズの理論命題は「正当化の文脈」に耐えうるようなものではなかった。それはメタ理論（理論構築）の方法が曖昧であったからである。むしろ，バーテルズ著作の背後に一貫しているのはキリスト教への信仰心であり，方法論的唯名論であろう。

（6）　晩年に至るにつれて，バーテルズの主張には「マーケティングの特質は経済的発展段階に応じて変化するのであり，マーケティングはその期待に応えねばならない」との信念が貫かれている。それは「世界中の至るところで経済が発展するに伴い，人々はより高い生活水準を期待するようになり，この期待を充たすためにマーケティング・システムを求め，これらの諸要求に応じるためには，マーケティング定義を絶えず再吟味し全世界に対するマーケティングの貢献の可能性を繰り返し再評価していくことが求められる」といった発言に象徴的である。一方で，論文「マーケティングはその責務を遂行していないのではないか」には，マーケティング研究の現状が期待される次元にまで到達しえていないことへの苛立ちとさらなる期待とが入り混じっている。

（7）　総じて，バーテルズがマーケティング学説史研究において打ち建てた金字塔は，今後も燦然と輝き続けるであろう。

＊本章は，上沼克徳（2016）「ロバート・バーテルズの研究業績と思想」『経営経理研究―小原博教授 古稀記念号』第106号，拓殖大学経営経理研究所を一部加筆修正したものである。

〔注〕
1)　マーケティング史研究会編（1993）『マーケティング学説史―アメリカ編―』同文舘出版，「はしがき」の（ii）ページ。
2)　日本生産性本部流通研究会編（1957）『マーケティング―原理と事例』日本生産性本部，3ページ。上沼克徳（2003）「わが国へのマーケティング導入の経緯」『マーケティング学の生誕へ向けて』同文舘出版，24~27ページ。
3)　①J. A. ハワード（1959）『経営者のためのマーケティング・マネジメント』（田島義博訳）建帛社；John A. Howard (1957), *Marketing Management : Analysis and Decision*, Irwin. ②L. H. ハンセン（1960）『マーケティング』日本生産性本部；L. H. Hansen (1956) *Marketing–Text, Cases and Readings*.
4)　E. Jerome McCarthy (1960) *Basic Marketing : A Managerial Approach*, Irwin.
5)　P. コトラー（1971）『マーケティング・マネジメント（上）（下）』（伊波・竹内・中村・野々村共訳）鹿島出版会；Philip Kotler (1967), *Marketing Management : Analysis, Planning and Control*, Prentice-Hall.

6) 第二次世界大戦以前に著わされた「配給論」書として以下が挙げられる。①向井鹿松（1928）『配給市場組織』（1928 年）②福田敬太郎（1930）『市場論』③谷口吉彦（1931／1935）『配給組織論』④福田敬太郎（1932）『市場政策原理』⑤向井梅次（1932）『配給市場論概説』⑥日本経営学会（1933）『商品市場組織』⑦小林行昌（1937）『商品配給論』。上沼克徳（1997）「小林行昌―早稲田商業学の先覚を超えて―」『マーケティング学説史―日本編』同文舘出版，73~109 ページ。
7) R. バーテルズ（1978）『マーケティング理論の発展』（山中豊国訳）ミネルヴァ書房；Robert Bartels（1976）*The History of Marketing Thought*, 2nd ed., Grid. 因みに，同書（原書）の第 1 版は，R. Bartels, *The Development of Marketing Thought*, Irwin, 1962 であるが，翻訳本は出ていない。
8) R. バーテルズ（1985）『社会開発のマーケティング』（角松正雄・山中豊国監訳）文眞堂；Robert Bartels（1981）*Global Development and Marketing*, Grid.
9) 「バーテルズの略歴とひととなり」の執筆にあたり，①「付録 B：マーケティング思想への貢献者たち」『マーケティング学説の発展』におけるバーテルズ自身の回想録，②同書「訳者あとがき」に添えられた「ロバート・バーテルズ教授の思い出」（山中豊国著），③「監訳者あとがき」『社会開発のマーケティング』などを参考にして再構成した。
10) 写真「ありし日の R. バーテルズ教授」。R. バーテルズ（1993）『マーケティング学説の発展』扉ページを参照。
11) 山中豊国教授から託された「来日講演での録音テープ」による。
12) Robert Bartels（1976；1988），*The History of Marketing Thought*, 2nd ed.; 3rd ed. のことである。
13) 堀田一善教授（慶応義塾大学）による発言。
14) マーケティング文献を渉猟する中で"marketing thought"という用語が出て来るが，それは「思想信条」のそれではない。例えば，P. D. Converse（1959）*The Beginning of Marketing Thought in the United States* の邦訳題名も『マーケティング学説史概論』となっている。
15) R. バーテルズ（1993）『マーケティング学説の発展（第 3 版）』（山中豊国訳）訳者あとがき，537 ページ；Robert Bartels（1988）*Development of Marketing Thought*, 3rd. ed., Publishing Horizons.
16) 同上書
17) 同上書，付録 C「マーケティング文献目録 1900-1974 年」479 ページ。
18) 同上書，479~533 ページ。
19) 同上書，479 ページ。
20) 同上書，534~536 ページ。
21) 同上書，1 ページ。
22) 同上書，1 ページ。
23) 同上書，1 ページ。
24) Richard Trench（1925），*On the Study of Words*, Macmillan, pp.13-14, 206-7.
25) R. バーテルズ，前掲『マーケティング学説の発展（第 3 版）』1 ページ。
26) 同上書，1 ページ。
27) 同上書，6 ページ。
28) 同上書，15 ページ。
29) 同上書，15~17 ページ。
30) 同上書，15~17 ページ。
31) L. W. ロジャー（1973）『競争経済下のマーケティング』（田内幸一・堀出一郎共訳）丸善，16~17 ページ。

32) R. バーテルズ，前掲『社会開発のマーケティング』。
33) W. W. ロストウ（1961）『経済成長の諸段階』（木村健康・久保まち子・村上泰亮訳）ダイヤモンド社。
34) J. ロビンソン（1966）『経済学の考え方』（宮崎義一訳）岩波書店。
35) R. バーテルズ，前掲『社会開発のマーケティング』。
36) 同上書，26~27 ページ。
37) 同上書，19~27 ページ。
38) 同上書，「監訳者あとがき」。
39) Paul D. Converse（1945）"The Development of the Science of Marketing: An Exploratory Survey," *Journal of Marketing*, Vol.10（July）pp.14-32.
40) Wroe Alderson and Reavis Cox（1948），"Toward a Theory of Marketing," *Journal of Marketing* , Vol. 13（October）pp.137-152.
41) Proceeding of the Christmas Meeting of the Academic Division of the America Marketing Association（1946）(at University of Pittsburg)
42) 上沼克徳（2003）『マーケティング学の生誕へ向けて』同文舘出版，108~115 ページ。
43) Ronald S. Vaile（1946）"Towards a Theory of Marketing: A Comment," *Journal of Marketing*, Vol.13（April）; Kenneth D. Hutchinson（1952），"Marketing as a Science: An Appraisal," *Journal of Marketing*, Vol.15（January）pp. 286-93. ; Robert S. Stainton（1952），"Science in Marketing," *Journal of Marketing*, Vol.17（July）pp.64-65.
44) Robert Bartels（1951）"Can Marketing be a Science?," *Journal of Marketing*,Vol.15（January）pp.319-28.
45) 上沼克徳（2003）前掲書，101~166 ページ。
46) Shelby D. Hunt（1976）*Marketing Theory: Conceptual Foundations of Research in Marketing*, Grid.；S. D. ハント（1979）『マーケティング理論―マーケティング研究の概念的基礎―』（阿部周造訳）千倉書房。
47) 上沼克徳（2003）前掲書，101~166 ページ。
48) Marketing Staff of the Ohio State University（1965）"A Statement of Marketing Philosophy," *Journal of Marketing*, Vol.29（January）pp.43-44. この論文は同大学マーケティング専任教員 12 名による共同執筆である。
49) *Ibid*.
50) *Ibid*.
51) AMA（アメリカ・マーケティング協会）の 1948・1960 年定義は，以下の通りである：Marketing is the performance of business activities that direct the flow of good and services from producer to consumer or user. また 1985 年と 2013 年（最新）の定義については 上沼克徳（2014）「マーケティング定義の変遷が意味するところのもの」『商経論叢』第 49 巻第 2・3 合併号，神奈川大学経済学会，63~84 ページを参照。
52) オハイオ州立大学マーケティング専任教員によるマーケティング定義は，以下の通りである。Marketing is the process in a society by which the demand structure for economic goods and services is anticipated or enlarged and satisfied through the conception , promotion, exchange, and physical distribution of such goods and services, *Journal of Marketing*（1965），Vol.29（January）pp.43-44.
53) 上沼克徳（2014）前掲論文。
54) Robert Bartels（1968）"The General Theory of Marketing," *Journal of Marketing* Vol.32（January）pp. 29-33.；Robert Bartels（1970），*Marketing Theory and Metatheory*, Irwin.; R. バーテルズ（1976）『マーケティング理論』（服部正博訳），嵯峨野書院。
55) R. バーテルズ，前掲『マーケティング学説の発展（第 3 版）』366~367 ページ。

56) Shelby D. Hunt (1971) "The Morphology of Theory and the General Theory of Marketing," *Journal of Marketing*, Vol.35 (April) pp.65-68.
57) Robert. Bartels (1951), *op. cit.*
58) R. バーテルズ,前掲『マーケティング学説の発展(第3版)』365ページ。C. R. A. Pinson, R. Angelmar and E. L. Roberto (1972), "An Evaluation of the General Theory of Marketing," *Journal of Marketing*, Vol.36 (July) p.66.
59) Philip Kotler and Sidney J. Levy (1969) "Broadening the Concept of Marketing, " *Journal of Marketing*, Vol.33. (January) pp.10-15.
60) Philip Kotler and Gerald Zaltman (1971) "Social Marketing: An Approach to Planned Social Change," *Journal of Marketing*, Vol.35 (July) pp.3-12.
61) Philip Kotler (1972) "A Generic Concept of Marketing," *Journal of Marketing*, Vol.36 (April) pp.46-54.
62) Philip Kotler (1975) *Marketing for Nonprofit Organizations*, Prentice-Hall.
63) Robert Bartels (1974) "Identity Crisis in Marketing," *Journal of Marketing*, Vol. 38 (October) pp.73-76.
64) R. バーテルズ,前掲『マーケティング学説の発展(第3版)』14~16ページ。
65) William H. Cunningham and Jagdish N. Sheth (1983) "From the Editor," *Journal of Marketing*, Vol.47 (Fall) pp.7-8.
66) Robert Bartels (1983) "Is Marketing Defaulting Its Responsibilities?," *Journal of Marketing*, Vol.47 (Fall) pp.32-35.
67) *Ibid.*

*章頭の肖像写真は,オハイオ州立大学アーカイブより許諾の上,掲載。
Courtesy of the Ohio State University Archives.

〔上沼克德〕

第2章

P・D・コンヴァース
―― マーケティング基礎理論の先達 ――

第1節　はじめに

　ポール・D・コンヴァース（Paul Dulaney Converse, 1889-1968）は，没後より半世紀となり，専門家でさえその学説の詳細は知らず，過去の人となってしまっている感がある。マーケティング論は，誕生から今日まで多くの学問からの理論的助けを得て，豊富な内容を盛り込んできた。しかしその内情はと言えば，学問的スタート時点で問題解決した内容と基本のところは大きな差が無いのではないか，というのは言い過ぎであろうか。1920年代にアメリカにおいて多くの大学教育用テキストが出版されている。それらの中に，今日の課題解決の糸口がないわけではないと思料する。こうした視点から，本章は，アメリカで百年前から活躍していたP・D・コンヴァース（以下，コンヴァースという）の学説を，歴史的に吟味し，また評価する。

　コンヴァースは，イリノイ大学教授（1924〜1957年の33年の永年在職した）として，教育・研究に力を注ぐとともに，活発な学会活動を行ない，結果的にアメリカのマーケティング学界で名を成した。その略歴を示せば以下のようである。

1889年　生まれ。
1913年　ワシントン・アンド・リー大学[1]（Washington and Lee University, ヴァージニア州レキシントン）を卒業。

1914 年　同大学院において修士号を取得。
1914 〜 16 年　コロンビア大学，ウィスコンシン大学大学院に学ぶ[2]。
1915 年　ピッツバーグ大学講師。助教授，教授（そのかたわら FTC や商務省参与も務めた）。
1924 年　イリノイ大学准教授（商学部）に就任。
1937 年　イリノイ大学教授に昇任。
1944 年　マーケティングへの学究上で多々貢献があったコンヴァースに対し，母校であるワシントン・アンド・リー大学はこれを高く評価し，博士号を授与（55 歳）。
1949 年　AMA（American Marketing Association）はその学会賞を「AMA コンヴァース学会賞」と名付けて制定（受賞は今日も継続している。本章末に受賞者一覧）。
1957 年　イリノイ大学を定年退職，名誉教授。学究生活は通算 45 年。
1958 〜 59 年　テキサス大学客員教授（テキサス州オースチン）。
1968 年　逝去，享年 79 歳。

本来なら「人と学説」といった多面的な検討が望まれるところであるが，残念ながら過去のことであり本人の人となりについては知り得ない。ただ，コンヴァース本人による書簡（1940）が残り，その若干を知ることができる。この書簡は，歴史研究の第一人者であるロバート・バーテルズ（Robert Bartels, 1913-1989）の求めにより書かれたもので，そのバーテルズの著書，Bartels (1962) *The Development of Marketing Thought*, Richard D. Irwin[3] に収録されている。

またイリノイ大学での門下にして同僚ともなったハーヴェイ・W・ヒュージィ（Harvey W. Huegy, 1903 〜没年不詳）がコンヴァースの人と学説の紹介を短文ながら残している。これは，当時，学会誌が著名なパイオニア的学者を紹介するシリーズ企画の一環である。Huegy (1958) "Pioneers in Marketing ; Paul Dulaney Converse," *Journal of Marketing*, Oct. がそれである[4]。

本章では，コンヴァースのおもな業績を以下の 3 点にまとめておきたい。第 1 は 1920 年代のマーケティング統合の時代に標準的なテキストを公刊した，いわばマーケティングの基礎理論の一角を占めたこと，第 2 はマーケティングの科学論争ないし方法論争（以下科学論争という）へのきっかけ作りをした

こと，さらに第3は小売商圏研究領域においてモデルを提示したことである。これら3点をそれぞれ第2節～第4節で検討していこう。

第2節　マーケティングの基礎理論

　マーケティングの歴史研究の泰斗であると学界で誰もが認める，ロバート・バーテルズ（Robert Bartels）は，アメリカにおけるマーケティング理論・思想の発展を時代区分している。それは，発見の時代（1900～1910年），概念化の時代（1910～1920年），統合の時代（1920～1930年），発展の時代（1930～1940年），再評価の時代（1940～1950年），再概念化の時代（1950～1960年），分化の時代（1960～1970年），そして最後に社会化の時代（1970年～）と，便宜的に10年毎に区分して示した。そのうち，1920年代は「マーケティング統合の時代」（the period of integration）と呼び[5]，マーケティングの標準的な大学テキストが陸続と生じたとする。

　そうした時代に，その有力な一人としてコンヴァースが存在した。すなわちConverse（1921）*Marketing : Methods and Policies*, Prentice-Hall. を発刊する。さらに，これをベースにしてConverse（1930）*Elements of Marketing*, Prentice-Hall. を発刊している。

　まずは前著，1921年の*Marketing : Methods and Policies*（『マーケティング；方法と政策』）の目次は以下である。①市場流通の意味と重要性，②マーケティング機能，③農産物の収集，④輸送，⑤倉庫，⑥取引経路，⑦マーケティング技法の発展，⑧直接販売，⑨ブローカーと販売代理商，⑩競売による商品販売，⑪農産物交換と投機問題，⑫卸売ディーラー，⑬卸売ディーラー（続），⑭単体店，⑮百貨店，⑯メールオーダーハウス，⑰チェーンストア，⑱商業者の費用と利益，⑲購買・在庫・在庫取引，⑳協同組合マーケティング，㉑協同組合マーケティング（続），㉒取引協定，㉓公正な競争，㉔価格決定要因，㉕価格政策，㉖市場分析，㉗流通方法の選択，㉘販売と広告，㉙マーケティング政策と活動の調整，㉚市場流通費は削減できるか。その内容からすると，同時期に発刊された諸テキストと大きく変わるものではない。

　また，この時期に研究者誰もが流通・マーケティングの機能・内容をどう分類するかということが一大関心事であった。良く知られるショウをはじめ，

ウェルド，クラークら[6]と多くの研究者が検討・分類してきた。コンヴァースの場合は，①販売，②蒐集（購買），③分散，④標準化，⑤格付け，⑥包装，⑦輸送，⑧貯蔵，⑨金融，⑩危険負担，という分類であった。

ほぼ同時期に出版されたクラーク（1922）*Principles of Marketing* の場合は，A．交換機能―①需要創造（販売），②蒐集（購買），B．物的供給機能―③運送，④保管，C．補助的または促進的機能―⑤金融，⑥危険負担，⑦標準化，としている（p.11）。クラークのこの著書は，他の研究者の著書よりもその分類がより整序されていたこと，また日本では早々に翻訳書が出版されたこともあり[7]，大変ポピュラーな存在となった。いずれにせよ，同時期の研究者によりそれぞれに分類されたが，それほどに大きな隔たりはなくコンセンサスを得たものといえる。

ついで後著，*Elements of Marketing*（『マーケティング要綱』）が，*Marketing: Methods and Policies* をベースにして，1930年に出版された。その初版以後，改訂作業は以下のように続いている。

初　版（1930年発行）　コンヴァースの単独著作
改訂版（1935年発行）　　同　上
第2版（1940年発行）　ヒュージィとの共著＝Converse & Huegy, H. W.
第3版（1946年発行）　　同　上
第5版（1952年発行）　ヒュージィおよびミッチェルとの共著＝Converse, Huegy
　　　　　　　　　　　　& Mitchell, Robert V.
第6版（1958年発行）　　同　上
第7版（1965年発行）　　同　上

当然のことながら，*Elements of Marketing* 各版によりその内容は異なる。いずれにせよ1965年に至るまで長い期間出版され続け，改訂を続けることにより，各大学でテキストとして用いられるなどし，ロングセラーとなった（改訂版は途中から同僚であるイリノイ大学教授，Harvey W. Huegy らが共著者となっている）。本書の前身となった Converse（1921）*Marketing: Methods and Policies* の出版から含めれば半世紀近く続き，こうしたことで本書は名著の名に値するものとなった。このようにコンヴァースには，*Marketing: Methods and Policies* および *Elements of Marketing* という2著が包括的にし

て理論的なテキストとしてマーケティングの基礎理論を固めた。

　他方ではこれとは別に，コンヴァースは，その研究において歴史的視点を重視した方法で積み重ねた点も忘れてはならい。こうして以下の歴史関係著書論文を明らかにしている。

① Converse (1933) "The First Decade of Marketing Literature," *NATMA Bulletin Supplement* (Nov.). 再録："The First Decade of Marketing Literature," in Mark Tadajewski and D.G. Brian Jones (Edited), (2008), *History of Marketing Thought*, Vol. 1, Sage Publications.
② Converse (1945a) "The Development of the Science of Marketing—An Exploratory Survey," *Journal of Marketing*, July.
③ Converse (1945b) "Fred Clark's Bibliography as of the Early 1920's," *Journal of Marketing*, July.
④ Converse (1951) "Development of Marketing Theory: Fifty Years of Progress," in *Changing Perspectives in Marketing*, ed., by H. Wales, University of Illinois Press.
⑤ Converse (1952) "Notes on Origin of the American Marketing Association," *Journal of Marketing*, July.
⑥ Converse (1959a) *The Beginning of Marketing Thought in the United States: With Reminiscences of Some of the Pioneer Marketing Scholars*, Bureau of Business Research, The University of Texas.（梶原勝美訳（1985）『マーケティング学説史概論』白桃書房。）
⑦ Converse (1959b) *Fifty Years of Marketing in Retrospect*, Bureau of Business Research, The University of Texas.（梶原勝美訳（1986）『アメリカ・マーケティング史概論』白桃書房。）

　これらのうち，(1945a) は次節で扱うこととし，コンヴァースが晩年に至って出版した1959年の2著書⑥⑦は特筆されるもので，ここでふれよう。この2著書はともに，イリノイ大学を定年後（名誉教授に），テキサス大学経営学部客員教授としてオースチンに在籍する中で，大学院生指導のために謄写版刷りのプリントを用いたことに始まる。コンヴァース自身の研究の総括的意味を含めて書かれており，これをテキサス大学が公刊することで今日に残ったものである。マーケティングの学説史および実態史に関する歴史研究を自身の研究

回顧を行ないつつ，まとめたものである。

まず⑥ (1959a) は，アメリカにおいてマーケティング思想を形成した著名なマーケティング学者らパイオニアたちの回顧を中心にしつつ，マーケティング論の発展史をまとめている。いわば学説史的な理論史である。なお，そのうち第1章は，生成期マーケティングにおいて，アトキンソンら19世紀後半の経済学者の影響が述べられている。このように当時の経済学者たちに注目するのはコンヴァースだが，その門下のフランク・クールセン（Frank G. Coolsen）がこれをさらに丹念に研究し，一書にまとめており，注目して良い[8]。

ついで，⑦ (1959b) は，アメリカにおけるマーケティングそのものの歴史を通史的に明らかにしている。いわゆる社会経済的観点からのもので，経済史との密接な関連のもとで歴史的に述べられている。後の *Elements of Marketing* 第7版（1965年）の第2章に「マーケティング発展100年史」としてそのエッセンスが登載されている（小原訳 1985）[9]。

以上の他に，コンヴァースには基礎理論的な，視点を変えた著作として，Converse (1927) *Selling Polcies*, Prentice-Hall；Converse (1936) *Essentials of Distribution*, Prentice-Hall；Converse, & Jones, F. M. (1948) *Introduction to Marketing*, Prentice-Hall，の著書もある。

とくに1920年代の著作である *Selling Polcies*（『販売政策』）は，1920年夏にマーケティングの著書の準備を始めて，*Marketing : Methods and Policies* として1年後に結実したものの，Policies部分が不十分でもあり，より拡張した政策を論じるために本書を取りまとめたという（*Selling Polcies* 序文 p.v）。その内容は広範で，経営政策・販売政策形成の基本が述べられている。市場調査，製品政策，価格政策，流通方法の政策，広告等の需要創造政策，購買政策，信用政策などと，網羅的であり，マーケティング一般理論と称してもよいものとなっている。

第3節　マーケティングの科学論争

周知の通り，マーケティングは，19世紀後半から20世紀初めにかけて，資本主義経済の発展過程にあったアメリカで登場してきた。当初そこでのマーケティングは，商品流通に関連する企業が行なう他企業との間の激しい販売競争

活動であるという個別経済的な経営過程の側面として，すなわち「企業経営的マーケティング」と，商品が生産者から消費者へと至るまでの社会的移転現象であるという社会経済的な流通過程の側面として，すなわち「社会経済的マーケティング」との，両面を複合的に内包するものと考えられてきた。

　第二次世界大戦前までこうした2つの異なる側面を包摂してきたマーケティングであるが，学問的なレベルでいえば，整序が十分とはいえない，明確な理論体系を持ったとは言い難い状況のままであったように思われる。そうした状況下で，第二次世界大戦のさなか 1945（昭和20）年7月に，日本では生きるか死ぬか 7,000 万余の総国民が我を失っているような状況にあったが，戦争の相手国アメリカにおいては，平和この上ないマーケティング論についての論文が発表されている。学会誌に掲載されたコンヴァースの論文，Converse (1945), "The Development of the Science of Marketing—An Exploratory Survey," *Journal of Marketing*, July, pp.14-23. がそれである。この論文「マーケティング科学の発展―試論的概観―」で，マーケティングなるものが本当に高い理論体系をもった学問なのだろうか，マーケティングとは何かを問うている。コンヴァースによれば，「マーケティングの科学とわれわれが呼ぶところの古典的な知識体系は，過去 50 年の間（より重要な程度では 35 年間）に発展してきた」(p.14) とする。その基本は，これまでのマーケティング研究を概観する（survey）ことにある。マーケティングは独立的研究領域であるが，その多くは経済学，心理学，経営学，経済史，会計学に依拠してきたものである。その論文内容は，①他の古い諸学問，②概念，技法とデータ，③組織，④定期刊行物，⑤著作および報告書，の5つによって，マーケティングの科学ないし技法の概観を行なっている。

　こうして，マーケティングは科学（理論）であるか否かという，これによりその後 20 年以上にわたる息の長い論争，いわゆる科学論争と称されるものが展開されていく，いわばこの論争の嚆矢となったのがコンヴァース論文である。いずれにしても，コンヴァース論文は，技法ないし技術に終始したマーケティング実務型のそれまでの展開に，より理論的な検討の意味を指摘したといえる。際立って深みのある探究とはいえないが，より学問としてマーケティング論の成立につながる重要なターニング・ポイントになったことは確かである。

　この 1945 年のコンヴァース論文から始まった論争は，以下のような多くの論文が続くことでホットな展開，そして内容を深めていった。

① Brown, L.O. (1948) "Towards a Profession of Marketing," *Journal of Marketing*, July.
② Alderson, Wroe and Reavis Cox (1948) "Towards a Theory of Marketing," *Journal of Marketing*, October.
③ Vaile, Ronald S. (1949) "Towards a Theory of Marketing : A Comment," *Journal of Marketing*, April.
④ Bartels, R. (1951) "Can Marketing be a Science?" *Journal of Marketing*, January.
⑤ Hutchinson, Kenneth D. (1952) "Marketing as a Science : An Appraisal," *Journal of Marketing*, January.
⑥ Stainton, Robert S. (1952) "Science in Marketing," *Journal of Marketing*, July.
⑦ Jeuck, John E. (1953) "Marketing Research – Milestone or Millstone?" *Journal of Marketing*, April.
⑧ Verdoorn, P. J. (1956) "Marketing from the Producer's Point of View," *Journal of Marketing*, January.
⑨ Oxenfeldt, Alfred R. (1961) "Scientific Marketing:Ideal and Ordeal," *Harvard Business Review* , March-April.
⑩ Mills, Harlan D. (1961) "Marketing as a Science?" *Harvard Business Review*, September-October.
⑪ Weiss, E. B. (1962) "Will Marketing Ever Become a Science?" *Advertising Age*, August 20.
⑫ Buzzell, Robert D. (1963) "Is Marketing a Science?" *Harvard Business Review*, January-February.
⑬ Schwartz, George (1963) *Development of Marketing Theory*, South-Western Pub.
⑭ Howard, John A. (1965) *Marketing Theory*, Allyn and Bacon.
⑮ Lee, Charles E. (1965) "Measurement and the Development of Science and Marketing," *Journal of Marketing Research*, February.
⑯ Taylor, Weldon J. (1965) "Is Marketing a Science," *Journal of Marketing*, July.
⑰ Halbert, Michael (1965) *The Meaning and Sources of Marketing Theory*, McGraw-Hill,.
⑱ Robin, Donald P. (1970) "Toward a Normative Science in Marketing," *Journal of Marketing*, October.

⑲ Dawson, Leslie M.（1971）"Marketing Science in the Age of Aquarius," *Journal of Marketing*, July.
⑳ Goldstucker, Jac L., Barnett A. Greenberg, and Danny N. Bellenger（1974）"How Scientific Is Marketing," *MSU Business Topics*, Spring.
㉑ Hunt, Shelby D.（1976）"The Nature and Scope of Marketing," *Journal of Marketing*, July.

　結論的に言えば，この科学論争の帰趨は，科学とは何か，その科学をどう規定するかにかかっている。それぞれの論者がスタートである科学そのものの内容が異なる限り議論はかみ合わない。またマーケティングとは何か，マーケティングをどう規定するかについても同様である。
　蛇足ながら，他方で1950年代以降の実務界では企業の著しい発展が進み，それと連動して，企業の立場でのマーケティング手法が深耕され，マネジリアルな（企業経営的，しかもより高次の経営者視点に立つ）その性格を一層強めた。こうしてマーケティングは，経営における一機能（マーケティング管理，さらにはマネジリアル・マーケティングへと拡大，発展する）として捉えていった。そうした状況の中，学界では科学論争を経て，1969年のコトラー＝レヴィ（Kotler & Levy）らの論文を発端として「マーケティング概念を拡張すべきか否か」という，これもまた息の長い論争が生ずることとなった。いわゆる境界論争ないし本質論争が再度引き起こされる[10]。これら1945年以降の科学論争，そして1969年以降の境界論争ともに，マーケティングとは何かという基本的に同様の問題が変わらず生じたことになる。
　前節の基礎理論としての体系だった標準的なテキスト刊行，本節のマーケティングの科学論争の発端者としての役回りをコンヴァースは果たしたのである。その結果，マーケティングの理論深化に貢献してきたことで，イリノイ大学にコンヴァースありと知られてきた。これらの過程で，American Marketing Association（アメリカ・マーケティング協会，以下はAMA）は，マーケティングの理論的発展に寄与した研究者を表彰するために学会賞を創設するが，その名を「AMAコンヴァース学会賞」（Paul D. Converse Awards）とするのである。授賞は1949年を皮切りに，不定期ながら数年おきに開催し，最新時2016年には第19回に至っている[11]。学会賞の受賞者一覧は下記【資料】の通りである。またコンヴァース学会賞の授与に合わせ，「AMAコンヴァース・

シンポジウム」として，イリノイ大学（アーバナ・シャンペーン本校）において適宜に開催し，今日におよんでいる。なお別に，コンヴァースは学問的な貢献（マーケティング論の科学化への志向）や，積極的な学会活動を背景として，早くも 1931 年には AMA 学会長に就任しており，さらに戦後にもその職に再任されている。

第 4 節　小売商圏の実証と理論

　コンヴァースのコンヴァースたらんとする橋頭保を築いたもう 1 つの領域として，小売商業に関する商圏論がある。商圏（trading area, market area）は，小売店で買い物する消費者の地理的な広がり，その範囲・領域を指す商勢圏のことである。小売商圏算出については，初期のものとしてウイリアム・J・ライリー（William J. Reilly, 1899-1970）の小売引力の法則が知られるが，コンヴァースはこのライリーをさらに展開して，新小売引力の法則として定式化した。このためライリー・コンヴァース・モデルと称してもよい。

　ライリーの法則は，Reilly（1929）*Methods for the Study of Retail Relationships*, Austin Texas, Bureau of Business Research, University of Texas, Research Monograph 4. および，Reilly（1931）*The Laws of Retail Gravitation*, New York, Knickerbocker Press. によって明らかにされた。ライリーによれば「2 都市は，吸引勢力分割点の近くに位置する都市または町村から，2 都市の人口にほぼ正比例し，2 都市と中間都市との距離の 2 乗に反比例するように小売取引を吸収する」という法則である。

　ライリーの法則に対して，コンヴァースの論文は，Converse（1949）"New Laws of Retail Gravitation," *Journal of Marketing*, October, pp.379-384. で明かにされている。

　コンヴァースは，ライリーの法則を展開させ，①2 都市の吸引力の均等分割点を求める式と，②消費者の居住地都市での購買部分と競争都市に吸収される部分を求める式という，以下 2 つの式を示している。

(1)
$$DB = \frac{Dab}{1 + \sqrt{Pa/Pb}}$$

　　DB　：B 市から分割点までの距離
　　Dab：A 市と B 市間の距離 (*Da* + *Db*)
　　Pa　：A 市の人口
　　Pb　：B 市の人口

(2)
$$\frac{B_a}{B_b} = \left(\frac{P_a}{H_b}\right)\left(\frac{4}{d}\right)^2$$

　　Ba：B 市居住者購買力のうち A 市に吸収される部分
　　Bb：B 市居住者購買力のうち地元 B 市に残留する部分
　　Pa：A 市の人口
　　Hb：地元 B 市の人口
　　d ：A 市・B 市の距離
　　4 ：慣性距離因子

　人口と距離という 2 つの変数を用いたライリーに対して，コンヴァースはそれぞれ売上高，売場面積，時間，費用などに置き換えることが可能としている。
　こうした，コンヴァースの法則は，これに先立って関連する実証研究を様々に行なっている。それらは，在住していたイリノイ州，とりわけ大学所在地のアーバナ・シャンペーン両市に関わるなどした，詳細な論文が以下である。

Converse (1932) *Business Mortality of Illinois Retail Stores from 1925 to 1930*, University of Illinois Bulletin, Vol. 29, No. 31, Bulletin / Bureau of Business Research ; No. 41.
Converse (1936) "Analysis of Retail Trading Areas:Some Suggested Methods with an Example," *National Marketing Review*, Vol. 1, No. 4, Spring, pp. 316-325.
Converse (1943) *A Study of Retail Trade Areas in East Central Illinois*, Bureau of Economic and Business Research, University of Illinois, October.
Converse (1946) *Retail Trade Areas in Illinois*, University of Illinois Bulletin, Vol. 43, No. 68. Business Studies ; No. 4, July.
Converse (1948) *Consumer Buying Habits in Selected South Central Illinois*

Communities, University of Illinois Bulletin, Vol. 45, No. 34, Business Studies ; No. 6.

　以上，これら小売商圏の諸法則[12]は，ライリーやコンヴァースの他，多くの研究者も挑んできたものである。とくに，これも著名なデヴィット・L・ハフ（David L. Huff, 1931-2014）の法則は，Huff（1964）"Defining and Estimating a Trade Area," *Journal of Marketing*, Vol. 28, July. に示されている。日本ではこのハフ・モデルをベースに修正ハフ・モデルなどを政策的に使うところとなっていった。

　いずれにしても，商圏に関する様々な法則については，日本においては高度経済成長期の総合スーパー・百貨店などの進出問題に関連して，その地元・周辺小売商との軋轢の中で出店調整問題のために使われた。百貨店法，ついで大規模小売店舗法等において，さらに1980年代でもまだまだ社会問題として解決されずに，多くの流通・マーケティング研究者にとり喫緊の解決を要された課題であった。とはいえ，法的規制問題にのみ終始したり，規制緩和の中での解釈論議で，意味を持たないという見方もないではない。

　以上，コンヴァースの小売商圏モデルは，小売流通の実務・理論領域に大きく貢献したことで，歴史に残る存在であり続けてきたといえる。

第5節　現代的評価

　結局，コンヴァースの研究は，①1920年代のいわゆる「マーケティング統合の時代」に標準的なテキストを出版したこと，②1945年に端を発するアメリカでのマーケティング科学論争を仕掛けることになったこと，③小売商圏の算出に関連する新小売引力の法則を定式化したことなど，顕著な仕事をなした。最後に，以上の検討からコンヴァース学説の評価も加えておこう。

　第1に，いつの時代でも，大学等で使われるテキストは，基礎的網羅的なものであること，かつこれを題材にした教育の成果は，企業等の実社会でより具体的な行動となっていくものである。今から100年近く前に出版されたアメリカのマーケティング教材は，大学教育界に教材提供したにとどまらず，ビジネス界に基礎教養的に機能したし，同時的にこれがアメリカの限りない経済発展

の礎となったことである（後には，MBA＝ビジネススクール修了者が大企業の経営幹部に必然なものとなったこと，その中心の1つにマーケティングが存在することも良く知られている）。コンヴァースのテキストは，少なからざる教材の一端を担うものであったし，他面その内容は「流通機能」にみられるように，現代流通・マーケティングの基礎理論として歴史的存在を失っていないことである。

第2に，マーケティングは第二次世界大戦後大きく揺れ動きつつ，その内容を豊かなものとしてきたが，その促進剤は学界における2つの論争，1945年以降の科学論争，1969年以降の境界論争にみることができる。学問本質論という理論的な掘り下げにおいて，科学論争の嚆矢となったのがコンヴァース論文であった。成熟化したといわれるマーケティング論であるが，常に本質論的検討は学究者の研究の常となっており，現代においても忘れることがない。そのゆえにこそ75年前・三四半世紀ほど前のコンヴァース精神に戻れと指摘しておきたい。

なお，中西部の基幹大学の1つ，州立のイリノイ大学教授の職（1924～1957）にあったコンヴァースであるが，イリノイ大学商学部（現・経営学部）には，第二次世界大戦の前後，コンヴァースよりも以前の教授陣，そして以後も多くのマーケティング教授が在籍している。かくして，マーケティング領域でイリノイ大学はアメリカでも有数の研究拠点となってきたことも確認しておきたい[13]。

蛇足ながら，コンヴァースがイリノイ大学教授であった際に，後に消費者行動論をはじめとして著名な学者となるジョン・A・ハワード（John A. Howard, 1915-1999）はイリノイ大学に学び学部，大学院修士課程で指導を受けている（同大学院より博士号を受けた）。そしてそのハワードがピッツバーグ大学教授として在職していた際には，インドから留学してきたジャグディシュ・N・シェス（Jagdish N. Sheth, 1938-）が大学院において直接教えを受けている。とともに，そのシェスは後にイリノイ大学教授として在職（1969～1984年の期間。その後，南カルフォルニア大学，ジョージア州のエモリー大学に移籍）するのである。

このように，コンヴァース～ハワード～シェスは，イリノイ大学つながりという稀有な師弟関係にあった[14]（ついでながら，3者の関係は，世間は狭くピッツバーグ大学つながりでもあった）。なお，インド系アメリカ人としての

シェス(現・エモリー大学教授)は，かねて在職したイリノイ大学より，アメリカにおける学界，またイリノイ大学への，さらに在米・留学インド人への(またいうまでもなく母国インドにも)，様々な貢献を評価され，2016年5月に「イリノイ大学名誉博士号」を授与されている。

　第3に，コンヴァースによる小売商圏の算出に関連する新小売引力の法則の定式化は，他の研究者による法則を含め，多大の客観的数値をもたらした。これにより経済政策・流通政策的に大いに貢献するところとなった。当然ながら，これら法則によって唯一の正解があるわけではないが，多くの利害関係者のそれ相応の了解ないし納得が得られることとなる。現代においてもそのことは官界，学界，業界，そして消費者との調整政策等に意味を持っている。

【補説】19世紀後半アメリカ・マーケティング論の発展

　マーケティング論が成立したのはいつの時期かについては，アメリカ合衆国において目覚ましい経済発展を遂げる過程と相まった，20世紀に入ってからというのが通説である。これに対して，マーケティング実務がこれより先に経済学諸領域の中で取り扱われだし，そのマーケティング思想を吟味するという姿勢が一部にみられた。そうした一人としてクールセン(Frank Gordon Coolsen, 1915-unk)をあげることができるが，本論で述べたコンヴァースの門下である。クールセンは，イリノイ大学に籍を置く中で，1942年の修士論文，1958年の博士論文とその研究を深めた。テキサス技術大学教授(Texas Technological College = 1923年創立，後にテキサス工科大学 Texas Tech University = 1961年改名)時に，その博士論文を拡充，同大学出版局より公刊されている。Coolsen (1960) *Marketing Thought in the United States in the Late Nineteenth Century*(『19世紀後半アメリカにおけるマーケティング思想』), The Texas Tech Press, Lubbock, TX. 全231ページ，がそれである。この補説では，以下その内容の若干を示そう。

　本書の目次は次のようである。

　　Chapter Ⅰ. Introduction:Marketing and the American Economy in the Late Nineteenth Century
　　Chapter Ⅱ. Marketing Ideas of Edward Atkinson

Chapter Ⅲ. Marketing Ideas of David Ames Wells
Chapter Ⅳ. Marketing Ideas of Arthur and Henry Farquhar
Chapter V. Appraisal of Contributions to Marketing Thought by Late Nineteenth Century Liberal Economists

みられるように，第1章「序論；マーケティングと19世紀後半のアメリカ経済」では，本論の前提・背景を扱う。1870～1900年のアメリカの経済諸条件とマーケティング諸問題をテーマに，農産物マーケティングの諸問題，製造物のマーケティング，卸売・小売取引の発展について，棚卸的に検討される。続く第2章～第4章の3つの章では，Edward Atkinson, David Ames Wells, Arthur and Henry Farquharの，それぞれの研究者を取り上げ，吟味を行なっている。

第2章「エドワード・アトキンソンのマーケティング研究」では，マーケティングの本質と重要性，物的流通とマーケティングコスト，市場調査と統計的研究，国内製品の経済最適化と流通，そして最後にアトキンソンのマクロ経済的マーケティング理念を論じている。

アトキンソン（Edward Atkinson, 1827-1905）は純粋な学者というわけではないものの，ビジネスマンの傍ら，ジャーナリスト，経済研究者として多くの著作を著している。その中で学説史的に重要なものは，(1885) *The Distribution of Products*（『製品の流通』），(1889) *The Industrial Progress of the Nation*（『米国の工業発展』），(1892) *Taxation and Work*（『課税と労働』）である。

アトキンソンは，「マーケティングないし流通（この用語は互換性 interchangeably をもって使用している）は，経済システムにおいて最も重要な部分である」，なんとなれば「全国民の生活は，取引および輸送に従事する250万人以上の人々によって支えられている」(Coolsen, p.24 ; Atkinson=1892, p.227) ためであるという。需要・所得・購買力に関してアトキンソンは，「非雇用者のうち10％が高い購買力をもつが，35.7％は中程度，54.3％は低い程度の購買力しか持たない」「マーケティングが成功するかどうかは，人口の50％以上を占める低所得者層に依存する」(Atkinson=1885, Converse ⑥ = 1959a,p.5) とする。なお，こうしたアトキンソンの考え方は，後にマーケティング論のパイオニアと称されるA・W・ショウに引き継がれる。

第3章「ウェルズのマーケティング研究」では，危機的経済問題としてのマーケティングの出現，物的流通，消費者市場分析，需要拡張のダイナミック

ス，マーケティング機関・統合と大規模運営，価格傾向分析と価格政策，そして最後にウェルズのマクロ経済的マーケティング理念を論じている。

　ウェルズ（David Ames Wells, 1828-1898）の著作の中で，学説史的に重要なものは，(1885) *Practical Economics*（『実践的経済学』），および（1889）*Recent Economic Changes*（『現代の経済変動』）である。

　ウェルズは，1870年から1890年の20年間に物価が下がり実質生活水準が上昇することで，経済状況は大きく拡大したという（Coolsen, p.64）。マーケティング活動は経済を活発にし，技術的に進歩した製品を消費者に供給し，文明の進歩に大きく貢献する。消費者の需要を継続的に拡大させるのは以下の3つの要因，①物価の低下，②大衆消費市場における購買力の増加，③欲望の増大あるいは文化の変化，であるとする（Coolsen, p.71 ; Wells=1889, p.447）。

　第4章「ファーカー兄弟のマーケティング研究」では，19世紀後半の製造業者のマーケティング諸問題と諸政策，輸出の統計的調査と関税，工業発展に係わる原材料価格分析と関税効果，食品価格分析と農産物輸入・所得の関税効果，市場需要の統計的測定，そして最後にファーカー兄弟のマクロ経済的マーケティング理念を論じている。

　ファーカー兄弟（Arthur Farquhar 1838-1925, and Henry Farquhar 1851-1925）はそれぞれに著書論文があるが，兄アーサーは農機具製造業者，弟ヘンリーは農務省の統計官吏と，ともに実務家で学者ではない。二人の共著としては（1891）*Economic and Industrial Delusions*（『経済と産業の妄想』）がある。

　彼らの主要な貢献は，価格と需要の弾力性を統計的に測定したことにあるとされる。その共著の中で，「過剰生産の原因は非効率な流通にある」（Coolsen, p.111 ; Farquhar=1891, p.106）と述べるなど，これ以降のマーケティング課題をすでに直視している。

　最終の第5章「19世紀後半のリベラル経済学者によるマーケティング研究の貢献の評価」では，本書のこれまでを総括して，マーケティングの意味と範囲，マーケティング機関と統合の経済学，市場分析・マーケティング活動への経験的アプローチ，19世紀後半のリベラル経済学者のマクロ経済的マーケティング理念を論じている。

　以上のようにクールセンは，19世紀第4四半期における経済学，そこでのマクロ経済的マーケティング現象および課題について論じている（蛇足ながら，それは20世紀中盤以降に大きく発展を遂げることになる，いわゆるミクロ経

済的マーケティング,企業経営サイドに立ったマーケティングということではない)。

　このクールセンを指導したコンヴァースは,さらにこれ以外のマーケティング現象に関心を示した研究者にも着目し,商品取引所における投機研究のヘンリー・C・エメリー (Henry C. Emery, 1872-1924),広告心理学領域に影響を及ぼしたハロー・ゲイル (Harlow Gale, 1862-1945) をあげて検討している (コンヴァース⑥＝1959a)[15]。今後これら諸研究成果に加えてさらに諸文献を渉猟すれば,マーケティング論の生成・成立に関して初期的に論じている研究もあろうが,今後の課題である。

〔注〕
1) ワシントン・アンド・リー大学は,1749年,私立大学としてヴァージニア州の地方都市レキシントンに創立,今日アメリカでヒドゥン・アイヴィーの1つに数えられる。一流私大としてアイヴィー・リーグ (Ivy League,ハーヴァード大学,コロンビア大学など東海岸8大学からなる) が著名である。ヒドゥン・アイヴィー (Hidden Ivies) とは,アイヴィー・リーグと同レベルの素晴らしい教育を誇る大学ではあるが,アイヴィー・リーグほどには目立たない大学の意味で使われる (グループ化されているわけではない,30の大学)。それにはジョンズ・ホプキンス大学,スタンフォード大学,アマースト大学などが含まれており,それに並ぶ有名私大として,ワシントン・アンド・リー大学はアメリカでは認知され,「南部のハーヴァード」(Harvard of South) と称されたりもしている。
　　大学名にある,ワシントンは初代アメリカ合衆国大統領ジョージ・ワシントン (George Washington, 1732-1799) を指し,同大学に多額の寄付をしていることであり,他方,リーは南北戦争時の名将・南部陸軍総司令官ロバート・E・リー (Robert Edward Lee, 1807-1870) を指し,軍除隊後に同大の学長となり教育改革を行なったことである。両者ともに大学に多大の貢献をしたとして理事会は1870年リー逝去後に大学名にその名を加え,現在に至っている。ちなみに,ワシントン,リーの両者ともにヴァージニア州生まれである。
2) コンヴァースは,ウィスコンシン大学大学院では,イーリィ (Richard T. Ely；1854-1943) や,コモンズ (John R. Commons；1862-1945) ら,いわゆる制度学派,ウィスコンシン学派の人々に教えを受けている。コンヴァースの写真は1936年47歳時に撮影,イリノイ大学 (アーバナ・シャンペーン本校) 提供による。
3) バーテルズの本書は初版 (1962年) で,その後改訂し,第2版 (1976年),第3版 (1988年) が出版されている。書名は,初版のみにDevelopmentを使い,その後Historyに変更している。邦訳は第2版,Bartels, R. (1976) *The History of Marketing Thought*, 2nd ed., Grid. 山中豊国訳 (1979)『マーケティング理論の発展』ミネルヴァ書房。また第3版邦訳は,山中豊国訳 (1993)『マーケティング学説の発展』ミネルヴァ書房。
4) このヒュージィには,筆者・小原がかつて1982~1983年イリノイ大学に客員研究員として在籍していた際,直接話を聞ける状況にあったが,予定が合わずにその機会を失したことがある (1903年生まれで当時は存命で,リタイアし名誉教授,大学キャンパスの

南東に隣接していたシニアホームに住んでいた)。第2節で後述するように，ヒュージイは，コンヴァースのテキスト改訂等を助け，後にはその共著者にもなっている。
5) Bartels (1976) *The History of Marketing Thought*, 2nd ed., Grid, p.146. 山中豊国訳 (1979)『マーケティング理論の発展』ミネルヴァ書房, 219 ページ。

　なお，バーテルズ理論の研究評価については，以下を参照されたい。(神奈川大学) 上沼克徳 (2016)「ロバート・バーテルズの研究業績と思想」拓殖大学『経営経理研究』第106号, 3月。

　また，以下の塚田朋子の論考はバーテルズに限らないが，マーケティング原初期からの理論発展の様相を詳細に論じている。塚田朋子 (2015)「黎明期アメリカの Marketing Thought と伝統的アプローチに関する一考察」『東洋大学大学院紀要』第52集。ほかに塚田朋子 (2007)「マクロマーケティング研究の源流に対するドイツ後期歴史学派の影響」『東洋大学経営論集』第69号, 3月。

6) これらの分類に関して，ショウ (A. W. Shaw, 1876-1962) のそれは，Shaw (1915) *Some Problems in Market Distribution*, Harvard Univ. Press に。ウェルド (L. D. H. Weld, 1882-1946) については，Weld (1916) *The Marketing of Farm Products*, Macmillan, および Weld (1917) Marketing Functions and Mercantile Organization," *American Economic Review*, Jan. に。クラーク (F. E. Clark, 1890-1948) については Clark (1922) *Principles of Marketing*, Macmillan に示され，それぞれ展開されている。

　3者の学説概要については，マーケティング史研究会編 (1993)『マーケティング学説史―アメリカ編―(増補版・2008)』同文舘出版，による該当箇所も参照。

7) Fred E. Clark (1922) *Principles of Marketing*, Macmillan. 緒方清・豊喜訳 (1930・1932)『売買組織論―貨物配給の原理―』(上巻・下巻) 丸善。クラークはノースウェスタン大学教授。原著は「マーケティング原理」であるが，当時日本では，マーケティング用語の使用の一般化にはまだ至っていない。「売買組織論」を訳書名としたのは，訳者が東京商科大学所属で，当時の同大での講座名称に倣っている。「原著表題の直訳より却って本書の内容を知り易からしむるものと信ずる」(訳者小言, p.1) としている。蛇足ながら，このクラークはイリノイ大学大学院において，修士号を，1916年に博士号を得ている。指導教授は経済学の David Kinley (1861-1944) で，後には経済学部長，学長になるなどイリノイ大学の歴史に名を遺し，David Kinley Hall と建物名の1つにもなっている。

8) コンヴァースの指導を受けたクールセンは，イリノイ大学で修士，博士課程を修めているが，そこでの論文は常に歴史研究の視点によるものである。修士論文は，(1942) *The Development of Systematic Instruction in the Principles of Advertising*。博士論文は，(1958) *Marketing Ideas of Selected Empirical Liberal Economists, 1870-1900*。この博士論文を元として後に公刊されるが，その内容については【補説】を参照されたい。この間には，Coolsen (1947) "Pioneers in the Development of Advertising," *Journal of Marketing*, Vol. 12, No. 1. (July) pp. 80-86；(1948) "The Use of Case Studies in the Teaching of Marketing," *Journal of Marketing*, Vol.13, No.3. (Jan.) pp.356-358. などの論文もある。

9) *Elements of Marketing* 第7版 (1965年) のうち，第2章, "A Century of Marketing Evolution" (マーケティング発展100年史) については，小原 博訳 (1985)「マーケティング発展史概観」『拓殖大学論集』第155号, 5月, として訳出済みである。

10) これら境界論争については，小原 博 (1999)『基礎コース・マーケティング (第3版・2011)』新世社，第1章および第11章を参照のこと。境界論争の嚆矢は，Philip Kotler and Sidney J. Levy (1969) "Broadening the Concept of Marketing," *Journal of Marketing*, January. の論文による。

　この境界論争の結果，それまでのマネジリアル・マーケティングの一面的な展開から，

企業のソサエタル（社会志向的）な面を扱うもの，より明確には企業の社会的責任さらにマーケティングの社会的責任に関する領域が，そしてまた，営利たる企業のマーケティングを非営利組織にも導入・適用していくという新しい領域が，当初複合的にソーシャル・マーケティングの名のもとで検討されるところとなった。いわば，マネジリアル・マーケティングというミクロなそれに対して，社会的視点の必要性を要求したマクロな展開がその系譜的に加えられ，ミクロとマクロの相互関連がここにみられる。他方で，経済のソフト化・サービス化の進展に関連して，従来，製品という有形の対象にのみ係わってきたマーケティングに対する問題点が指摘されて，新たな領域としてサービス・マーケティングが登場してくることになった。

11) AMAにおいては，コンヴァース学会賞以外にも，その後，著名なマーケティング学者の名を冠した学会賞が設けられている。Paul E. Green Award や，Shelby D. Hunt / Harold H. Maynard Award，また協賛の Sheth Foundation Award など。

12) コンヴァースの法則に関して近時に再検討論文がある。S. J. Anderson, J. X. Volker and M. D. Phillips（2010）"Converse's Breaking-Point Model Revised," *Journal of Management and Marketing Research*, Vol. 3, Jan.

なお，小売商圏に関する研究は内外ともに以前から多い。日本での網羅的な検討は，荒川祐吉（1962）『小売商業構造論』千倉書房；小西滋人（1971）『小売競争の理論』同文舘出版；山中均之（1977）『小売商圏論』千倉書房；中西正雄（1983）『小売吸引力の理論と測定』千倉書房，等を参照されたい。

13) イリノイ大学は1867年に創立されたイリノイ州最大の州立大学である。1902年には，文芸学部の中にあった経済学部門を拡充する形で，ビジネス教育コースが置かれた。1915年に，このコースを発展的拡充して，商学部が開設された。2003年には学部名称を商学部（College of Commerce and Business Administration）から経営学部（College of Business）に変更した。

なお，イリノイ大学はこのアーバナ・シャンペーン本校の他，シカゴ校，スプリングフィールド校（州都）の3校からなる。イリノイ大学のマーケティング関係の詳細については，小原 博（1983）「アメリカ・マーケティング生成の一系譜—イリノイ大学マーケティング史覚書—」『経営経理研究』第31号，11月。および小原 博（2012）『アメリカ・マーケティングの生成』中央経済社，補論3。

14) これらの詳細については，小原 博（2016）「マーケティング史研究の視座」『経営経理研究』第106号，3月，を参照されたい。3者の関係を一覧すれば以下の表のようになる。

教授／生没年	教授最終所属	イリノイ大学	備考（関係など）
コンヴァース (P. D. Converse) 1889-1968年	イリノイ大学	1924-1957年 イリノイ大学在職	（イリノイ大学移籍までの，1915-1924年にピッツバーグ大学在職）
ハワード (J. A. Howard) 1915-1999年	コロンビア大学	1939年学士号 1941年修士号取得 1948-50年在職	＊イリノイ州ジェームスタウン生まれ。イリノイ大学および同大学院の学生としてコンヴァースの指導を受ける。 （コロンビア大学移籍までの1958-1963年にピッツバーグ大学在職）
シェス (J. N. Sheth) 1938年-	（現）エモリー大学	1969-1984年 イリノイ大学在職	ピッツバーグ大学大学院でハワードの指導を受け，1962年にMBA，1966年にPh.D.取得。

15) コンヴァースのこうした発展史を中心に，またバーテルズの所論（注(3)参照）とともに，アメリカ・マーケティング論成立に関して早い段階で整理したものとして，橋本

勲(1965)「マーケティング論成立の沿革」『経済論叢』第95巻第5号,5月,がある。後に橋本の一連の史的論考は,(1975)『マーケティング論の成立』ミネルヴァ書房,に結実している。

【資料】AMA コンヴァース学会賞

「AMA コンヴァース学会賞」(AMA Converse Awards)は,American Marketing Association が,マーケティング領域の理論的発展をもたらした学究者を表彰するために設けた学会賞である。本文でも指摘したように,AMA 学会長経験者,マーケティングの科学論争の嚆矢としての存在など,その理論的発展に寄与したP・D・コンヴァースの名を学会賞に冠したものである。1949年(第1回)より最新の2016年(第19回)におよぶ受賞者は以下のようである。

この受賞者一覧により,多くの良く知られたアメリカのマーケティング学者を確認することができる。これまでの全19回でトータル84名となるが,うち Alderson, Bagozzi, Grether, Rogers は2回受賞しており,80名である。彼ら受賞者は,学説史研究(理論の歴史的展開)にとって不可欠な学者といえる。

AMA コンヴァース学会賞・受賞者一覧

回	西暦	受賞者名	
1	1946	バトラー(R. S. Butler) クラーク(F. E. Clark) ダンカン(C. S. Duncan) ナイストロム(P. H. Nystrom) ショウ(A. W. Shaw) ウェルド(L. D. H. Weld)	チェリントン(P. T. Cherington) コープランド(M. T. Copeland) フーヴァー(H. Hoover) スコット(W. D. Scott) ステーヴンス(W. H. S. Stevens)
2	1951	ボーデン(N. H. Borden) スターチ(D. Starch)	ニールセン(A. C. Nielsen, Sr.) スティワート(P. W. Stewart)
3	1953	チェンバリン(E. H. Chamberlin)	マクネア(M. P. McNair)
4	1955	オルダースン(W. Alderson) リッカート(R. Likert) シュルツ(H. Schultz)	グレサー(E. T. Grether) ノース(E. G. Nourse)
5	1957	ブラウン(L. O. Brown) ギャロップ(G. Gallup)	デュハースト(J. F. Dewhurst) ヴェイル(R. S. Vaile)

6	1959	ベックマン（T. N. Beckman）	ディーン（J. Dean）
		ライリー（W. J. Reilly）	トスダル（H. R. Tosdal）
7	1961	コックス（R. Cox）	カトーナ（G. Katona）
		パーリン（C. C. Parlin）	
8	1967	オルダースン（W. Alderson）	ラザースフェルド（P. F. Lazarsfeld）
		モーゲンスターン（O. Morgenstern）	
9	1975	ドラッカー（P. F. Drucker）	グレサー（E. T. Grether）
		ハワード（J. A. Howard）	ロジャース（Everett M. Rogers）
10	1978	バウアー（R. Bauer）	グリーン（P. Green）
		コトラー（P. Kotler）	
11	1981	バーテルズ（R. Bartels）	エンゲル（J. F. Engel）
		フィッシュバイン（M. Fishbein）	スミス（W. Smith）
12	1986	バス（F. Bass）	バックリン（L. P. Bucklin）
		ハント（S. D. Hunt）	スターン（L. W. Stern）
13	1992	バゴッヂ（Richard P. Bagozzi）	ベットマン（James Bettman）
		リトル（John Little）	シェス（Jagdish N. Sheth）
		ウェルズ（William Wells）	
14	1996	アーカー（David Aaker）	チャーチル（Gilbert Churchill）
		デイ（George Day）	ハウサー（John Hauser）
		アーバン（Glen Urban）	ウィンド（Yoram Wind）
15	2000	レーマン（Donald R. Lehmann）	レヴィ（Sidney J. Levy）
		スリニヴァサン（Seenu Srinivasan）	スターリン（Richard Staelin）
16	2004	バゴッヂ（Richard P. Bagozzi）	ベルク（Russell W. Belk）
		リンチ（John G. Lynch, Jr.）	ロジャース（Everett M. Rogers）
17	2008	アルバ（Joseph Alba）	ベリー（Leonard Berry）
		モンロー（Kent Monroe）	ヴァラダラジャン（Rajan Varadarajan）
		ザイサムル（Valerie Zeithaml）	
18	2012	クマー（V. Kumar）	ムアマン（Christine Moorman）
		パラスラマン（A. Parasuraman）	ラスト（Roland Rust）
		テリス（Gerard Tellis）	
19	2016	シューガン（Steven Shugan）	スリニヴァサン（Kannan Srinivasan）
		ラッシュ（Robert F. Lusch）	コーリ（Ajay Kohli）

（出所）　小原 博・作成。

＊章頭の肖像写真は，イリノイ大学アーカイブより許諾の上，掲載。
Courtesy of the University of Illinois Archives.

〔小原　博〕

第 **3** 章

E・J・マッカーシー
―― 4P 論によるマネジリアル学派の推進者 ――

第1節　はじめに

「マーケティング・マネジメント」といえば必ず出てくる鍵概念が「4P (Product, Price, Promotion, Place)」であり，その発案者がエドモンド・J・マッカーシー (Edmund Jerome McCarthy, 1928-2015) である。それゆえ，マッカーシーは，戦後のマーケティング研究においてマーケティング・マネジメントの研究を主流に押し上げた立役者といえる。

彼の業績を吟味する前に，彼の略歴をまとめれば，以下の通りである[1]。

1928年　2月20日に生まれる。
1950年　ノースウェスタン大学より経営学の学士号を得る。
1954年　ミネソタ大学より労働経済学の修士号を得る。
1950-1956年　アメリカ合衆国石膏会社 (U. S. Gypsum Co.) の販売員として働く。
1956年　ノートルダム大学商学部の教授となる。
1958年　論文『製品開発におけるマーケティング・リサーチの使用に関する分析』により，ミネソタ大学より経営学の博士号を得る。これ以後，オレゴン大学でも教鞭を執る。
1959年　フォード財団から研究助成金を受け，ハーヴァード・ビジネス・スクールとマサチューセッツ工科大学で，経営への数学的応用の

　　　　　研究を行なう。
1960 年　『ベーシック・マーケティング；マネジリアル・アプローチ』を出版。
1963 年　フォード財団から研究助成金を受け，「グローバルな経済発展におけるマーケティングの役割」について研究する。
1966 年　ミシガン州立大学に移る。
1975 年　マーケティング分野の教育によって「マーケティング思想のトップ 5 リーダー」の 1 人に選ばれる。
1979 年　『エッセンシャルズ・オブ・マーケティング』を出版。
1987 年　アメリカ・マーケティング協会（AMA）の開拓者賞を受賞する。
2013 年　ミシガン州立大学で名誉教授となる。
2015 年　12 月 3 日に，ミシガン州で亡くなる。享年 87 歳。

　マッカーシーは，「私は，『実利的な』，『生き残り主義の』，『都会』児として育てられたが，『人類救済』的感情ももっていた。今から考えると私は，多くのマクロ，ミクロ的目的を持っていた―また現在でも依然としてそうである！」と述べ，アカデミックな道に進んだ理由を，「大学でエンジニアリングとビジネスの教育を受け，また売買の経験も経たが，その後狭い機能的管理を使っている大企業の官僚のキャリアを辿る意図はなかった。事実，私は前途をいとい，結局，研究職を選んだ」と述べている（Bartels〔1988〕，訳，477 ページ）。
　研究職についてからの彼の関心は，もっぱら「(1) 学生をマーケティングや効果的マーケティング戦略計画へと転向させ，(2) 他の人が同じことをするのを助けるための教材を準備することにあった」のであり，彼のキャリアの大部分をマーケティングの教科書の開発と改訂に費やすこととなった（McCarthy：Essentials〔1979〕，About the author）。
　彼はまた，ミシガンの産業における新製品の失敗の原因を明らかにしてその解決を生み出すために設立された，計画的イノベーション研究所の設立者，役員であり，多くの企業のコンサルタント活動に携わった。その活動はアメリカ国内だけではなく，世界的であり，ヨーロッパ，ラテン・アメリカ，インド，南アフリカと広範にわたっている（Planned Innovation Institute〔2016〕）。
　私生活では，スケート，スキー，セイリング，演劇，世界旅行そしてワイン

を愛し，愛する妻と8人の子供，そして17人の孫に囲まれて幸せな生涯を過ごした（〔Obituary〕Jerry McCarthy〔2015〕）。

第2節　マッカーシーの業績

1．業績の概要

マッカーシーがアカデミックなキャリアをスタートさせた1956年以降で，『ジャーナル・オブ・マーケティング』誌に掲載された論文は，「生徒への事前のケース分析」（McCarthy〔1962〕）と題したマーケティング教育に関する論文1本だけであり，これだけ著名な研究者としては珍しいことである。前述のように，まさに彼はマーケティングの教育及びその啓蒙において著名になったのであり，その主たる業績は，一連の教科書とその改訂にあったといえる。

その教科書の中心にあるのが，『ベーシック・マーケティング』（McCarthy：Basic〔1960-2013〕）であり，1960年の初版から2013年の19版まで発行され続け，3か国で翻訳版も出版されている。1984年の8版からは，共著者としてペレオールト（W. D. Perreault）が加わり，2008年の16版からはさらにキャノン（J. P. Cannon）が加わっている。副題も，当初は「マネジリアル・アプローチ」であったが，11版からは「グローバル・マネジリアル・アプローチ」に変わり，16版からは「マーケティング戦略的アプローチ」となっている。

この『ベーシック・マーケティング』の要約版が『エッセンシャルズ・オブ・マーケティング』（McCarthy：Essentials〔1979-2015〕）で，1979年の初版から2015年の14版まで出版されている。

これら2つの教科書を中心に，それを補強する教材として，『ベーシック・マーケティング関連論文集』（McCarthy〔1975-1987〕）が1975年から1987年の5版まで出版され，ベーシック・マーケティングの基本的概念の理解を深めるために妥当と思われる諸論文が選択され，編集されている。さらに『ベーシック・マーケティングの応用：著名なビジネス新聞からの切り抜き』（McCarthy〔1990-2005〕）では，実際の世界でのマーケティング事象にかかわ

る記事の切り抜きがベーシック・マーケティングの目次に沿って集められ，1990 年から 2005 年まで毎年編集され，版を重ねている。

以上の教科書関連以外では，1966 年の『統合的データ処理システム』（McCarthy〔1966〕），1971 年の『アメリカ経済におけるマーケティングの社会的問題』（McCarthy〔1971〕），そしてホランダー（S. C. Hollander）の栄誉をたたえた論文集に寄稿した，1988 年の論文「マーケティング志向性と経済発展」（McCarthy〔1988〕）などがある。

2. 『ベーシック・マーケティング』

1960 年の初版の目次は，以下の通りである。

セクション A：われわれの経済におけるマーケティング―イントロダクション
 A-1 マーケティング・コストは高すぎるか？
 補論 A-1 競争に関する政府規制と競争的実践
 A-2 マーケティングとその歴史的展開
セクション B：マーケティングは消費者志向である
 B-1 マーケティング・マネジメントと消費者
 B-2 最終消費者：彼らとは何なのか？
 B-3 消費者：彼らはいかに行動するか
 B-4 消費者：彼らはいかに購買するのか
 B-5 中間消費者と彼らの購買行動
 B-6 マーケティング・リサーチ
セクション C：プロダクト
 C-1 プロダクト―イントロダクション
 C-2 製品開発―製品政策
 C-3 製品開発―製品政策の実施
 C-4 最終消費財
 C-5 産業財
セクション D：プレイス
 D-1 プレイス―イントロダクション
 D-2 プレイス戦略の開発

D-3　小売
　D-4　卸売
　D-5　輸送，貯蔵，金融
　D-6　チャネル選択
セクションE：プロモーション
　E-1　プロモーション―イントロダクション
　E-2　人的販売
　E-3　大量販売
　補論E-3　メディア戦略の強調による広告キャンペーンの展開―例示
セクションF：プライス
　F-1　プライス―イントロダクション
　F-2　価格決定
　F-3　価格付けの目的
　F-4　価格政策
　F-5　価格法制と価格戦略
セクションG：マーケティング・マネジメントとコントロール
　G-1　マーケティング・マネジメント
　G-2　危険負担とマネジメント・コントロール
セクションH：われわれの経済におけるマーケティング―結論
　H-1　マーケティング・コストは高すぎるか―結論
　補論　マーケティング演算

　次に，2013年に出版された最後の19版の目次は以下の通りである。
　第1章　消費者，企業，そして社会におけるマーケティングの役割
　第2章　マーケティング戦略計画策定
　第3章　変化するマーケティング環境における機会の評価
　第4章　細分化とポジショニングによるマーケティング戦略の重点化
　第5章　グローバルな消費者の人口統計学的側面
　第6章　最終消費者とその購買行動
　第7章　企業や組織的顧客とその購買行動
　第8章　マーケティング情報による意思決定の改良
　第9章　財とサービスに対するプロダクト計画の諸要素

第10章　プロダクト・マネジメントと新製品開発
第11章　プレイスとチャネル・システムの開発
第12章　流通顧客サービスとロジスティクス
第13章　小売業者，卸売業者，そして彼らの戦略的計画策定
第14章　プロモーション─統合的マーケティングコミュニケーションへのイントロダクション
第15章　人的販売と顧客サービス
第16章　広告，パブリシティ，そして販売促進
第17章　価格付けの目的と政策
第18章　企業世界における価格設定
第19章　マーケティング計画の改良とコントロール：進化と革命
第20章　他の機能領域とのマーケティングの連結のマネジメント
第21章　消費者志向の世界における倫理的マーケティング：評価と挑戦
補論A　経済的ファンダメンタルズ
補論B　マーケティング演算
補論C　マーケティングにおけるキャリア計画策定

　一見してわかるように，初版では8つのセクションに各章がまとめられているのに対し，最後の19版ではその構造の明示化がなくなっている。単なる章の羅列という形式は3版以降変わらず続いており，マーケティングの全体像がつかみにくくなったように思える[2]。しかし，その基本的構造は，頑ななまでに変わっていないのであり，初版や2版で示された構造が最後の版まで一貫して踏襲されているのである。すなわち，最終版の目次においても，第1章～第4章がSTP（市場細分化，ターゲティング，ポジショニング）を含むイントロダクションとしてのセクションA[3]，第5章～第8章が消費者志向の強調とその分析としてのセクションB，第9章と第10章がプロダクトにかかわるセクションC，第11章～第13章がプレイスにかかわるセクションD，第14章～第16章がプロモーションにかかわるセクションE，第17章と第18章がプライスにかかわるセクションF，第19章と第20章がマーケティング・マネジメントのコントロールにかかわるセクションG，そして最後の第21章は，ミクロ的マーケティングのマクロ的帰結にかかわるセクションH，という対応が見て取れるのである。特に，4PにかかわるC～Fにおける主たる内容に変化

はなく，むしろ章が統合・削減され簡略化されている。時代に沿った新たな内容の追加としては，イントロダクション的セクションAにおいて非営利組織に言及するようになったことやSTPに関する記述の強化，セクションBに当たる消費者の分析において2版以降次第にグローバルな市場への関心が高まっていったことなどが指摘できるが，その簡略化された基本構造に変化はないといえる。

こう考えると，マッカーシーの改訂の意図は，日々増大するマーケティング研究の成果の中にあって，それらをどんどん盛り込んでゆくというよりは，マーケティングの初学者に中心的なマーケティングの概略を簡潔に伝えることにあり，その核となるアイデアである4Pの強調は一貫して変わらなかったといえるだろう。すなわち，マッカーシーが考えるマーケティング・マネジメントは，①消費者志向であり，②それゆえ，消費者の分析によりセグメンテーションとターゲティングを行ない，③それに対する適切なマーケティング・ミックスとして4Pを決定しコントロールする，という極めて簡潔化された行為として示され続けたのである。

3. その他の業績

その他の業績で特徴的なのは，ミクロ的なマーケティング行為のマクロ的帰結に関するマッカーシーの関心である。マネジリアルなミクロの視点で書かれた『ベーシック・マーケティング』においても，初版では，冒頭で社会的マーケティング費用の高騰化に関する批判を取り上げ，最後にその批判にこたえるという形をとっており，その後の版でも，ミクロ・マーケティング・システムとマクロ・マーケティング・システムを分けたうえで，それぞれのレベルでのマーケティングの役割が論じられ，前者の後者への影響への関心が継続していく。また，マーケティングにおけるミクロとマクロのディレンマとしてのマーケティングの倫理的側面にもかなり初期の段階から関心が持たれている。前者の関心に関する論文が，1988年の論文「マーケティング志向性と経済発展」(McCarthy〔1988〕)であり，後者の関心に関する共著本が，1971年の『アメリカ経済におけるマーケティングの社会的問題』(McCarthy〔1971〕)である。

前書は，競争的な状態を示すマーケティング志向指標（MOI）という概念を提示し，ある地域のMOIが1以上の時にその地域が成長すると論じている

ところに独自性があり，この問題に関する関心は古く，経歴でも示されているように，1963年のフォード財団からの研究助成を受けた研究以来継続しているといえる。

後書は，1971年の『ジャーナル・オブ・マーケティング』誌の7月号において「マーケティングの変わりゆく社会的／環境的役割」という特集が組まれてから「ソーシャル・マーケティング」という用語が話題となりだした1970年代の背景のもとで，ノートルダム大学時代の同僚であるY. H. フルハシとともに簡潔にまとめられた学生向けの教科書的著作であり，内容的斬新さはない[4]。

ミクロ的成果としては，1966年の『統合的データ処理システム』（McCarthy〔1966〕）があるが，これも1959年に初めてフォード財団から研究助成を受けた研究における「経営への数学的応用」というテーマと関連しており，このテーマは，『ベーシック・マーケティング』の補論として継続的に掲載されている「マーケティング演算」にも示されているように，マッカーシーの教科書における基本的姿勢として盛り込まれていくことになる。

第3節　学説史上の位置づけ

1. マネジリアル学派の形成

マッカーシーが考えたマーケティング・マネジメントの根底には，1950年代に出現し，その後のマネジメント研究の中心的位置を占めるようになった3つの主要概念がある。それは，「マーケティング・コンセプト」，「市場細分化」，そして「マーケティング・ミックス」の3つであり，この3つの新概念を中心として，いわゆるマネジリアル学派[5]が形成されていったといえるだろう。この3つの中でもマッカーシーのオリジナルの4Pにかかわる概念は「マーケティング・ミックス」である。

「マーケティング・ミックス」という用語の発案者は，N. H. ボーデン（Neil H. Borden）であり，1953年のAMA（アメリカ・マーケティング協会）の会長講演で提示されたという（Waterschoot and Bulte〔1992〕p.84）。のちのボー

デンの回想によると，同僚のカリトン（J. W. Culliton）が1948年の論文の中でマーケティング幹部をマーケティング費用の「構成諸要素のミキサー」と呼んでいることにヒントを得て，その幹部が作り上げたものを「マーケティング・ミックス」と呼ぶことを思いついたと述べている（Borden〔1964〕訳，107ページ）。ボーデンはそこで，①製品計画，②価格決定，③商標決定，④流通経路，⑤人的販売，⑥広告，⑦販売促進，⑧包装，⑨陳列，⑩サービス，⑪物的流通，⑫事実の発見と分析，という12の要素を挙げ，さらにその諸要素のミックスを規定する市場要因のリストを挙げている。この2つのリストという構造は，マッカーシーにおいて初版から示されている，統制可能な要因としての4Pと統制不可能要因の区別（McCarthy：Basic〔1960〕p.48）に対応しており，この構造は，マッカーシーよりも早くマーケティング・マネジメントの教科書を著したハワード（J. A. Howard）において明確に導入されていた（Howard〔1957〕）。すなわち，マーケティング・マネジメントを語る基本構造自体はマッカーシーのオリジナルではなく，マーケティング・ミックスの構成要素を4Pという形で示したところにこそマッカーシーのオリジナリティがあったのである。マーケティング・ミックスの構成要素に関しては，多くの分類図式が提案され，ハワードの5つ[6]，またマッカーシーが参照しているハロウェイ（Holloway〔1958〕）では5つ[7]と，整理及び簡略化が進んでいたが，語呂合わせとして圧倒的に記憶に残りやすいマッカーシーの4Pが多くの教科書に取り入れられることによりその後の公式的見解となった。

　ところで，マーケティング・ミックスの構成要素に関する研究は，それ以前のマーケティング機能に関する研究との関連を持っている。すなわち，「この4P（Product, Price, Promotion, Place）は，現実にはショー，ウェルド，ライアン，そしてマクゲリーといった機能学派の理論化が提唱したそれ以前の分類体系の派生物にしかすぎないという事は明白である」（Sheth, Gardner and Garrett〔1988〕訳，68ページ）といえる。しかし，「マッカーシーの『ベーシック・マーケティング』の出版は，機能的アプローチの『終わりの始まり』として広く引用される」（Hunt〔1988〕p.41）のであり，機能学派の衰退とマネジリアル学派へのパラダイム・シフトを決定づけたといわれている。このパラダイム・シフトを生み出したのは，1959年のフォード財団の援助によるゴードンとハウエルのリポート（Gordon and Howell〔1959〕）と，同じく1959年のカーネギー財団に委託されたピアソンのリポート（Pierson〔1959〕）に端を発した，

経営教育全般にわたる教育プログラムと科目の急激な変更であり，単なる教養的職業教育とは異なった専門的な経営者のための統合的意思決定教育に対する需要の出現であった（*ibid.* pp.41-42)。そして，そこで推奨された研究方法は，当時展開されたマーケティング・サイエンス論争の結果として生みだされた３つの方法論的潮流，すなわちマーケティング現象にかかわる様々な要因とその結果を経験的に明らかにしていく上での帰納主義，意思決定に役立つ関連諸科学の知見を集成するという学際主義，さらにその学際主義の下での統一科学的方向性を目指す際に消費者行動モデルの中心的概念として心理学的諸概念を用いるという心理学主義，を含み持った行動科学的研究プログラムであった[8]。マッカーシーはまさにこの動向にぴったりとあてはまっていたのであり，こうした諸財団の要請した研究や教育の動向を浸透させることに一役買ったといえる。

2. 4P論の再考

マッカーシーの4Pが広く受け入れられていったにもかかわらず，時代がたつにつれ様々な新しいマーケティング・ツールが出現してくると，4P分類の整合性に疑問が呈されるようになってくる。ウォータースクートとブルート（Waterschoot and Bulte〔1992〕）は，4Pに関する様々な批判的コメントをレビューした上で，プロモーションにはコミュニケーションという重要な次元が存在するとともに，そこにおける下位概念としてのセールス・プロモーションが様々なマーケティング・ツールを押し込める残余概念になっていることによって混乱しているという批判と，4Pにおいて分類の根拠となる特性が明確にされていないという問題点を指摘する（p.85)。そこでこうした分類図式としての欠点を修正するために，彼らはまず4Pの分類の根拠として，交換を成り立たせるのに必要な４つの一般的機能を明示し，それを4Pに対応させる。すなわち，予想される交換当事者にとって価値あるものの形成という機能に対応するプロダクトに関わる諸手段，予想される交換当事者によって支払われる補償と犠牲の決定という機能に対応するプライスに関わる諸手段，予想される交換当事者の自由裁量の場所への提供物の配置という機能に対するプレイスにかかわる諸手段，そして提供物へ予想される交換当事者の注意の喚起をもたらしそれについての感情と選好に影響を与えるという機能に対応するコミュニケーションに関わる諸手段，といった具合である。ここで，プロモーションは

コミュニケーション手段と読み替えられ，セールス・プロモーションはそこから除外される。そして，セールス・プロモーションは，以上の4つの基本的機能を果たす手段とは違ってそれ自身は効力を持たないが，予想される交換当事者を即時的に刺激する副次的機能を持つとされ，基本的な4つのマーケティング・ミックスの諸手段を補完する下位ミックスとして，4つそれぞれに振り分けられることになる（p.89）。

　以上のように，4Pの基本的重要性を認めつつその欠点を修正するという再検討とは違って，様々なマーケティング意思決定状況に対する4P自体の一般的妥当性に対する批判も出現する。ケント（Kent〔1986〕）は，「マーケティング信仰の鍵となる4つの要素に言及した聖なる4拍子を発明したのがマッカーシーであった」（p.146）と述べ，その結果として，何が鍵となるマーケティング変数であり，それがマーケティング・マネージャーによってどのように認識されて使われるのか，というさらなる経験的研究を欠くことになったと指摘する。さらに，コンスタンティニデス（Constantinides〔2006〕）は，4Pに対する批判が，マーケティング・マネジメントの5つの伝統的下位学科―すなわち，消費者マーケティング，リレーションシップ・マーケティング，サービス・マーケティング，小売マーケティング，産業材マーケティング―と現在出現しているエレクトロニック・マーケティングの6つの領域から発せられているという。その批判は，マーケティング変数としての4Pの不十分さを指摘するものであり，新たなPの追加や異なった分類を示すという形で展開された。コンスタンティニデスは，こうした展開を6つの領域それぞれにおいて詳細にレビューして一覧表にまとめているが，よく知られている例としては，コトラー（Kotler〔1986〕）における閉鎖的消費市場への参入を目指すメガ・マーケティングでの政治的力（Political power）と公衆意見の調整（Public opinion formulation）という2つのPの追加，ブームスとビトナー（Booms and Bitner〔1981〕）におけるサービス・マーケティングでの参加者（Participants），物的証拠（Physical Evidence），プロセス（Process）という3つのPの追加，さらに，ラウターボーン（Lauterborn〔1990〕）におけるリレーションシップ・マーケティングでの新たな4C（Customer needs, Convenience, Cost, Communication）の提示，などが示されている。

　以上の4Pに対する批判のポイントは，各下位分野の特殊な状況で4P以外の活動や強調点の違いがあるという事に尽きるが，それは当然のことであって，

だからといって 4P の重要性がなくなるわけではないだろう。ウォータースクートとブルートが示したように，4P は交換を成り立たせるための 4 つの一般的機能に対応していると考えられるのであり，それゆえやはりマーケティング意思決定における基本的諸活動であるといえる。

　批判が出た 5 つの伝統的下位分野のうち，リレーションシップ・マーケティングは，サービス・マーケティング，産業材マーケティング，小売りを含むチャネル研究に共通の問題として登場してきた経緯があり[9]，これら 4 つの下位分野は共通の問題関心から 4P 批判をしていると考えられる。こう考えると，そこでの共通の問題関心は人と人とのリレーションシップの形成にあり，具体的接触，プロセス，相互作用，共創といった点を強調するために，人との接触にかかわる活動を新たなミックス要因として導入しているといえる。しかし，こうした新たな諸活動も，交換が達成されるためのセッティングなくしては意味がないのであり，ウォータースクートとブルートが示した 4P の補完的諸活動としてのセールス・プロモーションとして位置づけられると考える。例えば，ブームスとビトナーが追加した参加者は接客要因の管理という事を含むのであり，それは昔からある人的販売での教育的補完作業として解釈できる。同様に，ラウターボーンの 4C も，そもそも 4P に対応させてより消費者的観点から 4P を考えようという強調を示しただけであって，交換を成り立たせる 4P というセッティングなくしては意味を持たないといえる。コトラーの公衆意見の調整はコミュニケーションという一般的機能に対応していると考えられるし，政治的パワーも交換を成り立たせる 4P がセッティングされなければマーケティング活動は完結しない。

　コンスタンティニデスは，以上のような追加的ミックス要素の指摘とともに，さらに 4P の問題点を指摘する。この論文のコメンテーターであるメラー (Möller〔2006〕) は，その批判をマネジリアル学派への批判として 4 つにまとめたうえで，その批判に反論している。

　第 1 に，マーケティング・ミックスの考えは企業内的な志向であり，市場志向とは対照的であるという批判に対しては，企業内的な志向であることは認めるが，細分化やポジショニングを通して消費者行動研究に基づいた顧客情報の必要性を考えており，市場志向の観点を明確に持っているとする。そして，「マーケティング・ミックスの枠組みがマーケティング・コンセプトとは明らかに分離し対極にあるという解釈はぎょっとするほど間違っており，誤解させ

るものである」(p.443) と述べる。

　第 2 に，ミックス・アプローチが理論的内容を欠いているという批判に対しては，この批判の代表格であるグルンルース（Grönroos〔1994〕）が，マーケティング・ミックスとチェンバリン（Chamberlin〔1933〕）やロビンソン（Robinson〔1933〕）といった競争の独占的理論や北欧のいわゆるパラメータ理論とのつながりを語っている（Grönroos〔1994〕pp.350-353）にもかかわらず，ミックス理論に理論的根拠がないと主張するのは「より不思議である」（Möller〔2006〕p.444）と述べている。

　第 3 に，ミックス・アプローチが売り手と買い手の相互作用やリレーションシップに関し沈黙しているという批判に対しては，顧客満足やロイヤルティを創出することはマーケティングの重要な目標として比較的初期から認識されているし，第 2 の批判と関連して，「サービスおよびリレーションシップ・マーケティング学派でさえ，この問題により多くの注意を払っているにもかかわらず，組織化に関して理論に基づいた諸原理を欠いている」（ibid., p.444）と指摘する。

　最後に，ミックス・アプローチがマーケティング活動の具現化（personalification）に貢献していないという批判に関しては，「リレーションシップ学派でさえ，具現化された内容を引き出すための理論に基づいたツールを含んでいるのかどうかという疑問が提出されるかもしれない」と述べ，「消費者行動理論はマーケティング・プログラムを構築するために形成されているのではないので，相互作用的 e マーケティングの新たな関係的実践の下でさえ，マーケティング・ミックス・アプローチの何らかの使用はなお続くだろう」（ibid., pp.444-445）と述べる。

　ウォータースクートとブルートの再定式化で明らかになったように，4P はマネジリアル学派の意思決定における中核を示しているのであり，当初その根拠が不明確であったにしろ，マーケティング研究の焦点である交換の必要条件を指し示していたのであり，それゆえ多くの研究者の賛同を得てきたのだといえる。それゆえ前述の様々な批判にもかかわらず，その意味での重要性は今後も変わらないであろう。メラーは次のように述べる。「我々は，マーケティングの実践が複雑かつ多層的で，歴史的に展開された現象を形作っているということを理解し，多くのリレーションシップ・マーケティングの主唱者や最近の顧客およびサービス志向を支持する『マーケティングにおける新しい支配的な

ロジック』でのバーゴ（S. L. Vargo）とラッシュ（R. F. Lusch）によって含意されているような，何らかの1つの思想学派によってマーケティングの諸実践をとらえきるということは不可能であるという点を理解しなければならない。」（*ibid.*, p.447）

3. 4P 論の問題点

　以上のように，4P 論の重要性は変わらないとしても，そこに問題がないわけではない。以下，戦術と戦略の区別，および最適ミックスの理論化という2点について簡単に触れておこう。

　まず，戦術と戦略の区別であるが，4P 論ではこの区別があいまいであり，現在でもあらゆるマーケティング実践が戦略と呼ばれている状況が続いている。しかし，第2次大戦後のマーケティング・マネジメントの研究の展開を見てみると，4P 以外の事前の作業に関する言及が圧倒的に増大してきたことがわかる[10]。そして，この部分こそより長期的で全社的な意思決定という意味でマーケティング・マネジメントの戦略的な部分といえる。

　マッカーシーを含むマネジリアル学派においても，当初から，市場細分化（segmentation）とターゲティング（targeting）を含む市場分析と競争状況の分析であるポジショニング（positioning）は 4P の計画の前になされる作業として 4P とは別に位置づけられており，のちにこの3つの頭文字をとって一般的に STP をマーケティング・マネジメントの戦略的部分と呼ぶようになった。しかし，4P とは異なる戦略的対応は STP にとどまらずより拡大していき，その記述の追加は教科書の大部化と体系の混乱を生み出した。この混乱を整理するためには，4P を戦術として位置づけた上で，それと区別される戦略的領域を「4P の計画と具体的実現という戦術的問題を成功させるための事前の安定的場づくりのための分析と対応」（堀越〔2014〕9 ページ）と広くとらえなおし整理する必要がある。そして，その戦略的領域は，「①組織内への対応行為，②他組織との組織間関係への対応行為，③市場への対応行為，④その他関連公衆及び制度的環境への対応行為の4つ」（同書，9~10 ページ）から構成されていると考えられ，教科書の記述もこの方向で構成されるべきだろう。マッカーシーのあとに出版され，その後圧倒的な支持を得てきているコトラーの教科書では，この点を考慮に入れた教科書の改訂が版を重ねるごとに試みられている

が[11]，前述のように，マッカーシーにおいては頑ななまでに4P中心の構造が変えられておらず，戦略的部分はSTPを中心とした簡略化された内容のままである。戦術としての4P論の重要性は変わらないとしても，マーケティングが部門をこえて企業全体のマネジメント論となってきている現状を考えると，マッカーシーの教科書としての使命も終わりに近づいているように思える。

次に，最適ミックスの理論化の問題であるが，グルンルースも指摘しているように，「フィリップ・コトラーの有名な教科書『マーケティング・マネジメント』のようなマーケティング・ミックスを中心に組織化された教科書において，その混合という側面や4Pの統合の必要性が過度に議論されているが，そのモデルが統合の次元を明確に含んでいないという事実のゆえに，その議論はいつも行き詰まる」（Grönroos〔1994〕p.349）のである。しかし，これは理論化の努力がなされていないだけの話で，前述のメラーの指摘にもあったように，競争の独占的理論やパラメータ理論を基にそれを洗練化させる理論化の道は閉ざされていないといえる。

第4節　現代的評価

以上から，マッカーシーの現代的評価をまとめるならば，現在まで続いている主流のマネジリアル学派の動向を決定づけたという功績は明らかだろう。そして，マーケティング・ミックスの構成要素を4Pとしてまとめ上げた点は，意図していたかどうかは別として，結果的にマーケティング研究の焦点である交換を成立させる必要条件を示していたという点で，この学科におけるさらなる理論的展開の基礎を示していたといえる。また彼は，このポイントをしっかりとつかみ，ひたすらその教育とマーケティング論の啓蒙に没頭しながら，具体的なマーケティング戦術のコンサルタントとして活躍した実践家としても評価されうるだろう。

しかしながら，その主たる業績である教科書の改訂の経緯を見てみると，4P論にこだわりすぎて，より広い戦略的領域との体系的構造を示すという点では革新性がなく，あくまで初心者にわかりやすいマーケティング戦術を教えるという役割を超えていないといわざるをえない。マーケティングの重要性がある程度浸透してきている現在では，教育においてもその歴史的使命を終えつ

つあるように思える。

〔注〕
1) 以下の経歴は，出典が詳細でしっかりしていたので英語版ウィキペディア (https://en.wikipedia.org/wiki/E._Jerome_McCarthy) を中心に，そこで参照されている文献やマッカーシーの著書での著者紹介等を新たに照らし合わせて作成した。
2) 3版の書評では，実際の生徒への質問をしたところ，「典型的にこの版を好まない生徒達は，漠然としすぎていて，混乱し，理解が難しく，良い定義を欠いている，すなわち，効果を妨げる些細な詳述で埋め尽くされている，と述べた」(Konopa〔1969〕, p.104) と記されており，評価したのは少数派であったという。
3) 正確にいうと，2版で再編成されたセクションAに対応しており，そこでは，初版のB-1：マーケティング・マネジメントと消費者とB-6：マーケティング・リサーチが，セクションAにまとめられており，その表題も「マーケティング・マネジメントと分析へのイントロダクション」となっている。
4) この本の序章は，2014年にノートルダム大学のスタッフにより編集された本 (Murphy and Sherry Jr.〔2014〕) に採録されている。
5) 詳しくは，Sheth, Gardner and Garret〔1988〕を参照。この本では，12の学説が紹介されており，その1つとしてマネジリアル学派が挙げられている。しかし，そこにおける学派の抽出，学派の方法的特徴づけ，そしてその成果の評価においてことごとく失敗しているといわざるをえない。この点に関して詳しくは堀越〔2005〕も参照のこと。
6) 価格，広告およびその他の販売促進，販売管理，製品の種類，チャネルの5つである。
7) 製品選択，流通チャネル，広告，販売，価格付けの5つである。
8) この方法論的動向に関して詳しくは堀越〔2005〕，堀越〔2006〕を参照のこと。
9) この経緯に関して詳しくは東・小野〔2014〕を参照のこと。
10) この展開に関して詳しくは堀越〔2014〕を参照のこと。
11) 全社的意思決定にかかわる戦略的部分が「戦略的マネジメント・プロセス」としてはっきり位置づけられたのが4版であり，その後7版では組織的側面から戦略計画部門とマーケティング部門という区別で整理が試みられたがかえって混乱し，9版ではその試みは消失している。12版以降は「ホリスティック・マーケティング」という概念で，4P以外のより広い意思決定領域を示すようになっているが，その図式と章建てとの対応が明確ではなく，いまだ整理の仕方が十分であるとは言えない。

〔参考文献〕
東 利一・小野裕二〔2014〕,「第7章 消費者とのリレーションシップ研究の諸問題」KMS研究会監修；堀越比呂志編著『戦略的マーケティングの構図―マーケティング研究における現代的諸問題』同文舘出版, 180~204ページ。
堀越比呂志〔2005〕,『マーケティング・メタリサーチ―マーケティング研究の対象・方法・構造―』千倉書房。
―――〔2006〕,「消費者行動研究の展開と方法論的諸問題」『三田商学研究』第49巻第4号, 慶應義塾大学商学会, 231~248ページ。
―――〔2014〕,「序章 マーケティング研究における戦略的領域」KMS研究会監修；堀越比呂志編著『戦略的マーケティングの構図―マーケティング研究における現代的諸問題』同文舘出版, 3~15ページ。

Bartels, R. 〔1988〕 *The History of Marketing Though*, 3rd ed., Publishing Horizons, Inc., (山中豊国訳『マーケティング学説の発展』ミネルヴァ書房, 1993年).
Booms, B. H. and Bitner, M. J. (1981) "Marketing Strategies and Organization Structures for Service Firms," in J. H. Donnelly and W. R.George (eds.) *Marketing of Services*, American Marketing Association, pp.47-51.
Borden, N. H. (1964) "The concept of the Marketing Mix," *Journal of Advertising Research*, June, pp 2-7 (片岡一郎・村田昭治・貝瀬勝共訳『マネジリアル・マーケティング上』丸善株式会社, 1969年, 104~114ページ).
Chamberlin, E. H. 〔1933〕 *The Theory of Monopolistic Competition*, Harvard University Press (青山秀夫訳『独占競争の理論』至誠堂, 1966年).
Constantinides, E. 〔2006〕 "The Marketing Mix Revisited : Towards the 21st Century Marketing," *Journal of Marketing* Management, 22, pp.407-438.
Gordon, R. and J. E. Howell 〔1959〕 *Higher Education for Business*, Columbia University Press.
Grönroos, C. 〔1994〕 "Quo Vadis, Marketing? Toward a Relationship Marketing Paradigm," *Journal of Marketing Management*, Vol. 10, pp 347-360.
Holloway, R. J. 〔1958〕 "Marketing Decisions in the Small Firm," *Business News Notes*, School of Business Administration, University of Minnesota, No.40, September.
Howard, J. A. 〔1957〕 *Marketing Management : Analysis and Decision*, Homewood, Ill. : Richard D.Irwin, Inc..
Kent, R. A. 〔1986〕 "Faith in the Four Ps:An Alternative," *Journal of Marketing Management*, 2, pp.145-154.
Kotler, P. 〔1986〕 "Megamarketing," *Harvard Business Review*, March-April, pp.117-124.
Konopa, L. J. 〔1969〕 "Book Review:Basic Marketing―Managerial Approach―,Third Edition by E. Jerome McCarthy," *Journal of Marketing*, Vol.33, No.4, pp.103-104.
Lauterborn, B. 〔1990〕 "New marketing litany:four Ps passe:C-words take over," *Advertising Age*. 61 (41), October, p26.
Murphy, P. E. and J. F. Sherry Jr. (eds.) 〔2014〕 *Marketing and the Common Good: Essays from Notre Dame on Societal Impact*, Routledge.
McCarthy:Basic 〔1960-2013〕 (〔1960〕〔1964〕〔1968〕〔1971〕〔1975〕〔1978〕〔1981〕〔1984〕〔1987〕〔1990〕〔1993〕〔1996〕〔1999〕〔2002〕〔2005〕〔2008〕〔2009〕〔2010〕〔2013〕), *Basic Marketing*, Richard D. Irwin (〔1999〕~ McGraw-Hill/Irwin).
McCarthy:Essentials 〔1979-2015〕 *Essentials of Marketing*, Richard D. Irwin.
McCarthy, E. J. 〔1962〕 "Pre-Case Analysisfor Students," *Journal of Marketing*, Vol.26, No.4, pp.71-73.
――― 〔1966〕 *Integrated data processing systems*, John Wiley & Sons.
――― 〔1971〕 *Social issues of marketing in the American economy*, Grid Inc.
――― 〔1975-1987〕 *Readings in basic marketing*, Richard D. Irwin.
―――― 〔1988〕 Marketing orientedness and economic development, *Historical Perspectives in Marketing:Essays in Honor of Stanley C. Hollander*, Lexington: Lexington Books, pp.133-46.
―――― 〔1990-2005〕 *Applications in basic marketing:clippings from the popular business press*, McGraw-Hill College.
Möller, K. 〔2006〕 "Comment on:The Marketing Mix Revisited : Towards the 21stCentury Marketing by Constantinides," *Journal of Marketing* Management, 22, pp.439-450.

〔Obituary〕Jerry McCarthy〔2015〕*Lansing State Journal*, December 27, 2015.
Pierson, F. C.〔1959〕*The Education American Businessmen*, McGraw-Hill.
Planned Innovation Institute〔2016〕http://plannedinnovationinstitute.com/pii-mccarthy.html.
Robinson, J.〔1933〕*The Economics of Imperfect Competition*, Macmillan.
Sheth, J. N., D. M. Gardner and D. E. Garrett〔1988〕*Marketing Theory : Evolution and Evaluation*, John Wiley & Sons, Inc.（流通科学研究会訳『マーケティング理論への挑戦』東洋経済新報社, 1991）.
Waterschoot, W. van and C. V. den Blute〔1992〕"The 4P Classification of the Marketing Mix Revisited," *Journal of Marketing*, Vol.56, No.4, pp.83-93.

＊章頭の肖像写真は，McGraw-Hill Education 社より許諾の上，掲載。
Republished with permission of Hiroshi Kohara (the chief editor of History of Marketing Thought part 2) from *Essentials of Marketing*, E. J. McCarthy and W. D. Perreault, Jr., Fifth edition, 1991 ; permission conveyed through Copyright Clearance Center, Inc.

〔堀越比呂志〕

第4章

J・C・パラマウンテン, Jr.
―― 集団分析による流通の政治経済的研究 ――

第1節　はじめに

　ジョセフ・C・パラマウンテン (Joseph C. Jr. Palamountain, 1920-1987) は，すぐ後で述べるように，本来の専攻分野は政治学であったが，30歳代半ばで公刊した最初の著書であると同時に，マーケティング分野での最後の著書でもある *The Politics of Distribution*, 1955（『流通のポリティクス』）によって，マーケティング研究史に重要な足跡を残した。

　パラマウンテンは，1920年マサチューセッツ州ウェストニュートン生まれで，1942年ダートマス大学を奨学生として卒業 (BA) し，第二次世界大戦中は，海軍で地中海と太平洋に従軍し，1946年に中尉として退役した。その後，研究者を志してハーバード大学大学院で政治経済学と政治学の修士号 (1948年) と博士号 (1951年) を取得し，1951〜52年ハーバード大学政治学部講師，1952〜55年同助教授を務めた。その後，1955〜59年にウエスレヤン大学（コネチカット州ミドルタウン）准教授，1959〜65年には同教授および政治学部長となり，最後の4年間は新設された学務担当副学長としてアカデミックプログラム開発や教員採用などに辣腕を振るった。

　こうしたキャリアを経て，パラマウンテンは1965年スキッドモア大学（ニューヨーク州サラトガスプリングス）に移り，1987年6月までの22年間，第4代学長を務めた。学長在任中に，入学者数を倍増させ2,100人とし教員数も倍増させるとともに，郊外の650エーカーの広大なキャンパスへの移転や，

女子短大から男女共学への転換（1971年），ニューヨーク州で最初の学外学位プログラムの1つの設置など，スキッドモア大学にダイナミックな成長と変化をもたらすことによって，多大な貢献をした。そのため，彼の栄誉を記念してキャンパス内にパラマウンテンホールが創建されている。学長退任の翌1987年11月24日，パラマウンテンは享年66歳の若さで永眠した。

公的な役職としては，アルバニーメディカルセンター病院，サラトガパフォーミングアーツセンター，ヤドー（サラトガスプリングス芸術家村）の理事を務めるとともに，1980年以来，ヒュー・L・ケアリー州知事の任命によってニューヨーク州高等教育サービス機構の役員の職にあった。

主要な研究業績としては，前述の1955年の著書の他に，*Government and the American Economy*, 1959 および *A Tangled Web of Law, Economics and Politics*, 1965 があげられ，さらに *The Story of Skidmore College*, 1971 を出版している[1]。

以下では，第2節で『流通のポリティクス』の主要な論点について整理し，第3節でそのマーケティング研究における位置づけと貢献を明らかにしたうえで，最後に第4節でパラマウンテンの問題意識の先見性という観点から，現代的評価について検討することとする。

第2節　『流通のポリティクス』（1955年）

1. 方法論としての集団分析

『流通のポリティクス』（*The Politics of Distribution*）が研究対象としているのは，1930年代というアメリカで大量生産・大量流通の仕組みが確立しようとする時期における，大量流通の主要な担い手である新興の大規模小売組織と既存の中小独立小売商との経済的衝突と政治的紛争が織り成す相互作用の過程，とりわけ政策決定過程である。

その際，分析の出発点として，集団分析（group analysis）の方法論が採用されている（第1章）。集団分析を政治学の分野に初めて適用したのはベントリ（A. Bentley）といわれるが，彼は政策決定過程について，事実上，経済的な利

益集団（interest group）の強さをベクトルの大きさととらえ，その衝突の数学的帰結，すなわちベクトル和として理解する傾向にあった[2]。これに対してパラマウンテンは，ベントリの考え方の単純性に対するトルーマン（D. B. Truman）等による批判を踏まえて[3]，利益集団間の対立・衝突と政府への働きかけ，それらに対する政府の対応などを複雑な過程として分析するという考え方を採っている[4]。

こうした分析視覚に基づいて，1930年代の流通における集団間の衝突の経済的基礎を明らかにするために，小売流通と卸売流通を担う利益集団の構造的な特徴を1939年商業センサスによりながら整理している。まず小売流通については，次の5点が指摘されている。第1は新興のチェーンストアの成長と，それによる既存の流通機関に対する競争的衝撃であり，第2はチェーンストアをはじめとする少数の大規模小売組織と多数の零細な独立小売商との規模格差である。第3は零細小売店の低収益性，不安定な経営基盤といった問題である。そして，第4として独立自営店を中心とする小売商の廃業率の高さが，第5としてその反面での参入障壁の低さゆえの開業率の高さが指摘されている[5]。

ただし，ここで注意する必要があるのは，当時のチェーンストアは個店レベルで独立小売商の店舗規模に比べて極端に大きいというわけではなく，多数の店舗をチェーンとして単一の大規模小売組織として束ねることで大量仕入，大量販売の競争優位を築いていた点である。そして同時に，セルフサービスを導入し店舗の大規模化をめざすスーパーマーケットが勃興するのは，ちょうどこの頃であり，独立業者の参入やチェーンストアからの転身が進んだ。

また卸売流通については，第1に大規模な卸売業者と中小規模の卸売業者との対立，および新興勢力と既存事業者との対立があげられる。これらは，小売流通における新興勢力の成長と製造業者による卸売機関の所有と経営によってもたらされた。第2は独立自営の卸売商の衰退である。これは，大規模小売組織の後方への拡張による製造業者との直接取引，および製造業者による独立系卸売商の自社直轄の卸売組織への置き換えという，卸売商の迂回，排除が進展したことによる[6]。

2. 利益集団の経済的衝突の3形態

次にパラマウンテンは，利益集団間の経済的衝突がいかに政治的紛争に変換

されるにいたるかを検討するために，流通における経済的衝突の3つの基本的な様相について整理している。その3つとは水平的競争，異形態間競争，垂直的衝突である[7]。

　第1の水平的競争は，独立自営の食料品店間の競争といった同一の流通形態間の競争をさしている。この側面の競争は，古典派経済学が理論構築の基礎としてきたものであり，市場において決定される価格を所与として，市場参加者がいかに行動するかが価格競争を軸に分析されてきた。しかし，1930年代の流通における政治的紛争を分析する視点としては，水平的競争の側面は限定的な役割を担うにとどまるとされる。

　第2の異形態間競争は，例えば通信販売店，バラエティストア，独立自営の金物店といった異なる流通形態間の競争であり，シュンペーター（J. A. Schumpeter）のイノベーション（創造的破壊）の過程を流通に適用したものに他ならないと評される。この側面の競争が展開される過程で，それぞれの流通形態において自らの利害関係を主張する政治的行動をとるために業界団体などの利益集団が形成されることが少なからずあり，集団間の政治的な紛争が発生することがあることが，医薬品業界の例をあげて説明されている。

　第3の垂直的衝突は，例えば石油精製業者とガソリンスタンド経営者との価格等に関する衝突にみられるような，同一の流通チャネルにおける異なる流通段階間の衝突である。この側面は，従来の完全市場を前提にした経済理論によって最も無視されてきたものであるが，現実の流通市場の不完全さ前提にして，そこでの垂直的な関係におけるパワーや依存，支配に基づく経済的衝突が，政治的紛争をもたらすことが指摘されている。

　こうした競争の3つの基本的様相の視点から，1930年代のおける具体的動態が食料品（第3章），医薬品（第4章），自動車（第5章）という3つの業界を対象に詳細に分析される。その結果，水平的競争の側面はいずれの業界においても生じているが，異形態間競争はチェーンストアの成長が著しい食料品，医薬品の2業界で激しく展開されているのに対して，自動車業界ではみられないことが明らかにされる。そして，垂直的衝突については，自動車業界では製造業者が圧倒的に優位な地位にあるのに対して，食料品と医薬品においてはチェーンストアなどの大規模組織が成長する一方で，独立小売商における業界団体という利益集団の組織化が進むことによって，製造業者との間に均衡的なパワー構造が形成されていることが確認される。

3. 利益集団の政治的紛争による政策形成過程

(1) 3つの政治的紛争

　以上のような経済的衝突の3つの様相に関する3つの業界を対象にした検討を踏まえて，いよいよ本書の主題である，経済的衝突の先鋭化が利益集団間の政治的紛争をもたらすことで，政府の政策形成過程にどのような影響を及ぼし，いかなる成果をもたらしたのかについて，一次資料を中心とした詳細な分析が行なわれる。

　ここで具体的にとりあげられるのが，1930年代の食料品および医薬品の業界構造にかかわる，チェーンストア課税（第6章），いわゆるロビンソン・パットマン法（第7章），公正取引法（第8章）における政策形成過程である。これら3つのイシューに関する政策形成過程では，独立小売商の業界団体が主導者となって政治的な連携相手を得ながら，チェーンストアを標的にした運動を展開するという構図となっていることから，それらを総称して「反チェーン運動」(antichain movement) ないし「反チェーンストア運動」と呼ぶことがある[8]。

　なお，自動車業界については，上述のような業界構造に規定されて，経済的衝突が政治的紛争に発展する顕著な動きはみられなかった。

　これら3つの政治的紛争とそれに由来する政策形成過程のうち，後2者は連邦法ないし州法として制定されて以降，後々まで影響する存在となった。とくにロビンソン・パットマン法は現行法であることから，第4節「現代的評価」においてあらためて検討対象としたい。そこでここでは，次のような理由からチェーンストア課税に重点をおいて紹介，検討していくこととする。すなわち，チェーンストア課税は，一見すると1930年代のいわば一過性の運動に終わり，公表されている研究成果も3つのイシューの中では相対的に少ない。その一方，流通構造や流通チャネルの大きな変化という歴史的背景の下で，既存勢力の独立小売商の業界団体が他の利益集団と連携して，流通におけるイノベーションを体現するチェーンストアやスーパーマーケットなどと対峙するという点で，対立の構造が興味深く，かつ当時のアメリカの流通に広範囲に及んだという点で注目に値すると考えられるからである[9]。

(2) チェーンストア課税

　チェーンストア課税の政策形成過程は，主として独立自営の中小食料品店と食料品のチェーンストアとの異形態間競争を背景にして，食料品の独立小売商の業界団体である全国食料品小売商協会（NARG）が州および連邦政府にチェーンストアの事業活動そのものの規制を求めるところから始まった。その後，全米各地でNARGが主導するチェーンストア課税運動として展開され，様々な連携相手を巻き込むことで一大潮流を形成し，1936年頃にピークを迎えるにいたったが，漸次衰退していった。その経過を簡潔にまとめたのが，表4-1である。

表4-1　チェーンストア課税運動の盛衰

年	事　項
1922	ロサンゼルスにおける全国食料品小売商協会（NARG）の大会で，1つの市・町で営業が許可されるチェーンストアの店舗数を制限する州法制定の提案。
1923	ミズーリ州で最初のチェーンストア課税の提案（州内で営業するチェーンストアに対して3店舗目から特別な税を課し，店舗数が増えるに従って税率が累進的に上昇）。しかし，不成立。その後1926年までに5州で同様の州法が提案されるが結局不成立。
1927	13州の議会で提案され，メリーランド等4州で成立。
1928	上記4州法に対して違憲判決，失効。
1929	ジョージア，ノースカロライナ，インディアナの3州で成立。しかし，その後ジョージア州法に違憲判決。
1931	インディアナ州法に対し連邦最高裁合憲判決
1933	全米各州で225の法案が提出され，これらのうち13件が州法として成立。1931年から33年の累計でみると525法案のうち18件が成立。チェーンストア課税運動を含む反チェーン運動がピークを迎える。
1935	カリフォルニア州で小売店舗営業免許税法が成立するが，住民投票で否決され失効。チェーンストア課税運動を含む反チェーン運動が衰退期を迎える。
1941	この年までに合計28州がチェーンストア課税を成立させたが，違憲判決などによって順次失効。

出所：Palamountain (1955) およびLebhar (1963) に基づき作成。

　ここでまず注目されるのが，チェーンストア課税運動を全米規模で盛り上げるために，主導者であるNARGが様々な連携相手をどのように巻き込んでいったのかである。NARGの運動に対する直接の動機は，メンバーの経営が

チェーンストアに脅かされているという点にあるが，他の多くの利益集団を説得し運動に巻き込むためには，そうした個別利益をそのまま主張するのではなく，ある種の公益性をまとわせる必要がある。そのために用いられたロジックが，チェーンストアの経済的活動が独立小売商の経済的困窮をもたらすことの社会的な不健全性・不公正性という主張である。これによって，NARG は連携相手として，食料品の卸売業者，中小規模を中心とする食料品製造業者，さらには主として中小都市の消費者および農業従事者，州および地方政府の政治家などをネットワーク化していったのである[10]。

　それでは，一時隆盛を誇ったチェーンストア課税運動が，なぜピークから一転衰退に向かったのであろうか。その主要な要因として，次の2点があげられる。1点目は運動の主導者であるNARGの組織的性格が関連している[11]。チェーンストア課税運動は一見するとNARGによって強固に組織化された運動のようにみえるが，実際にはそうではなく，全般的に非組織的な運動であった。それは，短期間に多種多様なチェーンストア課税法案が各州で提案されたことに象徴的に示されている。これは食料品の独立小売商の組織化の困難さに出来している。当時，NARG は4万人のメンバーを擁し，あらゆる商業者の団体の中で最大規模を誇っていたが，全米の食料品の独立小売商全体に対する組織率は10％を上回る程度に過ぎなかった。

　こうした NARG の非組織性は，次のような理由によって説明できるという。第1に，食料品小売業への参入が容易で，他人に雇用されることを嫌う人物が多く参入していることから，NARG は組織的規律を好まない個人主義的傾向が強いことがあげられる。第2に，食料品の独立小売商の多くが小規模であるため，小売主宰であれ，卸主宰であれ，協業グループないしボランタリーチェーンに参加する資金的能力が不足するとともに，そのインセンティブも低いことがあげられる。第3は，食料品小売業への新規参入率，退出率がともに高いため，メンバーの入れ替わりが激しく，組織的結束力が生まれにくいことである。第4は，小売主宰よりも，卸主宰のチェーンの方が成功する確率が高いことから，食料品流通においては卸のリーダーシップが強くなる傾向にあることである。こうした要因がNARGおよび彼らが主導したチェーンストア課税運動に非組織性をもたらし，ピークから一転して衰退に向かわせることにつながったという。

　もう1点重要なことは，この運動の標的がチェーンストアに絞られていたの

とは裏腹に，その当時，独立小売商からチェーンストアへ，さらにはスーパーマーケットへという小売業態の主役の座の交代が進展していたことから，運動の後半になるほど実質的な効果が限られるようになったことがあげられる[12]。つまり，運動の成果としてチェーンストア課税の州法が制定できた場合であっても，課税は一定店舗数以上のチェーンストアに対して，1店舗当たり最高で数百ドルという方式がとられていたため，1店舗当たりの大規模化を果たしたスーパーマーケットに与える影響は小さく，ましてや多店舗化していないスーパーマーケットは課税対象にすらならないという状況が生じてしまった。その結果，NARGとその連携相手において運動の効果への疑問が生じ，運動への熱が冷めてしまったのである。

(3) ロビンソン・パットマン法と公正取引法

ロビンソン・パットマン法をめぐる第2の政治的紛争は，チェーンストア課税と同様に食料品の独立小売商とチェーンストアとの異形態間競争を背景にしつつ，独立小売商側が，チェーンストアによる製造業者に対するバイイングパワー行使（垂直的衝突）と，消費者への低価格販売について，規制を求める運動を展開するところから始まった[13]。

これを受けて連邦上院のロビンソン議員と連邦下院のパットマン議員が，連邦反トラスト法のうち，価格差別規制にかかわるクレイトン法2条の改正・強化に向けた議会活動を展開した。もともとクレイトン法2条は，地域的価格差別を対象としており，売手段階の原価割れ販売（安売り）による価格差別（略奪的価格の設定）のみの規制が意図されていたのであるが，売手（例えば製造業者）による買手段階（例えばチェーンストアと独立小売商）での価格差別を規制するロビンソン・パットマン法として修正されたのである。

なお，アメリカは判例法の国であることから，それ以前の考え方と異なる判決が出て，その考え方に沿う判決が積み重なることによって，法運用が大きく変わることがある。本法も制定後，運用方針について存否の議論を含めて紆余曲折があったものの，現在でもアメリカにおける競争政策を特徴づける制度として存在していることは特筆されよう。

第3の公正取引法をめぐる紛争は，主として独立系の薬局・薬店と医薬品のチェーンストアとの異形態間競争を背景にして，独立小売商の業界団体（NARD）が製造業者および政府に対し，再販売価格維持行為の容認と安売り

業者の「原価割れ」の値引き販売（略奪的価格の設定）の規制を求める運動として展開された[14]。その結果，多くの州で州法として公正取引法の制定が実現される一方で，連邦レベルでも再販売価格維持契約を合法化する反トラスト法適用除外の法制度が導入されたのである（1970年代まで）。

こうした成果を残すことができた背景として，NARD の組織特性が指摘できる。NARD は，NARG に比して会員数こそ10分の1程度と劣ったものの，恒常的に50％以上の組織率を保持していた。それは，NARD のメンバーの規模の均一性，資格等の規制に基づく参入障壁により新規参入が限られ退出も少ないこと，薬剤師としての経済的利害の共通性およびプロフェッショナルとしての精神的紐帯の強さなどから，NARG に比べて組織的に結束することに対するモチベーションが高いことによる。その結果，NARD は相対的に強い政治的パワーを持つようになり，公正取引法の制定運動は高度に組織化されたものとなったことから，一定の条件のもとで再販売価格維持行為を認める州法や連邦法を制定させることができたといえよう[15]。

なお，略奪的価格規制については，連邦レベルでクレイトン法2条が存在するとともに，州レベルでは現在も多くの州法が制定されている。しかし，連邦レベルで安売り業者の略奪的価格事件が減少したのを反映して，州レベルでも訴訟の数自体が限られるようになり，違法判決もほとんどなくなっている[16]。

以上から，これら2つのイシューをめぐっては，競争秩序を守るための反トラスト法の土俵の上で，保護主義的な政策介入，いいかえれば競争そのものではなく「競争者を保護する」ための政策介入が行なわれたということができる。とりわけロビンソン・パットマン法は，競争の保護を目的とする反トラスト法体系の中に位置づけられているにもかかわらず，競争者の保護を目的とする異質の制度として，アメリカの競争政策に矛盾を内包させ続ける存在となっていることを確認しておきたい。

(4) 本書の結論

以上の3つの政治的紛争に由来する政策形成過程の分析を踏まえて，最後に次のような結論が提示されている（第9章）。

まず，本書の研究対象があらためて確認され，1930年代の流通業者の基本的衝突が，マーケティングの新しい組織化方法である大規模組織と，古い組織化方法である小規模組織との間の衝突であったことが示される。そして，衝突

の過程と結果において，政治と経済の相互作用がもたらされる。その際，現実の流通市場は不完全であることがほとんどであることから，参加者のパワーが重要な役割を果たす。通常，ダイナミックで創造的なマーケティング上の変化を体現する組織ほど，より大きな経済的パワーをもち，さらに政治的パワーとしても機能する。そのため，政治的な政策形成過程は経済的要因によって影響されることになるのである[17]。

第3節　マーケティング研究における位置づけ

1. 反チェーン運動の背景

　ここで，パラマウンテンの著書をマーケティング研究の系譜の中に位置づけ，その貢献について検討していこう。本書が主要な対象とした反チェーン運動については，これまでいくつかの研究成果が公表されている。それらのうち最も先駆的な成果としてあげられるのは，反チェーン運動の展開とほぼ並行して，20世紀財団が流通コストに関して実施した調査研究の報告書 Committee on Distribution（1939）である。そこでは，流通コストの上昇要因として反チェーン運動が分析の俎上にあげられている。

　これに次いで，より包括的かつ理論的にアプローチしたのがパラマウンテンの著書である。本書は，1930年代の食料品，医薬品，自動車という3業界の流通に注目し，経済的衝突と政治的紛争の実態を丹念に掘り起こしたという点だけでも高く評価することができるが，マーケティング研究における貢献はそれだけにとどまらない。その点を確認するために，これまでの議論とやや重複するところがあるが，次の2点について確認，検討していこう。その第1は1930年代に独立小売商が主導する反チェーン運動が激しく展開された一般的な背景についてである。そして第2は，反チェーン運動の歴史的意義として，それがアメリカの流通に何をもたらしたのかについてである。

　第1の点についてまずあげられるのは，マクロ経済環境の激変，すなわちゴールデンエイジと呼ばれる1920年代の史上空前の繁栄時代から，1929年世界大恐慌を引き金にして，1930年代は一転して大不況の時代を迎えたという

劇的な環境変化である。そうした中で従来，流通の中軸を占めてきた「健全な中産階級」としての独立自営小売商が，成長著しいチェーンストアなどの大規模小売組織や大規模化した製造業者からの経済的圧力を受け厳しい経営環境に追い込まれたことから，利益集団として自らを組織化し，類似の立場にある利益集団と政治的に連携しながら，存亡をかけた戦いを挑んだのである。

その結果，先に述べたように，水平的競争，異形態間競争，垂直的衝突という3つの経済的衝突と，それらを基礎にした政治的紛争とが重層的に展開されたのが反チェーン運動であるということができる。

もう1つ指摘すべき点は，1930年代がニューディールの時代であるとともに，「州主義」(state-ism) と呼ばれる排外主義的保護立法が多数制定された時代でもあることである。すなわち，ニューディールは主としてケインズ主義的財政政策をつうじた政府の経済過程への介入を恒常化させることによって，古典的資本主義から現代資本主義への発展・転化をもたらしたものであり，アメリカにおける経済政策の転換点といえる。こうした転換にあったことが，流通への政策介入を求める反チェーン運動の主張を，連邦政府が一定程度受け入れる土壌となったものと考えることができる。

また州主義は，当時多くの州が，追加的税収源の確保，および州内産業のための州内市場確保を目的として，州間の自由な商品・サービスの移動を制限する州法（"buy-at-home" laws）を相次いで制定したことをさす[18]。そうした州法のほとんどは，後年，司法から違憲判決を受ける運命にあるが，大不況という経済的・社会的危機がそうした立法の制定を容認させたといえる。

反チェーン運動は，こうした時代的位相の下で展開されたのであり，他の保護主義的州法と同一のコンテクストの中にあるものとして当時の人々に受け入れられていったものと考えられる。

2. 反チェーン運動の歴史的意義の評価

次に，第2の反チェーン運動がアメリカの流通に何をもたらしたのかという，その歴史的意義について検討しよう。ここでも，第2節と同様に，主としてチェーンストア課税を念頭に議論を進めていくことにする。この点を考察するにあたって重要な点は，チェーンストア課税運動が最盛期を迎えた1930年代が，実はチェーンストア・エイジからスーパーマーケット・エイジへの転換期

に当たっていたという歴史的事実である。つまり，チェーンストアからスーパーマーケットへという小売業態における主役の転換に，チェーンストア課税がどの程度寄与したのかが問題の焦点になる。

　この点についてパラマウンテンは，チェーンストア課税がチェーンストアの店舗数と平均店舗規模にどのように影響したかという観点から検討しており，その積極的役割を否定する見方を提示している[19]。すなわち，店舗数については，1929年から39年までの約10年間でチェーンストアの店舗数は増加しているとの事実を踏まえ，チェーンストア課税はチェーン内の限界的店舗の閉鎖をもたらしたのみであると主張している。いわばチェーンストア課税はその当時進行中の変化を促進する役割を果たしたに過ぎないということである。また，店舗規模については，チェーンストア課税が限界的店舗の閉鎖をもたらしたという限りで，チェーンストアの店舗規模拡大に寄与したといえるかもしれないが，それはあくまでも店舗規模拡大の要因の1つに過ぎないと主張している。むしろ，チェーンストアの店舗規模拡大の主因は，チェーンストア課税とは直接関係ないところで，流通内部からのイノベーションとして急成長してきたスーパーマーケットにあったというのであり，その点は当時の有力なチェーンストアのA&P社のスーパーマーケット業態への転身の経緯をみても明らかだ指摘している。

　このようにみてくると，チェーンストア課税の歴史的役割と限界が明らかになる。つまり，大不況が深刻化していった1930年代半ばまでは，チェーンストア課税運動は一定の社会的共感を呼ぶことができたものの，実質的な効果という面ではチェーンストアの事業活動を抑制する効果はかなり限定的であり，ましてやスーパーマーケットの急成長による流通の革新を押しとどめる効果はほとんどなかったといえよう。

3. マーケティング研究への貢献

　パラマウンテンの著書を以上のような歴史的コンテクストにおいてとらえ直すと，マーケティング研究への貢献として，次の点が確認できる。

　第1に，一方でマクロ面での経済環境の変化と，政府の政策基調，とりわけ経済過程への積極的な介入という方向での変更を，他方で流通におけるイノベーションを背景とした，既存の担い手と新興の担い手との入れ替わりとい

う，流通構造および流通チャネルの転換を，マクロとミクロの中間のメゾミクロ的な視点からダイナミックに明らかにした点があげられる。これは，本書翻訳版の「訳者あとがき」において，訳者を代表して光澤滋朗氏が，流通研究史を振り返ってミクロ的研究とマクロ的研究の分裂，両者を媒介する「中範囲の理論」の必要性という問題を指摘するとともに，本書をマクロとミクロを接続，媒介する研究の嚆矢であり，両者を統合する本来的な意味での流通論を提示するものと位置づけていることと連動する評価といえる[20]。こうした研究は，1950年代当時ほとんどなされていなかったものであるが，本書以降，メゾミクロ的な研究が意識的に追及されてきていることは周知のところであり，本書の貢献として特筆すべきといえる。

　第2に，研究の方法論に関して，経済と政治の相互作用という現代まで続く傾向が顕著になり始めたまさにその時代において，集団分析という政治学や社会学など他の学問分野で用いられる方法論を批判的に継承・発展させることによって，マーケティング研究に新たな視座を提供した革新性が評価されるべきといえる。その後のマーケティング研究の発展をみると，ベースとなる経営学や経済学にとどまらず，社会学，政治学，心理学など異分野の方法論を積極的に導入し，インターディシプリンな学問体系を構築してきたことがわかる。パラマウンテンの研究は，こうしたマーケティング研究の特徴の先駆けといえるのではなかろうか。

　このようにマーケティング研究に大きな貢献をした著書であるだけに，その後，本書に直接，間接の刺激を受けた研究が少なくないが，それらのうちチェーンストアやスーパーマーケットといった大規模組織の立場から，反チェーン運動について一次資料，二次資料を駆使して当時の状況を明らかにした研究成果としてLebhar (1963)があげられる。これは，パラマウンテンの著書と双璧をなす，貴重な記録といえる。

　そこでは，例えばチェーンストア課税の効果に関連して，それがチェーンストアの店舗数増加の緩慢化ないし店舗数減少の要因とはならなかったことを，資料に基づきながら次のように説明し，パラマウンテンの主張を実質的に補強している。すなわち，チェーンストアの店舗数増加の緩慢化の主因はチェーンストア課税にではなく，チェーンストアがスーパーマーケットへの転換のために既存店舗の集約化を進め，規模拡大を図ったことにある。しかも，スーパーマーケット業態の構想は独立自営業者によって開発され普及していったもので

あり，チェーンストアはその成功に刺激されて追随的に採用する立場にあったに過ぎないというのである[21]。

こうした1930年代におけるアメリカを舞台にした流通構造，流通チャネルの激変は様々な理論問題も提起していることから，1960年代以降，日本の流通・マーケティングの理論的研究においても，パラマウンテンの著書そのものとそれが対象とした史実は，重要な考察対象とされてきたことを付言しておきたい[22]。

第4節　現代的評価

最後に本書の現代的評価について述べて，本章の結びとしたい。本書が対象としているのは，3つのイシューにかかわる政策決定過程であるが，それらのうち法制度として現在も存在し，その存否がときとして論点として浮上することがあるのは，先にも述べたようにロビンソン・パットマン法である。

ロビンソン・パットマン法をめぐって，日本では従来から次のような素朴な俗論がよく主張されてきた。すなわち，アメリカの取引関係は同法があるおかげで合理的で透明性が高くなるが，それがない日本の取引関係は不合理で不透明になりがちであり，さらには大規模小売企業の優越的濫用行為の抑制も効果的に行なえていないのではないか，という議論である[23]。

たしかに，ロビンソン・パットマン法は同一商品を同量仕入れる場合，買手によって価格を差別する行為を禁止しているので，製造業者等は違法性を問われないよう慎重に行動している。また，買手が売手に購買力を濫用して価格差別を要求することを禁止しているので，小売企業等も慎重に対応している。つまり，買手段階でのあからさまな価格差別や購買力濫用は行なえない環境にある。

しかし，これは次の2点から表面的な議論であり，ロビンソン・パットマン法への過剰な期待といわねばならない。すなわち，第1に上記の規制があるがゆえに，現実の取引は「透明性が高い」共通のリストプライスを出発点にしながら，買手ごとに水面下で仕入れ量や仕入れ方法，販売促進策などについて厳しい条件交渉が行なわれ，結果として買手間で価格差が発生し，大規模小売企業が有利な状態が恒常化している。つまり，アメリカではロビンソン・パット

マン法のおかげで透明性や合理性の高い取引が実現されているという見方，さらにそこから飛躍して，同法と同様の制度さえ導入すれば取引の透明性や合理性が確保できると主張する一部の俗論は，あまりに短絡的といわねばならない。

　これと関連して第2に確認すべきは，ロビンソン・パットマン法の実効性をめぐる問題である。同法をもともと管轄してきたのは連邦司法省と連邦取引委員会であるが，すでに連邦司法省は1977年以降，事実上管轄放棄しており，連邦取引委員会は1960年まで積極的に法運用してきたが，1970年代末から買手段階での価格差別規制の厳格な運用をやめている。これは先に述べたように，反トラスト法の目的が「競争者の保護」ではなく「競争の保護」にあるにもかかわらず，ロビンソン・パットマン法のみが「競争者の保護」を目的とする異質な存在と評価されていることによる。

　そうした中で，反トラスト法事件の私訴が認められているアメリカでは，価格差別の被害を受けた側からの訴訟のみが，同法の実効性を支えてきた。しかし，長期的な視点からロビンソン・パットマン法にかかわる判例を分析した近年の研究によって，裁判所における価格差別事件の原告側勝訴率が大幅に低下しており，同法のビジネスにおける意義や位置づけが低下し，結果として訴訟件数も減少していることが明らかにされている[24]。すなわち，第1期として売手段階での略奪的価格にかかわる原告の訴えをしりぞけたブルック・グループ事件連邦最高裁判決（1993年）以前，第2期としてブルック・グループ判決から買手段階での価格差別にかかわる原告の訴えをしりぞけたボルボ事件最高裁判決（2006年）まで，第3期としてボルボ事件判決以後と3つの時期に分けると，買手段階の価格差別事件における原告側（ほとんどが私訴による）の勝訴比率は27％，27％，5％と低下してきているというのである。これは，裁判所が競争阻害の認定基準を原告側にとって立証困難なものにしたことに依る面が大きい。

　また，ロビンソン・パットマン法による価格差別規制が，消費者厚生に悪影響を及ぼしていることを示唆するような研究も公表されている。例えば，買手段階における競争侵害に焦点をしぼり，価格差別を禁止することが小売価格の上昇，厚生上の損失をもたらすことを経済学的分析によって明らかにした研究や[25]，ゲーム理論の交渉モデルを応用して価格差別の禁止が卸売価格を引き上げ，最終産出量と厚生を減少させることを明らかにした研究などである[26]。

　さらに，連邦議会は，反トラスト法の現代化を課題とする委員会（Antitrust

Modernization Commission）を 2002 年に設置し，2007 年に「報告と勧告」を公表した。そこでは，反トラスト法で唯一例外的に廃止ないし全面見直しすべき法律は，競争ではなく競争者を保護し，価格競争や技術革新を罰するロビンソン・パットマン法であると断ぜられたのである[27]。

このように，パラマウンテンが 1950 年代の時点で注目した 1930 年代の本法制定過程における経済的衝突と政治的紛争は，ステークホルダーとしてかかわるプレイヤーこそ一部入れ替わっているものの，現在もまだ引き続きホットなイシューとして生き続けている[28]。このことは，パラマウンテンの問題意識の先見性や射程の長さを示しているということができよう。

蛇足となるかもしれないが最後に付言すると，パラマウンテンが，最初の著書になぜマーケティング分野を選んだのか，そしてその後，この分野で主要な業績を残すことがなかったのかについては詳らかでない。もちろん，政治学における集団分析の対象として，興味深い素材がちょうど提供されたからというのが，マーケティング分野を選んだ有力な理由の1つであろう。しかし，それ以上の何かがあったかどうかは，残念ながら今となっては知るすべがない。もしパラマウンテンが存命であるならば，インターネットを活用した販売や決済の変革というダイナミズムの中で，既存プレイヤーと異分野からの参入者や新興プレイヤーなどが複雑な競争を展開している現状について，どのような見方を提示してくれるか興味深いところである。

〔注〕
1) 以上のパラマウンテンの経歴については，スキッドモア大学のウェブサイトの以下のページを参考にした。
   http://www.nytimes.com/1987/11/24/obituaries/joseph-c-palamountain-jr-66-ex-president-of-skidmore-college.html
   https://www.skidmore.edu/skidmorehistory/centennial/leaders/joseph-palamountain.php
2) Arthur Fisher Bentley（1908）*The Process of Government: A Study of Social Pressures*, The University of Chicago Press（Reprinted, 2018, Forgotten Books）.
3) Davit Bicknell Truman（1951）*The Governmental Process: Political Interests and Public Opinion*, Knopf（Reprinted, 1981, Praeger Pub Text）.
4) Joseph C. Jr. Palamountain（1955）*The Politics of Distribution*, Harvard University Press（マーケティング史研究会訳『流通のポリティクス』白桃書房，1993 年）pp.3-4.
5) *Ibid.*, pp.7-16.
6) *Ibid.*, pp.17-23.
7) *Ibid.*, pp.24-57.
8) ただし，パラマウンテン自身はこの用語を積極的に使用しているわけではない。

9) チェーンストア課税運動を中心とする反チェーン（ストア）運動がアメリカにおける競争政策にいかなる影響を及ぼしたかについては，渡辺達朗（1993）「アメリカにおける流通・マーケティング規制の史的展開―反チェーンストア運動における経済的自由主義と競争政策―」『市場史研究』第12号, 19-32頁を参照。本章は，同論文の内容を今日的に再検討しながら継承・発展したものと位置づけられる
10) Palamountain（1955）*op.cit.*, pp.159-161.
11) *Ibid.*, pp.162-165.
12) *Ibid.*, pp1185-187.
13) *Ibid.*, pp.188-189.
14) *Ibid.*, pp235-236.
15) *Ibid.*, pp.236-242.
16) 渡辺達朗（2012）「アメリカにおける価格差別と購買力濫用に対する規制―ロビンソン・パットマン法の実効性をめぐって」『流通情報』第498号（44巻3号），51~64ページを参照。
17) Palamountain（1955）*op.cit.*, pp.254-256.
18) Committee on Distribution of the Twentieth Century Fund（1939）*Does Distribution Cost Too Much?*. による。
19) Palamountain（1955）*op.cit.*, pp.186-187.
20) Palamountain（1955）翻訳書, 289-290ページ。
21) G. M. Lebhar（1963）*Chain Stores in America 1859-1962*, Chain Store Guide.（倉本初夫訳『チェーンストア米国100年史』商業界, 1964年, 65~70ページ。）
22) 例えば，荒川祐吉（1962）『小売商業構造』千倉書房，風呂勉（1968）『マーケティングチャネル行動論』千倉書房，田村正紀（1971）『マーケティング行動体系論』千倉書房，中野 安（1975）『価格競争と小売商業』ミネルヴァ書房，石原武政（1982）『マーケティング競争の構造』千倉書房，などを参照。
23) この点の詳細は渡辺(2012)前掲論文を参照されたい。
24) Ryan Luchs, Tansev Geylani, Anthony Dukes, and Kannan Srinivasan（2010）"The End of the Robinson-Patman Act? Evidence from Legal Case Data," *Management Science*, Vol.56, No.12, pp.2123-2133. による。
25) Daniel P. O'Brien and Greg Shaffer（1994）"The Welfare Effects of Forbidding Discriminatory Discounts: A Secondary Line Analysis of Robinson-Patman," *Journal of Law, Economics, and Organization*. V10N2.
26) O'Brien and Daniel P.（2002）"The Welfare Effects of Third Degree Price Discrimination in Intermediate Good Markets: The Case of Bargaining," *FTC Workingpaper*.
27) *Antitrust Modernization Commission: Report and Recommendations*. Antitrust Modernization Commission（2007）p. iii による。「報告と勧告」発表の翌2008年には関係者によるシンポジウムが開催されている（Antitrust Modernization Commission（2008）"Farewell to the Robinson-Patman Act? The Antitrust Modernization Commission's report and recommendation (Symposium: The Antitrust Modernization Commission), *Highbeam Business*, September 22.）。
28) 以上は渡辺(2012)前掲論文による。

＊章頭の肖像写真は，スキドモア・カレッジより許諾の上，掲載。
Courtesy of Skidmore College.

〔渡辺達朗〕

第5章

L・P・バックリン
―流通チャネルの経済学的分析―

第1節 はじめに

　ルイス・P・バックリン（Louis P. Bucklin, 1928-2012）は流通チャネル[1]研究における最も偉大な貢献者の1人である。バックリンは，管理的，個別企業の立場からではなく全体的な視点から経済システムとして流通チャネルを捉えて，その構造決定の要因を解明し，さらには生産性向上のための方策を検討しようとした。バーテルズ（R. Bartels）は「経済システムとしての経路理論に対する主要な貢献者」の1人として，ブレイヤー（R. F. Breyer），ダディ（E. A. Duddy），レヴザン（D. A. Revzan）らとともにバックリンの名を挙げている[2]。とりわけ彼の提唱した「延期―投機の原理」は，日本でもマーケティング論や流通論の入門書の中で必ずといってよいほど紹介される，流通チャネル分析の基本的な理論枠組みと言えよう[3]。

　バックリンの略歴は，以下の通りである[4]。略歴とあわせて，40年以上にわたる研究生活において残した数多くの業績の中で主要な著書・論文のみを記す。

1928年　9月20日　ニューヨーク州ニューヨークに生まれる。
　　　　同州ママロネックで育つ。
1950年　ダートマス大学を卒業。ハーバード大学ビジネススクールに進学。
　　　　朝鮮戦争中，一時海兵隊に入隊。その後ハーバードに戻る。
1954年　修士号（MBA）取得。

コロラド大学などで教鞭をとった後，
- 1960 年 ノースウェスタン大学にて博士号（Ph.D. in Marketing）取得。カリフォルニア大学バークレー校（現ハース・ビジネススクール）に着任。
- 1965 年 "Postponement, Speculation, and the Structure of Distribution Channels," *Journal of Marketing Research*, 2（1）を著わす。〔バックリンの最も著名な論文の1つ，延期―投機の原理を提唱〕
- 1966 年 『流通経路構造論』（*A Theory of Distribution Channel Structure*, University of California）刊行。
- 1967 年 『都市部における買い物行動のパターン』（*Shopping Patterns in an Urban Area*, University of California）刊行。
- 1970 年 『垂直的マーケティング・システム』〔編著〕（*Vertical Marketing Systems*, Scott, Foresman and Co.）刊行。
- 1972 年 『流通業における競争と発展』（*Competition and Evolution in the Distributive Trades*, Prentice-Hall）刊行。
- 1978 年 『マーケティングの生産性』（*Productivity in Marketing*, American Marketing Association）刊行。
- 1986 年 アメリカ・マーケティング協会より AMA コンヴァース学会賞を受賞。
- 1993 年 "Organizing Successful Co-Marketing Alliances," *Journal of Marketing*, 57（2）を著わす。〔セングプタ（S. Sengupta）との共著，アルファ・カッパ・プシー賞（Alpha Kappa Psi Award）を受賞〕

  この間，ストックホルム商科大学（スウェーデン），インシアード経営大学院（フランス），エラスムス・ロッテルダム大学（オランダ）の客員教授を歴任。
- 1993 年 ハース・ビジネススクールを退官。

  名誉教授として引き続き教育・研究活動に従事（2001 年まで）。
- 1996 年 *Journal of Retailing* のエディターに就く（2001 年まで）。
- 1998 年 その優れた教育活動に対して The Earl F. Cheit Award for Excellence in Teaching をハース・ビジネススクールより授与される。

2012年 6月16日 カリフォルニア州にて逝去。享年83歳。

　上記の通り，バックリンはほぼ一貫して学者としての人生を歩んだ。彼の息子であり今日では彼と同様にマーケティングの研究者となったR・E・バックリン（Randolph E. Bucklin）は，父であるバックリンが，新しい店舗やショッピング・モールがオープンしたと聞けば見に行かずにはいられなかったことを回想し，それがバックリンにとっては流通チャネルの中で実際の企業が何を行なっているのか，さらにはなぜ企業がそれを行なうのかについて観察する実習の一部であったのだろうと述べている。また，父親であるバックリンから学者としてのキャリアを歩むよう直接的に言われたことはなかったものの，このような父親の「買い物」にたびたび連れられた経験から多くを学び，企業活動に対する好奇心が芽生えたと振り返っている。

　博士課程の学生としてバックリンに師事した経歴を持つ竹内弘高は，バックリンからは2つの「R」を学んだと振り返る。1つはrobust，すなわち理論としての頑強性・厳密性である。この意味においてバックリンは根っからの研究者であり，竹内はバックリンからメソドロジーを徹底的に叩き込まれたという。もう1つのRはrelevant，すなわち実世界との関連性もしくは研究の社会的な意義である。あたかも現実を想定していないかのような空虚な研究に対してバックリンは批判的であり，自らの仕事を通じて，研究が「社会にとって何の役に立つか」を常に意識する姿勢を後進に示していた[5]。

　バックリンの研究の射程は，流通チャネルの構造分析，それから発展したマーケティングの生産性[6]や流通政策[7]に関わる研究，小売業の技術革新[8]に関するもの，自身のキャリア初期において携わった消費者行動研究[9]，さらには企業間の戦略提携に関するもの[10]など多岐にわたる。また，その方法論に関しても，ミクロ経済学をベースとしたもののみならず，純粋に概念的な研究，理論や概念をサポートするための実証研究といったように，多様な方法論を幅広く用いた研究者であった[11]。しかしながら本章では紙幅の都合により，バックリンの研究において最も重要な地位を占める流通チャネル研究に焦点を当てて，ミクロ経済学をベースとした代表的著作である『流通経路構造論』[12]の内容を吟味した上で，その理論上の貢献について検討することとする。

第2節 『流通経路構造論』(1966年)

1. 問題の所在

　バックリンによれば，流通チャネルの研究は「マーケティング過程の理解の基礎となるものである」[13]。バックリンの主要な問題関心は，「市場の垂直的組織と，それら市場の効率」[14]，すなわち流通チャネルの垂直的な構造とその効率性にあった。バックリンは，バーテルズと交わした書簡の中で，チャネル研究の文献の中で最高のものとしてグレサー (E. T. Grether)，オルダースン (W. Aldreson)，コックス (R. Cox)，クレヴェット (R. M. Clewett)，レヴザン，ダンカン (D. Duncan) らの名を挙げた上で，次のように述べている。「流通チャネルの文献は，ほとんどが制度的，記述的」であり，「チャネル構造の決定要因に関して刺激的な考えに富むものであるとしても，単純明快な原理的構成に欠け」，「規範的あるいは予測的枠組みをもつものではなかった」[15]。このことが逆にバックリンにとっては「実りある土壌にみえたのである」[16]。

　バックリンは博士論文[17]の執筆時からこの理論的課題に取り組んだが，制度的，記述的であるという先行研究の限界を克服するには至らず，「チャネルのモデル・ビルディングという本来の目的を大きくは前進させなかった」[18]。研究を進展させる手がかりとなったものは，1960年代前半からバックリンが取り組んだ消費者の購買行動，とくに消費財の分類や購買施設選択に関する研究であった。当時は，アメリカでは郊外型のショッピング・センターの開発が進展するとともに，後に隆盛を極めるディスカウント・ストアが普及し始めた時期と重なり，流通チャネルがますます多様化する中で，様々な場所に立地する多様な小売業態から消費者が購買施設をいかにして選択するかに対する関心が高まっていたと想像される。この研究からバックリンは，消費者のニーズや購買行動がチャネル構造決定の重要な要因であるという洞察を得る。すなわち，チャネルによって供給されるサービスの水準と消費者が支払うべき価格との間にはトレード・オフの関係があり，消費者はこのトレード・オフの中で購買施設を選択するということである。

　バックリンは以下のように述べている。「チャネル理論における私の仕事の

鍵は，チャネル構造がこのトレード・オフと体系的に結び付きうるという認識を徐々に得たことである。高水準のサービスは，より長い，より洗練された一連のチャネル機構を必要とする。発展した経済においては，（中略）長い流通システムが，それらのサービス提供に効率的である」[19]。逆に言えば，高水準のサービスを提供しえない短いチャネルによって大きな時間的・空間的懸隔を架橋しようとすることは，非効率的なのである。

この着想をきっかけとして，バックリンは「競争条件の下では，チャネル構造は消費者に対するトータル・サービス・コストを最小限にするものに引き寄せられる」[20]という定理に思い至る。ここでいうトータル・コストとは，消費者も含めたチャネルのすべての構成メンバーによって負担されるコストを指している。チャネル構造を経済的諸力の均衡から理解しようとするこの試みは，バックリン自身が『流通経路構造論』の中で「消費者行動と企業のミクロ経済理論が本書の枠組みの展開の指針を提供する」，「本書の枠組みは静学的均衡論のおなじみの諸概念を受け入れる構成である」[21]と述べている通り，まさにミクロ経済学あるいは新古典派経済学における一般均衡の考え方を基礎とするものであった。バックリンの流通チャネル理論がバーテルズによって「経済システムとしての経路理論」として，あるいはシェス（J. N. Sheth）ら[22]によって「相互作用的・経済学的マーケティング学派」として分類される所以である。

2．本書の構成

『流通経路構造論』の構成は，以下の通りである。

第Ⅰ章「チャネル概念」と第Ⅱ章「チャネル構造とチャネル産出」は，分析の基礎となる諸概念を定義し，流通チャネルの構造が均衡状態としての規範チャネルに向かう過程を仮説的に提示している。第Ⅲ章「延期―投機と配達時間」，第Ⅳ章「品揃え活動とロット・サイズ」，第Ⅴ章「探索と市場分散化」の3つの章は，3つのチャネル産出のうち1つのみに着目して残り2つを所与としたうえで，消費者の需要する産出水準がチャネルによっていかに効率的に供給されるかについて個別的に検討する章である。第Ⅵ章「結合産出分析とチャネル構造」では，これら3つのチャネル産出をすべて変数として捉えて，産出水準とチャネル構造との関係について統合的に分析し，チャネル産出とチャネル構造についての一般モデルを構築している。第Ⅶ章「流通チャネル構造の理

論」では，それまでの要約を述べるとともに，本書で展開された理論の実証可能性についていくつかの研究を挙げながら展望して本書のまとめとしている。

3. チャネル概念の定義

まず，バックリンはバトラー（R. S. Butler），クラーク（F. E. Clark），ダビッドソン（W. R. Davidson），オルダースン，レヴザンらによるチャネル概念の定義を概観した上で，それらの多くが流通チャネルを「ある製品の所有権を生産から消費へ移動させる諸制度体の集団」[23] と捉え，もっぱら所有権の移転に焦点を当てていることを指摘している。また数少ない例外として，所有権の移転以外にも例えば財の物的所有，支払いなどのフローを認め，チャネルはこれらのフローのいずれかに参加するすべての機関から構成されるとする見解[24] の存在にも触れている。

バックリンは，流通チャネルの現実を捉えるために，所有権の移転以外を捨象する従来の見解は限定的に過ぎるとして批判する。一方で，あらゆるフローを定義に含めることはかえって研究の混乱を招くものであり，所有権フローの制度的特徴を解明する上で有用なフローのみをチャネルに含めて検討すべきであると主張する。バックリンは，「所有権の交換をもたらすための手段はしばしば実物フローに依存する」ため製品それ自体のフロー，すなわち物流はチャネル概念に含めて研究する必要があるが，「所有権と製品それ自体のフロー以外に他のフローを研究する限界価値は負である」として，最終的に流通チャネルを次のように定義している。「流通経路はある製品およびその所有権を生産から消費まで移動させるために利用されるすべての活動（機能）を遂行する制度体の集合からなる」[25]。

この定義によれば，消費者自身も製品およびその所有権の移転のための多くの活動を遂行することから，流通チャネルを構成する制度体の1つということになる。バックリンは，流通チャネルのうち消費者を除いた部分を営利チャネルと呼んで，流通チャネル全体と区別している。

次にバックリンは，長期に均衡的なチャネルを想定し，これを規範チャネルと称している。「この経路（規範チャネル，引用者注）は，長期において，競争と低参入障壁という条件のもとで，所与の空間的情況で，ある製品の経路を構成する諸制度体の集合」であり，「他のいかなる型の集合もヨリ大きい利潤や

あるいは製品費用1ドルあたりのヨリ大きい消費者満足を生み出しえないほどその課業と環境に十分に調整された一群の制度体から構成されている」[26]。現存チャネル，すなわち現に存在するチャネルは，不公正な競争活動や政府による規制，あるいは時間的な制約から，一般的には規範チャネルとは同一たり得ないが，常に，最適で均衡した状態としての規範チャネルに近づこうとする。また，消費者の購買動機やサービス水準に対する需要は一律でなく，また企業の供給活動も多様であるため，ある製品のフローについて唯一の規範チャネルが最適であるということではなく，むしろ最適な状態は多くの多様な規範チャネルから構成されることになる。

4．チャネル産出

　バックリンのチャネル・モデルにとって，最も重要な鍵概念の1つがチャネル産出（channel output）である。かつてオルダースンは取引チャネルによって時間効用，場所効用，所有効用が創造されるという考え方を提示した[27]が，バックリンはこれらの効用概念を，チャネルが生み出すサービスによって実現されるものと捉え直し，測定可能な変数へと置き換えた。具体的には，チャネルによって生み出されるサービスは以下の3つから成るとして，これらをチャネル産出と呼んでいる[28]。
1. ロット・サイズ：ある所与の配達において消費者が受け取る単位数量。より小さなロット・サイズは，チャネルによって提供されるサービスの水準がより高いことを意味する。
2. 配達時間：消費者が発注した後，受け取りまでに待たなければならない期間。これには，その注文を配達するのに要する時間だけでなく，発注処理に要する時間も含まれる。より短い配達時間は，チャネルによって提供されるサービスの水準がより高いことを意味する。
3. 市場分散化：ある地域内における取引地点の数と分散。もし多くの分散した取引地点があるならば，消費者と取引地点との距離は相対的に小さくなり，その製品の購買に要する時間や努力が節約されるため，その分だけサービスの水準が高いことを意味する[29]。

　バックリンによれば，製品単位当たりについて流通チャネルが負うコストは，

これらチャネル産出の水準と消費者によって購買される製品単位数を変数とする関数によってあらわすことができる。まず，流通チャネルのうち営利チャネルの費用関数は次のように示される。

$$T_c = f(L, T, M, N) \cdots\cdots\cdots ①$$

ここで　T_c：営利チャネルの平均費用
　　　　L：消費者へのロット・サイズ
　　　　T：消費者への配達時間
　　　　M：市場分散化の程度
　　　　N：消費者によって購買される平均単位数量

　消費者によって購買される平均単位数量を所与とすれば，より高い水準のチャネル産出の供給は，より多くの課業を営利チャネル内の制度体に強いることになり，その分だけ営利チャネルの平均費用の増加をもたらす。
　同様に，消費者の費用関数 T_b もまた，次のように定義できる。

$$T_b = h(L, T, M, N) \cdots\cdots\cdots ②$$

チャネル産出の水準が高くなれば，商品の購入・消費に関する利便性が高まって消費者自身の課業が少なくなることから，結果として消費者の負担する機会費用は減少する。
　先に述べた通り流通チャネルは営利チャネルと消費者から構成されるため，流通チャネルの総費用は上記方程式①と②を合計することで算出される。一般的には，消費者に提供されるいくつかのチャネル産出の水準が高くなれば，はじめのうちはそれによって営利チャネルの費用が幾分増加する以上に消費者の負担する費用が大幅に減少し，結果としてチャネル全体の費用は減少する。しかしながら，徐々に営利チャネルの費用の増加と消費者の費用の減少の差が小さくなり，チャネル産出増加の限界価値が小さくなる。ある点からは，営利チャネルの費用増加が消費者の費用減少を上回るようになり，結果的に流通チャネル全体の費用の増加をもたらすようになる。この，営利チャネルの費用増加と消費者費用の減少が等しくなる点こそが，製品単位当たりのチャネルの総費用が最小になる長期均衡点であり，現存チャネルはこの規範チャネルの状態に向けて吸引される。

5. マーケティング機能とチャネル構造

　チャネル産出は，営利チャネルを構成する制度体それぞれがいくつかの課業を遂行することを通じて消費者に提供される。この課業をいくつかのタイプに分類するために，バックリンは古典的なマーケティング理論においてしばしば論じられてきたマーケティング機能概念を援用して，伝達機能，所有権機能，在庫機能，輸送機能，生産機能[30]の5つに整理する。

　バックリンは，ある所与のチャネル産出を生み出すための機能行為はただ1つに限定されるのではなく，「一つの機能行為の作業負担は他の機能行為へ転嫁されてもよいし，あるいはある型の機能行為（あるいは諸行為の部分集合）は（中略）他の型の機能行為によって代替されてもよい」[31]と考え，これを「機能の代替可能性」(functional substitutability) と呼んだ[32]。さらに，機能には代替可能性があるために，チャネルの諸制度体は共同で自分たちの課業分担を費用節減のために調整し，結果として，ある望ましい水準のチャネル産出に要する総費用を最小化する方向へ向かうとした。つまり，機能の代替可能性は，チャネル産出とチャネル構造とを結びつけ，現存チャネルが規範チャネルに吸引されるメカニズムを支えるという意味において，チャネル産出とならんでバックリン理論の根幹をなす重要な鍵概念である。

　ここまでの流れをまとめると図表5-1のようになる。まず，チャネル構造の研究は，チャネル産出に対する消費者の需要を分析することから始まる。消費者の購買は，自身も含めたチャネル全体が産出するサービスの水準と，その水準のサービスを産出するための均衡的な総費用から導出される価格とが提示される市場において行われる。個々のチャネル産出の間には相互作用があり，ある産出の水準を変える費用は他の産出の水準に依存する。次に，費用は機能構造によって規定される。消費者のチャネル産出に対する需要が変化すると，それに対応すべくいくつかの機能行為の作業負担を拡大もしくは削減しようとする圧力が働くとともに，機能の代替可能性に基づいて機能構造の調整がなされる。最後に，機能構造に対応して最適なチャネル構造が定まる。ある機能構造にとって最適なチャネル構造が他の機能構造にとっても同様に最適であることはなく，チャネルの中である制度体が退出して新しいものに交代したり，あるいは制度体の間で行為を交換したりしながら，チャネル構造は機能構造の調整に伴い絶えず変化する。このような垂直的分業もしくは統合の過程を通じて，

図表 5-1　チャネル過程の流れ図[33]

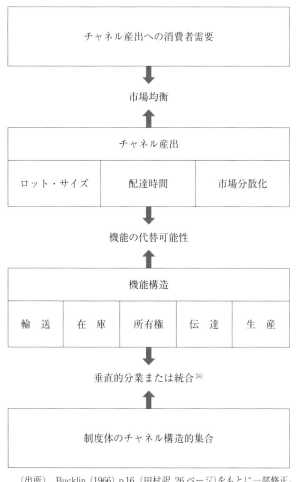

（出所）　Bucklin（1966）p.16（田村訳, 26 ページ）をもとに一部修正。

チャネル構造は規範チャネル，すなわち垂直的な均衡状態に到達する。

6. 延期—投機の原理

　本節の最後に，バックリンのチャネル理論の中で最も多く引用される延期—投機の原理をとりあげ，その内容を確認する。

かつてオルダースンは著書の中で「マーケティング・システムの能率を促進するにあたって適用しうる1つの一般的な方法は差別化の延期である」と述べ，マーケティング・フローにおいて形態および所有権者の変化，在庫位置の変化をできるかぎり遅らせることの意義を主張した[35]。これに対してバックリンは，第Ⅲ章「延期—投機と配達時間」の中で，実際問題として多くのチャネルにおいてはこれらの変化が延期されずに早い時点で現れることを指摘し，「延期への制約を規定する諸力にかんしての手引きがなければ，この概念は不完全な原理にすぎ」[36]ず，オルダースンの延期の原理は一面的であるとして批判した。バックリンはオルダースンの言葉遣いにならい，「形態の変化と先物在庫への財の移動」が「マーケティング・フローの可能なかぎり早期の時点でなされる」[37]ことを投機と呼び，延期と投機を一対の概念として捉えた。

仮に，他の条件をすべて所与としたとき，配達時間とチャネルの費用との関係は以下のように分析できる。まず，営利チャネルの費用曲線は図表5-2のように示される。曲線 ACI は，工場から消費者へ財を直接配達する場合，すなわち投機的な中間在庫がない場合の費用曲線を，曲線 DCB は間接配達，すなわちチャネル内においてあらかじめ中間在庫を形成する場合の費用曲線を，それぞれ表している。直接配達であれ間接配達であれ，より短い配達時間（＝より高い水準のチャネル産出）を実現するためにはより多くの費用負担を営利チャネルに強いるため，いずれのグラフも右下がりの曲線を描く。さらに，直接配達でなおかつより短い配達時間を実現するには，財は極めて速いスピードで出荷・配達されるか，もしくは受注に先立って見込み出荷がなされなければ

図表5-2 配達時間に関する営利チャネルの費用曲線

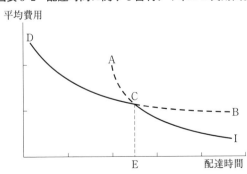

（出所） Bucklin（1966）p. 22.（田村訳，34ページ。）

ならず，その場合，営利チャネルの費用負担は間接配達の場合よりも大きくなる。逆に，配達時間への制限が低くなると，中間在庫によって発生する諸々のコストのために間接配達の方がむしろ非効率的になる。結果的に，E よりも短い配達時間を実現するには間接配達が採用され，E よりも長い配達時間で構わない場合は直接配達が採用されることになり，営利チャネルの費用曲線は DCI となる。

一方，消費者の平均費用曲線は図表 5-3 の曲線 C によって表される。配達

図表 5-3　配達時間に関する消費者の費用曲線

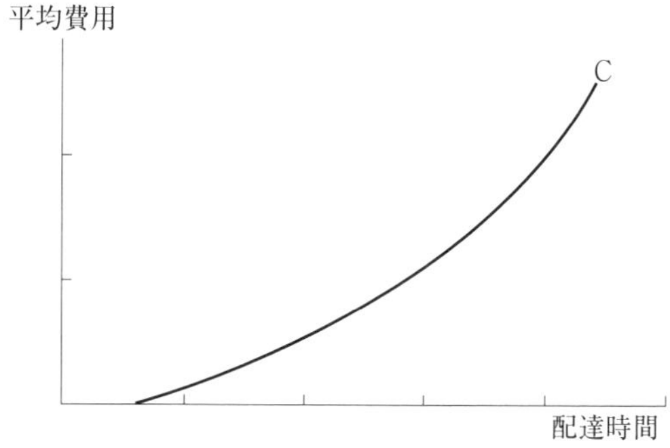

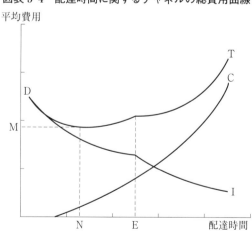

（出所）　Bucklin (1966) p. 23.（田村訳, 35 ページ。）

図表 5-4　配達時間に関するチャネルの総費用曲線

（出所）　Bucklin (1966) p. 25.（田村訳, 36 ページ。）

への待ち時間が長くなればなるほど，消費者自身がより大きな安全在庫を保有する必要が生じてより大きな費用負担が発生することから，曲線Cは右上がりとなる。

図表5-4における曲線Tは，営利チャネルの費用曲線であるDIと消費者の費用曲線であるCとの和，すなわちチャネルの総費用を表す曲線である。規範的機能構造は，この曲線の最小費用点によって確定される。この例においては，配達時間がNの時に平均費用がMとなって最小であり，なおかつNはEよりも短い配達時間の時点に存在することから，規範チャネルにおいて投機的な中間在庫が形成されることを示している。

第3節　バックリン・モデルの理論系譜上の位置づけ

本節では，バックリン前後のチャネル研究の動向を確認する。スティグラー（G. J. Stigler）[38]やバルダーストン（F. E. Balderston）[39]，バライ＆リヒャーツ（H. H. Baligh and L. E. Richartz）[40]は，探索過程における接触と情報伝達の費用の観点から最適な中間商人数を導出する理論モデルの開発を試みた。これらはいずれも，均衡状態を想定するミクロ経済学をベースとした考え方に立脚したものである。とりわけスティグラーとバルダーストンに関しては，バックリンも『流通経路構造論』の第Ⅴ章「探索と市場分散化」の中で紙幅を割いてその内容を詳細に紹介・検討している[41]ことから，これらは一連の理論系譜として位置づけられる。他方で第Ⅲ章「延期―投機と配達時間」と第Ⅳ章「品揃え活動とロット・サイズ」の中で引用されている文献は，オルダースン[42]やヴェイル（R. S. Vaile）ら[43]などに限られ，ミクロ経済学ベースの研究の引用は見当たらない。すなわちバックリンは，これまでのマーケティング研究において得られた成果としての諸概念をチャネル産出という観点から捉え直し，もしくはそれらの概念に修正を加え，経済学で分析可能な変数として昇華させた上で理論的に定式化したと評することができる[44]。

『流通経路構造論』の後，バックリンは1972年に『流通業における競争と発展』を，1978年には『マーケティングの生産性』を相次いで著した。前者は，流通業を小売業と卸売業に分けた上で，それぞれを歴史的な変容，技術や消費者需要の変化への制度的適応，競争とパフォーマンスの3つの観点から分析し，

支配的な経済状況が流通システムの規定因となることを論じたものである。後者は，製造と同様にマーケティングの生産性も測定しうるという仮定のもと，その測定を可能にするための投入と産出の指標を開発し，マーケティングの生産性を規定する環境要因や経営管理上の要因について検討しようとしたものである。『流通経路構造論』において得られた知見がこれら 2 つの著書の基礎となっていることは言うまでもなく，バックリンが 1970 年代以降も研究を発展させ洞察をさらに深めていることが分かる。

　ただし，バックリンによって確立された経済学的なチャネル構造分析は，その後のチャネル研究の主流となったとは必ずしも言えない。よく知られる通り，1970 年代のチャネル研究においては，スターン（L. W. Stern）[45]の問題提起を契機とした「パワー・コンフリクト論」が一時的な隆盛を極めた。パワー・コンフリクト論は，マーケティング・チャネルを，制度的に独立した複数の組織から構成される 1 つの社会システムとして捉え，行動的次元に着目してチャネルにおける二者間のパワー構造とコンフリクトの発生・制御のメカニズムの分析に焦点を当てた[46]。

　シェスらは，バックリンに代表される経済学的なアプローチ[47]に関して，1970 年代以降「見るべき成果はほとんどない」と評し，その要因を「チャネルの構造と成果について，われわれの理解に役立つような行動的変数をほとんど容認せず，効率性に関係した経済学の概念に大きく依存していた」ためであると述べている。主としてスターンに先導されて，「多くの学者は，勢力（パワーのこと，引用者注），協調およびコンフリクトというような行動概念が，より確かで，信頼しうるマーケティング・チャネル理論の発展を手助けできるのだと提唱した」[48]。また，スターンは 1988 年に発表した論考において，チャネルにおける相互作用を理解するためには，経済的変数と行動的変数をホリスティックに結び付けることが不可欠であるが，「これまでのチャネル分野の研究は，バックリンの 1966 年のモノグラフ『流通経路構造論』を例外として他のほとんど全てが記述の域に留まっている」として，当時のチャネル研究の停滞状況を批判している[49]。また，これらの 10 年ほど前のことではあるが，1977 年に刊行された『流通経路構造論』邦訳版に寄せた序文の中で，バックリン自身も「近年，経路活動への関心の多くは経済理論の視点から社会学と心理学の視点へ移行した。（中略）この新しい概念上の基底を経済学からえられる基底と結合して，流通経路構造論とその最適な特性を拡張するということは，

ほとんどなされていない」[50]と述べ，スターンとほぼ同様の現状認識を示している[51]。

第4節　現代的評価

　なぜ経済学をベースとした均衡論的なチャネル研究は支配的なアプローチとなり得なかった[52]のだろうか。シェスらは，検証可能性，経験的支持，適用可能性の3点についてバックリンらによる経済学的なアプローチに対し低いスコアを与えて厳しく批判している[53]が，これらの批判は少なくともバックリン個人に対しては妥当ではない。1970年代以降の研究成果を鑑みれば，バックリン自身は，測定可能な変数の開発とモデルの科学的検証に注力し，また生産者・消費者も含む流通システム全体のあり方を消費者の需要や技術などの社会環境の変化を踏まえて包括的に検討してきたことが分かる。バックリンは，竹内の回想の中にある通り，まさに robust と relevant を追求した研究者であった。

　一方，風呂勉は商業経済論の立場から，商業者による機能の遂行は，生産者によるそれとは本質的に異なる商業独自の過程として理論的に概念化すべきであるとして，「機能の代替可能性」（風呂による訳語では「機能代置」）概念を批判した[54]。商業の自立化や商業の排除の論理について立ち入って検討することは本章に与えられた課題ではないが，バックリン・モデルが流通過程を単なる機能の配分や組み合わせと捉えているという風呂の指摘[55]は傾聴に値する。本章の冒頭でも述べた通り，バックリンはあくまで全体としての流通チャネルに焦点を当てるものであり，そのチャネル内で個々の企業の活動がどのような過程を通じて調整されるべきかという個別的・管理的な視点に立つものではなく，図表5-1における「垂直的分業または統合」が実際になされる過程については関心が薄かったと言わざるを得ない。一方，1970年代に台頭したパワー・コンフリクト論が注目したのは，まさにこの点であった。豊富な実証研究の蓄積に裏付けられたパワー・コンフリクト論に対して，当時の経済学的アプローチの水準は，バックリンの用語を用いて表現するならば，現存チャネルがいかに規範チャネルへと吸引されるかについて十分な知見を提供できなかった。

ただしこのことは，経済学的なアプローチが行動的側面に注目するアプローチに劣っていることを意味しない。近年では，新制度派経済学をベースに持つ諸研究がチャネル研究に対して有用な分析枠組みを提供しうるとして注目されるようになってきた。例えばウィリアムソン（O. E. Williamson）[56]は，垂直的に分業すべきか統合すべきかを，関係特定的投資もしくは資産特殊性の観点から分析した。ウィリアムソンによれば，より高い資産特殊性が必要とされる場合，それをもたらす関係特定的な投資を取引相手である他者に促すよりも，垂直統合によって自ら行なう方が効率的になる。またラングロア＆ロバートソン（R. N. Langlois and P. L. Robertson）[57]は，企業をケイパビリティの集合体とみなして動学的取引費用の観点から垂直統合を論じた。すなわち，企業が必要とするケイパビリティを適時に外部から調達しようとする際に外部サプライヤーに対して説得，交渉，コーディネーション，教示を行なうための費用が，企業の境界の決定に影響を及ぼすと彼らは考えた。これら新制度派アプローチは，必ずしも流通チャネルそのものを分析対象に設定しているわけではないが，経済学的なアプローチに基づいて個々の企業間の活動をいかに調整し課業を配分できるかを論じようとしているという点において，チャネル研究におけるバックリン・モデルの弱点を補完してさらに発展させる可能性を秘めている[58]。

《付記》
　本章の執筆にあたり，ご子息のR・E・バックリン教授（カリフォルニア大学ロサンゼルス校アンダーソン・マネジメントスクール）からは，L・P・バックリン博士のお写真や貴重な文献，資料などをご提供いただいた。また高弟のお一人である竹内弘高教授（ハーバード大学ビジネススクール）は，ご多忙の中，電話でのインタビューに快く応じて下さった。さらに両教授からは，興味深いエピソードを多くご教示いただいた。本章において記されたものは，それらのほんの一部に過ぎない。ご厚意に対し，ここに深い感謝の意を記す。

〔注〕
1) 訳書の訳語に関わらず，本章では用語法を「経路」でなく「チャネル」に統一した。ただし，訳書からの直接引用部についてはこの限りでない。
2) R. Bartels (1988) *The History of Marketing Thought*, 3rd ed., p.202.（山中豊国訳（1993）『マーケティング学説の発展』ミネルヴァ書房，305ページ。）
3) 例えば石原武政・竹村正明・細井謙一編著（2018）『1からの流通論［第2版］』碩学舎，213~225ページ，原田英生・向山雅夫・渡辺達朗（2010）『ベーシック 流通と商業［新版］』有斐閣，146~147ページ，崔容熏・原頼利・東伸一（2014）『はじめての流通』有斐閣，163~167ページなど。
4) 略歴については，主に以下の文献・資料を参照した。

- R. E. Bucklin（2015）"An Introduction to the special issue," *Journal of Retailing*, 91 (4), pp.543-545.
- 田村正紀「訳者あとがき」（田村正紀訳（1977）『流通経路構造論』千倉書房，巻末に所収）。
- V. Gilbert, "In Memoriam: Louis "Pete" Bucklin–marketing professor emeritus," in *Haas News*, July 19, 2012.［カリフォルニア大学バークレー校 ハース・ビジネススクールのニュース・リリース］
  http://newsroom.haas.berkeley.edu/memoriam-louis-%E2%80%9Cpete%E2%80%9D-bucklin-%E2%80%93-marketing-professor-emeritus/
- D. A. Aaker, "IN MEMORIAM."［ハース・ビジネススクールのアーカー（D. A. Aaker）名誉教授による追悼文，カリフォルニア大学評議会（Academic Senate）のサイト「追悼文（IN MEMORIAM）」に掲載，掲載日不明］
  https://senate.universityofcalifornia.edu/_files/inmemoriam/html/louispbucklin.html
- "LOUIS BUCKLIN," in East Bay Times, July 1, 2012.［East Bay Times 紙の死亡記事］
  https://www.legacy.com/obituaries/eastbaytimes/obituary.aspx?n=louis-bucklin&pid=158297791
  （ウェブサイトの最終閲覧日はいずれも 2018 年 9 月 28 日。）

5) 本文中に記したものの他にも，バックリンの人柄を示すエピソードとして次のような話を竹内から伺うことができた。以下にそれを記す。

　バックリンは一時海兵隊に入隊していた経歴を持ち，"Once a Marine, Always a Marine."（一度なったら，常に海兵）の標語の通り海兵隊気質の厳格な人物であったが，同時に人情味あふれる一面をもあわせ持っていたという。バックリンの周囲の人々は皆バックリンのことをミドルネームから「ピート」と呼んでいたが，まだ学生の立場にあった竹内は，バックリンのことをそのように親しげに呼ぶことは自分にとっては許されないことと考え，決してそう呼ぶことはなかった。いよいよ竹内が博士論文を書き上げ，バックリンがその論文に指導教員としての署名をしたとき，バックリンは右手を竹内の肩に置いて愉快そうに笑いながら次のように言った。"Now, you can call me Pete!"（「さあ，私のことをピートと呼んで構わないぞ。」）このとき竹内は，バックリンから研究者として一人前であると認められた気がした。

6) L. P. Bucklin（1978）*Productivity in Marketing*, American Marketing Association.
7) H. Takeuchi and L. P. Bucklin（1977）"Productivity in Retailing: Retail Structure and Public Policy," *Journal of Retailing*, 53(1).
8) L. P. Bucklin（1980）"Technological Change and Store Operations: The Supermarket Case," *Journal of Retailing*, 56(1); L. P. Bucklin and S. Sengupta（1993）"The Co-Diffusion of Complementary Innovations: Supermarket Scanners and UPC Symbols," *Journal of Product Innovation Management*, 10(2).
9) L. P. Bucklin（1963）"Retail Strategy and the Classification of Consumer Goods," *Journal of Marketing*, 27(1).
10) L.P. Bucklin and S. Sengupta（1993）"Organizing Successful Co-Marketing Alliances," *Journal of Marketing*, 57(2).
11) R. E. Bucklin（2015）p.544.
12) L. P. Bucklin（1966）*A Theory of Distribution Channel Structure*, University of California.（田村正紀訳（1977）『流通経路構造論』千倉書房。）
13) Bucklin（1966）Preface p.xi.（田村訳，序文 XV ページ。）
14) Bartels（1988）p.281.（山中訳，428～429 ページ。）
15) Bartels（1988）pp.281-282.（山中訳，429 ページ。）
16) Bartels（1988）p.282.（山中訳，429 ページ。）

17) L. P. Bucklin (1960) "The Economic Structure of Channels of Distribution," Dissertation (Marketing), Northwestern University.
18) Bartels (1988) p.281.（山中訳, 429 ページ。）
19) Bartels (1988) p.282.（山中訳, 430 ページ。ただし引用訳は訳書と一部異なる。）
20) Bartels (1988) p.283.（山中訳, 431 ページ。ただし引用訳は訳書と一部異なる。）
21) Bucklin (1966) Preface p. xii.（田村訳, 序文 XVII ページ。）
22) J. N. Sheth, D. M. Gardner and D. E. Garrett (1988) *Marketing Theory: Evolution and Evaluation*, John Wiley & Sons.（流通科学研究会訳（1991）『マーケティング理論への挑戦』東洋経済新報社。）
23) Bucklin (1966) p.4.（田村訳, 6 ページ。）
24) R. F. Breyer (1934) *The Marketing Institution*, McGraw-Hill；R. S. Vaile, E. T. Grether, and R. Cox (1952) *Marketing in the American Economy*, Ronald Press, など。
25) 以上，引用部は Bucklin (1966) pp.4-5.（田村訳, 7~8 ページ。）
26) Bucklin (1966) p.5.（田村訳, 8~9 ページ。）
27) W. Alderson (1954) "Factors Governing the Development of Marketing Channels," in R. M Clewett (ed.) *Marketing Channels: For Manufactured Products*, Richard D. Irwin, pp.8-10；W. Alderson (1957) *Marketing Behavior and Executive Action*, Richard D. Irwin, pp.68-69.（石原武政・風呂勉・光澤滋朗・田村正紀訳（1984）『マーケティング行動と経営者行為』千倉書房, 75~76 ページ。）
28) のちにバックリンは，これら 3 つに加えて「品揃えの幅」（Assortment Breadth）をチャネル産出と捉えた分析を行なっている。L. P. Bucklin (1970) "A Normative Approach to the Economics of Channel Structure," in L. P. Bucklin (ed.) *Vertical Marketing System*, Scott, Foresman and Co. pp.158-176.
29) これら 3 つのチャネル産出とオルダースンの提示した効用概念とは，1 対 1 で対応しているわけではない。バックリンは，それぞれのチャネル産出が複数の効用創造に関係していることを指摘している。Bucklin (1966) pp. 7-9.（田村訳, 11~14 ページ。）
30) マーケティング機能の 1 つとして生産機能を挙げることは奇異に感じられるかもしれないが，バックリンは，「他の諸機能と同じように，生産費用は経路構造において重要な考慮すべき問題」として「経路構造の理論は生産機能を組み入れなければならない」と主張している。バックリンによれば，「この活動集合を別個に表示するか，あるいはここでなされたようにマーケティングの機能表にそれを含めるかどうかは個人的嗜好の問題である。いずれの場合でもその機能の利用は同じである」。Bucklin (1966) pp.13-14.（田村訳, 19~22 ページ。）
31) Bucklin (1966) p.14.（田村訳, 24 ページ。）
32) 風呂や石井はこれに「機能代置」という訳語をあて，後に紹介する通り論考の中で批判的検討を加えている。風呂勉（1968）『マーケティング・チャネル行動論』千倉書房, 石井淳蔵（1974）「垂直的市場構造論—L. P. Bucklin の研究を中心として」『六甲台論集』20(4)。
33) 図表 5-1 については著作権者である The Regents of University of California の許諾を得た上で転載した。図表 5-2, 図表 5-3, 図表 5-4 についても同様。
34) Bucklin (1966) に掲載された図では vertical integration とのみ（田村訳でも同様に「垂直的統合」とのみ）記されているが，より正確を期すために，ここでは Bucklin (1966) の本文の内容に即して書き改めた。
35) Alderson (1957) p.424.（石原ほか訳, 489 ページ。）
36) Bucklin (1966) p.19.（田村訳, 30 ページ。）
37) Bucklin (1966) p.19.（田村訳, 30 ページ。）

38) G. J. Stigler (1961) "The Economics of Information," *Journal of Political Economy*, 69.
39) F. E. Balderston (1958) "Communication Networks in Intermediate Markets," *Management Science*, 4(2).
40) H. H. Baligh and L. E. Richartz (1964) "An Analysis of Vertical Market Structures," *Management Science*, 10(4).
41) Bucklin (1966) pp.46-47, pp.63-65.（田村訳, 64～65, 84～87 ページ。）
42) Alderson (1957).
43) Vaile *et al.* (1952).
44) これに加えて石井は，バックリン・モデルの意義として，第Ⅵ章の分析に見られるように，「一般モデルと部分モデルが，アウトプット（チャネル産出のこと，筆者注）の概念でもって，理論的に統合されているという点」を指摘している。石井（1974）46 ページ。
45) L. W. Stern (ed.) (1969) *Distribution Channels: Behavioral Dimensions*, Houghton Mifflin.
46) もっとも，スターンの問題意識が当初から行動的側面のうちのパワーとコンフリクトのみにあったわけではないが，結果として 1970 年代の研究の関心はこれらに集中した。ガスキは理論レビューを通じてこのことを指摘した上で，このような研究群を「チャネルのパワー・コンフリクト論」（"channel power and conflict theory"）と呼んだ。J. F. Gaski (1984) "The Theory of Power and Conflict in Channels of Distribution," *Journal of Marketing*, 48.
47) なおシェスらは「相互作用的・経済学的マーケティング学派」の代表として，バックリンとならんでマレンによる機能移転（functional spin-off）の概念を挙げている。B. E. Mallen (1973) "Functional Spin-Off: A Key to Anticipating Change in Distribution Structure," *Journal of Marketing*, 37.
48) Sheth *et al.* (1988) pp.81-82.（流通科学研究会訳, 96 ページ。）
49) L. W. Stern (1988) "Reflections on Channels Research," *Journal of Retailing*, 64(1), p.2.（ただし傍点は引用者による。）
50) 田村訳（1977）日本語版への序文 II-III ページ。
51) なお，パワー・コンフリクト論の限界とそれ以降のチャネル理論の動向に関しては，これまで日本でも多くの解説がなされてきた。例えば渡辺達朗（1997）「チャネル研究パラダイムの展開―パワー・コンフリクト論から協働関係論へ―」『流通チャネル関係の動態分析』第 1 章, 31～51 ページ；崔相鐵・石井淳蔵（2009）「製販統合時代におけるチャネル研究の現状と課題」同編著『流通チャネルの再編』中央経済社, 第 11 章, 285～327 ページ；崔容熏（2010）「チャネル理論の系譜」マーケティング史研究会編『マーケティング研究の展開』同文舘出版, 第 5 章, 80～102 ページ；結城祥（2014）「マーケティング・チャネル研究の系譜」および「協調関係論の展開」『マーケティング・チャネル管理と組織成果』千倉書房, 第 1 章・第 2 章, 15～76 ページなどを参照のこと。
52) もっとも，「均衡論的なチャネル研究が支配的なアプローチとなり得なかった」という評価については異論もあろう。例えばクラフトらは，データベースによる分析を通じて，1990 年以降ミクロ経済学ベースの論文が本数，割合ともに増加していること，とりわけ最適なチャネル構造の選択問題を領域として研究の蓄積が顕著であることを指摘している。M. Krafft, *et al.* (2015) "The Evolution of Marketing Channel Research Domains and Methodologies: An Integrative Review and Future Directions," *Journal of Retailing*, 91(4). また日本においても，ミクロ経済学をベースとした流通チャネル研究のすぐれた成果が以下の通りいくつか挙げられる。例えば，丸山雅祥（1988）『流通の経済分析―情報と取引―』創文社；成生達彦（1994）『流通の経済理論―情報・系列・戦略―』名古屋

大学出版会。
53) Sheth *et al.*（1988）pp.83-85.（流通科学研究会訳, 98~100 ページ。）
54) 風呂（1968）123~126 ページ。
55) 風呂（1968）126 ページ。
56) O. E. Williamson（1985）*The Economic Institutions of Capitalism: Firms, Markets, Relational Contracting*, Free Press.
57) R. N. Langlois and P. L. Robertson（1995）*Firms, Markets and Economic Change: A Dynamic Theory of Business Institutions*, Routledge.（谷口和弘訳（2004）『企業制度の理論—ケイパビリティ・取引費用・組織境界』NTT 出版。）
58) 新制度派アプローチよるチャネル研究の可能性については，渡辺達朗・久保知一・原頼利編（2011）『流通チャネル論—新制度派アプローチによる新展開—』有斐閣，を参照のこと。

＊章頭の肖像写真は，遺族（子息，R・バックリン教授）より提供。
Courtesy of Randolph E. Bucklin.

〔大内秀二郎〕

第6章

T・N・ベックマン
―― ミスター卸売業 ――

第1節 はじめに

　セオドア・N・ベックマン（Theodore N. Beckman, 1895-1973）は1895年にロシアで生まれた。アメリカにわたり，1914年にオハイオ州立大学（Ohio State University；以後 OSU と記す）に入学し，第一次世界大戦の徴兵期間を経て20年に卒業している。OSU では19年にマーケティングコースが開講されており，そこに参加していた。大学院時代には信用論と資金回収論にも関心を持っていたようであるが，修士論文ではオハイオ州の卸売流通機構分析を行ない，卸売商の分類や営業費用分析を試みていたとされる[1]。

　24年に OSU 経営学部の講師に任命され，29年マーケティング論担当の助教授となり，20年代を通して次の4冊を著していた。

- *Credits and Collections in Theory and Practice*（1924）
- *Collections Correspondence and Agency Practice*（with F. E. Held）（1925）
- *Wholesaling*（1926）
- *Principles of Marketing*（with H. H. Maynard and W. C. Weidler）（1927）
　　（以下，『原理』とする）

また，20年代の後半にはアメリカ政府の統計（Census；センサス）局の外部専門委員に任命され，商業統計の作成にかかわっていた。

　ベックマンは37年に教授に昇進し，65年に退官するまでの半世紀以上を

OSUで教鞭を執っていた（65～73年は名誉教授）。大学教員の異動が頻繁に起きているなかで，OSUには半世紀以上所属していたことになる。教え子の中には，バーテルズ（R. Bartels），バゼル（R. D. Buzzell），レイザー（W. Lazer），ダビッドソン（W. R. Davidson）らがいる。1973年，訃報はニューヨーク・タイムズに掲載され，またAMAの会報でもミスター卸売業（Mr. Wholesaling）の逝去と報じられた[2]。

ベックマンはOSUでの校務に限らず，*Journal of Marketing* の創刊時から編集に参画しており，アメリカ・マーケティング学会の副会長なども兼務し，多方面にわたる足跡を残している。後述するが一時期は裁判所におもむき意見を発していた。研究面にしぼっていえば，信用や資金回収については継続的な研究対象となっていない。1926年に出版された『卸売業（Wholesaling）』は共著者を加えて3版まで続いたが，同著は未開拓領域の研究であった。パイオニアオ的な研究に踏み出した点は，ベックマンの最大の特徴としてあげることができる。

 T. N. Beckman (1926), *Wholesaling*, Ronald Press, pp.1-606.（以下，Beckman①とする）

 T. N. Beckman, and N. H. Engle (1951), *Wholesaling : Principles and Practice*, revised ed., Ronald Press, pp.1-746.（以下，Beckman②とする）

 T. N. Beckman, and N. H. Engle, and R. D. Buzzell (1959), *Wholesaling : Principles and Practice*, 3rd ed., Ronald Press, pp.1-705.（以下，Beckman③とする）

以下ではベックマンの卸売研究の内容を検討していくことにする。

ベックマンは，初版①のなかで小売商の文献は多数刊行されているが，卸売商（wholesaler）を主題にした包括的な文献はほとんど発刊されていないと明記している。そしてその理由には，当時中間商人排除問題が議論されていて卸売商は姿を消しつつあるという意見が広まっていたことがあった[3]。中間商人は卸売商をさす。もう1つの理由として卸売業は小売業とたいして違わないという考え方も定着しており，重要な問題と認識されていなかった点もあった（Beckman①, preface, p.v）。

①でベックマンはこれらの理由は誤解であるとし，①の前半の諸章はそれを一掃して，流通分野での卸売商の地位の安定性を明らかにすることを目的にすると叙している。そして卸売商の地位の安定性を論じることは以後のベックマ

ンの卸売研究の基本姿勢につながっていくものであった。

第2節　主著『卸売業』の内容

　あらかじめベックマンの卸売研究の課題を要約すると次の3つに整理することができるだろう。
　(1)　卸売商と何か。定義と分類を提示すること。
　(2)　卸売市場の性格を明らかにすること。
　(3)　アメリカ経済の中での卸売商の地位が安定しているか論じること[4]。

1. 卸売商の定義と分類

　上記の (2), (3) の課題の基礎となるものであるが，そもそも卸売業の広がり（卸売市場と呼んでおく）はどうなっているのかも不明であった。
　まず，卸売業という場合の広がりについて，ベッククマンは②で図表6-1のようにとらえている。卸売商，卸売業，卸売市場といった各種の卸売概念についてはベックマン①，②では明確な使われ方はしていないが，1929年のアメリカ商品流通全般を鳥瞰しその中で卸売商を位置づけようとしている。
　同年，アメリカの生産者出荷額のうちでは卸売市場に入る割合は77％であり，直接に小売市場に向かう割合は23％であった。卸売市場に入る77％のうちで小売市場に動く割合は55％である。この55％のうち卸売商が受け持つのは25％であり，生産者の卸売機関は7％を占める。両者の合計32％が小売市場に流れており，生産者からの直接の流入分23％（図表6-1で生産者から小売市場向けに発する3者の計）を加えた55％が消費者向けの割合となる。
　生産財の割合は45％になるが，この図から明らかなように生産財では卸売商が介入する場合より生産者の直接販売の方が割合は高い。消費財では卸売商の売上高のうち小売商に進む割合は6割弱をつかんでいた〔(25＋7)／55％〕。
　図表6-1では代理商が埋没している，あるいは海外取引が除外されているといった点はあるが，卸売市場全体を浮かび上げようとしている。小売商は消費者への販売を行なう商業者であり，他方卸売商は主として小売商への販売を行なう商業者であることが明瞭に説かれている[5]。生産者には工業製品の生産者

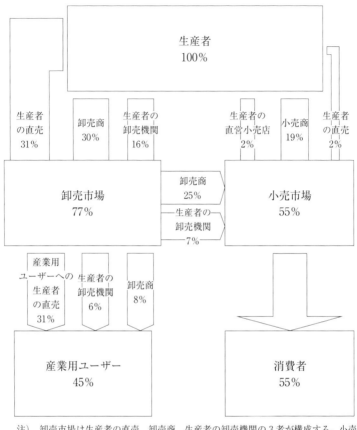

図表 6-1　アメリカにおける流通経路の全体図（1929 年）

注）卸売市場は生産者の直売，卸売商，生産者の卸売機関の3者が構成する。小売市場については消費者への販売を行なう各種の小売商がその構成要素となるが，卸売商，小売商，生産者の卸売機関，消費者への生産者の直売，生産者の直営小売店の5者が各小売商に商品を販売する。
出所）Beckman ②, p.115, を修正して筆者作成。

だけでなく農業生産者も含まれるから，生産者が行なう卸売活動も書き込まれている。卸売活動が卸売商に限定されるものでないことが含意されており，卸売概念の整理には役に立つものであった[6]。また仲間取引（double wholesaling）についても考慮が払われており（仲間取引については次項2で述べる），商品流通全般の枠組みを掲げ，さらに卸売研究のフレームワークが提示されたことになる[7]。このアプローチは後で取り上げるが，おそらくマーケティング研究者

には例が少ない方法であった。

次は卸売商とは何かを探るべく，卸売商の定義と分類に取り組んでいく。上でセンサス局卸売部門に入っていたことは触れてあるが，アメリカ政府の各種統計では商業分野の調査は遅れていた。特に卸売商については手つかずのままであった。卸売商の定義自体が不鮮明なままであったからである。当時ベックマンがセンサス局からあらわした論稿を基にどのような整理を行なったのかをながめておく[8]。

あらかじめ当時の卸売市場の状況をのぞいておこう。以下は20世紀以前の粗描だが，ベックマンの眼前の様子として利用できるだろう。アメリカはもともとイギリスの植民地であり，封建制度を持たないため，他国に比すと資金前貸しや原材料貸与などと結びついた卸売商支配体制は希薄であり，卸売商としてはアメリカ固有の動きをたどっていた[9]。

アメリカでの卸売商の登場は19世紀に入ってからのことであり，1870年代にはほとんどの消費財で卸売商が見られるようになっていた（Beckman ③, p.110）。当時使われていた名称をあげると一応代表的な存在としては仲買商（jobber）があり，海運商と万屋の間に介在し，売買を本務としていた。またイギリスとの間の海運商（輸入商，輸出商）がいた。代理商（agent）では手数料商人（commission merchant）に加え，仲立商（broker）や販売代理商（selling agent），原綿問屋（factor），競売卸売商（auction company）も活動していた。さらには，乳製品取り使いに特化したクリームステーション（cream station），青果，海産物の収集に携わるパッカー（packer）などもいた。あるいは，卸売商をさし示す用語に例えば，jobber, merchant, regular wholesaler, service wholesaler, full function wholesaler などの種々の用語が飛び交っており，理解を困難にさせた。

卸売市場のフレームワークは明示的となったものの，その内部は売買を行なう卸売商もいれば，所有権を取得しない卸売商もいた。遂行機能，取扱商品の観点は引き出しうるが，さらに製造業者の卸売市場への参入も起きており，例えば製缶業者が生産者から果物を受け入れる際に自己の卸売機関を設置する場合もあった。20世紀に入りアメリカは生産の大規模化が進み，寡占経済に向かっていくから，商品流通の世界も変わっていく。整理を加えることは急務であった。

各種多様な卸売商が存在していたが，ベックマンは以下の活動を行なう卸売

商が多いことに注目し，その卸売商を商人卸売商（merchant wholesaler）とした。商人卸売商は，以下の活動（卸売機能）のすべてを遂行する。自己の計算で商品を現金で仕入れて販売する。事務所と倉庫は構える。あるラインの商品を大量に集めそれを中小の量に小分けし，小売商を訪問する営業員を通じて販売し，販売では信用も供与する。配送も行なう。商品に腐敗性がある場合には，商人卸売商は格付けや標準化の機能も遂行する。最後に，商人卸売商は自己のビジネスに伴うリスクも引き受けなければならない。商人卸売商は別名，フル機能卸売商，サービス卸売商とも呼ばれ（*Fifteenth Census of The United States, op.cit.,* p.24），遂行機能をしぼった限定機能卸売商（通信販売卸売商，現金払い持ち帰り卸売商）も商人卸売商を構成する[10]。

商人卸売商に次いで代理商は，売り手，買い手の一方，または双方を代表して行動する。代理商は限定機能卸売商になるが，限定機能卸売商は商人卸売商に包摂されている。しかし代理商は所有権を取得しないから，商人卸売商と別の分類を設けて代理商としてくくられている。

こうした機能ベースの区分は原語は type of operation であり，業態の訳をあてられることが多い。業態を用いると，商人卸売商と遂行機能を限定した現金払い持ち帰り卸売商と商業組織化で知られるボランタリー・チェーン（VC）卸売商は同一業態になってしまう。以下ではタイプとしておく。

このような分類作業の結果，タイプ区分は次の 10 に整理された。商人卸売商，代理商，仲立商，石油卸売商，チェーンストア（以下 CS と書く）の倉庫，地区販売事務所，生産者の卸売支店，共同卸売機関，卸売販売事務所（general sales office），農産物収集業者であるが（*Fifteenth Census of The United States, op.cit.,* p.20），量的な重要性の観点からさらに 5 タイプに集約された。5 タイプは商人卸売商，生産者の販売支店・営業所（生産者の卸売機関としておく），代理商・仲立商，石油卸売商，および収集業者であった。

ここに業種区分を加える。アメリカでは 24 の業種があり，それはさらに 88 に区分され（*Ibid.,* p.7, pp.7-17），例えば，食品全般を扱う商人卸売商（general line groceries merchant wholesaler）が引き出される。以上のタイプ別，業種別区分がセンサスで導入された[11]。

機能論に依拠してベックマンは一定の整理を成し遂げたようであったが，状況は変わる。大規模小売商が顕著な発達を見せるようになっていた。

2. 卸売市場の性格

　ベックマンは，卸売市場が動態性（dynamic nature）に富むととらえていた。これについてベックマンは，③でキャサディーとジョーンズの研究を参考文献にあげていた（Beckman ③, p.677）[12]。本章との関連では以下のような摘録をのせることができるだろう。

　小売業においては異形態間競争が新しい流通様式を生み出すことはよく知られているが，卸売業ではどうか。

　異形態間競争の作用は，戦前のロサンゼルスで中心的に活動していた食品の商人卸売商のなかにのぞくことができる。この商人卸売商は肉製品，保存性青果物，油脂類などの各種の食品ラインを総合的に取り扱っており，2,400店の中小食品小売商を顧客にしていた。CSは食品小売市場の中で15％のシェアをにぎっていたが，仕入れは卸売商に依存していた。卸売商の間では価格競争は表面化していなかったが，この理由は食品卸売商同業組合による統制がはたらいていたことがある。組合は主要商品の価格を決めその一覧表を組合員の卸売商に回していた。卸売商の総利益率は12％にとどき経営は安定していた。

　この状態の中で変化は進行していた。加工食品の比重が高まるにつれて競争の軸点は価格競争に移っていった。CSは自己の卸売倉庫の所有を試み，中小の小売商はCSに対抗するために小売協同組合（retailer owned cooperative）を形成していた。小売協同組合は生産者からの直接仕入れを指向するようになる。商人卸売商は当該生産者製品をボイコットすることで対抗したが，裁判所はボイコットを違法行為と認定した。以後，生産者による直接販売が一段と広まった。卸売商のなかには遂行機能の限定化に向かったケース，あるいは取扱商品を絞るケースもあった。前者の例が新タイプとしての現金持ち帰り卸売商であり，後者が種々の専門卸売商であって限定ラインの卸売商となった。一方，食品全般を扱う商人卸売商にはVCを主宰する動きが生じた。

　1946年までに食品の卸売市場は大変革を経ていた。商人卸売商のシェアは85％から16％に激減した。小売協同組合のシェアは31％まで増加し，CS倉庫は29％，生産者所有の卸売機関は6％を示した。残余の18％は新タイプや限定ラインの卸売商がになった。これらの数値は生産者，小売商からの競争圧力が卸売商に加わったことを示しており，とくに小売商の卸売市場への介入は著しい。食品卸売商の競争が激しくなったことはその総利益率の推移からもう

かがうことができる。総利益率は6%へと半減していた。

　短いスケッチであるが，卸売市場の動態性が描かれている。CS成長が卸売商相互間での異形態間競争を厳しくさせ，その圧力はさらには卸売商相互間での競争の程度を高め，卸売市場を同質的から異質的なものへと変えた。生産者と小売商に挟まれているから競争圧力はより多面的で，多様でかつ複雑に卸売市場をおおうことが確認できる。卸売市場が一層の変革に進む必然性を内包することを意味している。販売量の大小，販売対象の多様さ，顧客に対する卸売価格の調整は卸売市場を特徴づけ，価格をめぐる競争とその亜種としてのサービスをめぐる競争を軸として競争が促進される（Beckman ③, pp.17-23）。

　小売商の介入に比べて，生産者の卸売介入は目につくほどの動きとはなっていないが，ますます進行する動きであって，経過として指摘できる動きは生産者の卸売機関の設立と生産者の工場からCSの店舗への直送であった。こうした動きは中間商人排除問題の一翼を担うことになる。

　ベックマンは排除ではなく飛び越し（circumvention）を用いている。飛び越しには様々な形態があるが，ベックマンはまず卸売商が介入することで発生する経済的な効果を語り，その上で生産者が小売商との直接の取引に乗り出すことを論じている。その理由としては，競争，直接購入の希望，卸売商に対する不満，商品の性質，経済状況をあげ，さらに選好される場合の条件を延べている。条件には一定の工場操業度，広い商品ラインを持っていること等が指摘されており（Beckman ③,pp.180-192），綿密な展開をとっている，逆に言えばそうした理由や条件が満たされない時，卸売商は足場を得るということになる。こういう幅も動態性を支える。

　動態性という場合，ロサンゼルスでは目にとまらないが，仲間取引も見過ごせない。卸売商相互間での取引とされ[13]，卸売売上高を膨張させ，小売売上高の比較では注意を払うべき特殊な取引とされている。ベックマンは仲間取引の大きさに注意を払い，卸売総売上高に占めるその割合を22%と見積もっている（Beckman ③, p.98）[14]。

　仲間取引は日本では価格変動やリスク変動への対処の必要から生じるとの見方が根強いが，アメリカでは仲間取引が行なわれる商品もおおむね食品や衣類に集中している。例えば生産者が生産した商品を各地に設けた自己の卸売機関に回し，それを広大な国土に散らばっている商人卸売商に販売するといったケースが少なくない[15]。生産者の成長につれて起きており，代理商が比重を高

める場合も同じ点から説明できる。

　ところで，動態性は異形態間競争の圧力による卸売機構の変動にとどまらない。ベックマンの著作で注目できるのは，割引（discount）に関する展開である。

　生産者は商業者に対して価格設定をどのようにしているか。伝統的に顧客の販売先の性質から分類し，この顧客分類を利用することで生産者は卸売商と小売商への販売価格に違いをつけ（購入量に関わりなく），異なる価格で販売してきた。そしてその際には，卸売商と小売商に対してそれぞれが位置する流通段階に応じて業者割引（trade discount）を提供し，卸売商には卸売割引を，小売商には小売割引を与えていた。両者の差が販売価格の違いになっていた。卸売商であれば単一の価格が取られ小売商に対しても単一の価格が設定された。単一価格政策であった（Beckman ③, p.54）。

　CSは成長するにつれて仕入部門の強化に乗り出し，自ら仕入れを行なうようになりそのための倉庫の所有化に進む。卸売機能の兼任が起き，したがってCSは自ら卸売割引を受けることができると主張するようになった。意味するところは独立の小売商をしのぐ割引の獲得である。当然のように独立の小売商からは不満が噴出し，CSは消費者に販売するのであるから小売商であって卸売商ではないとの主張が繰り広げられる。ここにおいてCSは卸売商か小売商かの問題が浮上する。卸売商とは何か，小売商の不満に加えて，卸売商からは卸売商はCSが果たし得ない卸売機能を担当するのだからしかるべき卸売割引が与えられるべきであるとする主張も現れた。機能割引の要求であり，卸売割引（wholesale differentials）は卸売商だけに認められるべきであるということになる[16]。

　生産者の姿勢はどうか。生産者からすれば，新興のCSの販売力は自己の販路としては不可欠であり，他方，独立の小売商，卸売商が構成する伝統的チャネルも総体的には看過できるものではなく両者をチャネルに組み込んでおく必要があった。いずれも重要な販売窓口であり，一方を重視することはできるものではなかった。CS成長は生産者に対しては単一価格政策の破棄を要求することを意味するから，生産者はCSへの対応に苦慮させられることになる。この状態で導き出されたものが数量割引であった。また仲介手数料（brokerage fee）であり，広告アローワンスであった[17]。

　このようにCS成長に伴なって三者三様の動きが出現してくるのであるが，

その核心にCSが，またCS倉庫が位置していて，その評価にかかわって三者の利害が旋回していた。この利害対立は当事者間の話合いで解決の糸口が見つけられるようなものではなく，法的な判断が必要とされることになる。直接的にはロビンソン・パットマン法（以下，RP法）の発動が求められ，さらに拡大してCS税法にもかかわってくる。

RP法はCSの仕入れ力の抑制を意図して制定された法律であった。希有なほど各種の解釈が成立したが，同法によってCSは小売商と見なされるようになった。といって卸売商が要求した機能割引に関しては条文は削除され，三者の利害調整に有効に働いたとはいえなかった。CS税法はCSに対し特別の課税をしようとする州法であったが，財政難の州当局が関心を持ち，CSに扱われると極めて高い税額を課せられることになった。ここでもCSが卸売商か小売商かが争点とされる。小売商ではないと立証することができれば，適用を免れることができる（Beckman ③, p.53）[18]。ベックマンが卸売研究者として法廷で発言を求められたのは，こうした背景のもとであったと思われる[19]。

その際には卸売機能に依拠した意見を開陳したことであったろうが，卸売機能が特定できるかである。特定化できないと卸売商は確定し得ない。マーケティング論ではマーケティング機能，流通機能があり，それらと卸売機能との関連を整理するのは容易でないが[20]，卸売機能と銘打ったケースでも1930年代までは卸売商の基本機能は保管機能にあったとされている[21]。しかし，例えば20年代の当用仕入れの台頭は保管機能の程度に影響したことであろう[22]。あるいは戦後主要な商人卸売商となっていくVC卸売商の場合，最重要視される卸売機能は加盟小売商の販売力強化であり，小売業態開発，資金援助，PB品開発などであった。卸売機能の析出は容易でなく，仮にできたとして，時代とともに変わるのは避けられない。

こうした問題が起きた理由をどう整理するべきか。ベックマンが卸売分析に取り組んだ時は，卸売商―小売商からなる伝統的経路が主流であった。伝統的な流通構造，いいかえれば卸売商は卸売商として，小売商は小売商としてのそれぞれの層が位置しており，横断的に層化された流通構造が眼前に横たわっていた。ところが，そうした横断的な流通構造がCSの台頭によって崩壊していく。卸売商と小売商が錯綜することになる。流通構造は再編成されていく。もっぱら中小小売商が構成していた単一編成から地歩を固めた大規模小売商と中小小売商が併存する複合編成への過渡期，さらには複合編成の定着の時期を

迎えていた。横断的流通構造の時には商業者はそれぞれの層のもとで定められた流通機能を遂行し，卸売商にあっては卸売機能を遂行していたのであるから，卸売機能の把握は複合編成時に比べて取り組みやすかった。

ベックマンはCS倉庫を卸売商であると強調しており，実際上も理論上もそれを小売商と見なす根拠はないと言い切っている。商人卸売商と同様の機能を果たし，外観上も似ているという（Beckman ③, p.104, pp.200-201）。VC卸売商，小売協同組合に対してベックマンの位置づけは商人卸売商であったが，RP法で小売商とみなされたVCや小売協同組合があり，また，CS税を課税されたVCもあったらしい[23]。当事者の企業は自社を卸売商であると主張したことだろう[24]。

3．卸売商の地位の安定性の検討

卸売商の重要性をいう場合，卸売売上高や商店数の大きさ，従事する人員数，国民所得に占める卸売業の比重などを持ち出すことで主張の根拠にする場合が多い。しかし，これらを指標とすることはいわば外形を指摘することであって，その中については何も語っていない。経済過程の中で卸売業は何をなしているのか，その貢献を測定できるか。

機能の錯綜時代では機能論に依拠して卸売商の有効性を示すことは無理があった。卸売商の経済的貢献はどうなっているのかを論じることがベックマンの狙いであるから，機能論以外の根拠を探すことになる。卸売商が果たす経済貢献を測定する上で，ベックマンの関心は生産性（productivity）に向けられていく（Beckman ③, pp.236-237, pp.240-248, p.633）[25]

生産性は一般には成果／投入としてとらえられ，ベックマンも生産性は一定の時間内での，資源の投入に対する卸売機能や卸売サービスの成果の比率であるとしている。ところで，生産性を論じる際に，しばしば用いられる視角として，有効性（effectiveness）と効率性（efficiency）がある。例えば，日本の研究を手がかりにして考えてみよう[26]。

有効性は一定の犠牲の下での成果の程度を示し，効率性は有効性の成果がどれくらいの犠牲の上に達成されているかをあらわす。犠牲が低いほど効率的となり，能率的とも言う。有効性は効率性によって裏付けられている考えであり，そうであるのならベックマンの生産性は成果に有効性を，投入に効率性を置く

ことができるから,有効性と効率性の両方を内に含んだ概念であるということになる。

　実際の測定はどうなっているのか。これについては9版まで改訂を重ねた『原理』(*Principles of Marketing*,9版は*Marketing*と改称)が参照できる。卸売業の総従事者数を一人あたりの週労働時間を掛け合わせて,週あたりの人時(man-hour),年あたりの人時を算出し,その数値で総卸売売上高を除することで,人時あたりの売上高を産出している。これが人時あたりの生産性になり,働き手が1時間あたりで成し遂げた成果としている。費用要因は除外されているが,投入として費用は考慮に入れることが必要である。しかし,測定上の問題として費用の扱いは困難であり,遂行される機能が違っているかもしれず,サービスの程度,取扱商品のタイプ,顧客のタイプの違いなども費用の違いに関係する[27]。

　おそらく卸売商の生産性が高いと評価することができれば卸売商の地位の安定性を示すことにつながるという論法であろうが,生産性の評価が順調に進まないことは容易に想像できる。また,この視点をおしていくと生産性の引き上げは費用抑圧,売上げ引き上げで達成されるとなりかねないだろう。

　ベックマンは1950年代に入ってから,卸売業の分析にサービスや機能を用いる方法は実用的ではないとして,かわって付加価値が用いられるべきであると提唱する[28]。付加価値は製造業で使われてきた手法であるが,卸売商の付加価値は以下のように示される[29]。

　　付加価値＝総利益－(コンテナ,その他の部品代,燃料,電気,水,請負作業などの費用)

　(　)内の費用は総利益を達成するのに必要とされた費用を指すから,純粋な卸売活動から生まれる部分であるということになる[30]。

　1963年の卸売商全体では総利益は18.0％であった。(　　)内が0.8％あり,包装資材,購買された電力や水といったエネルギー費用などが占めた。付加価値は17.2％になった。あるいは,乾物や衣料の卸売商の場合には,総利益は18.4％であるが,(　　)の費用は2.2％をかぞえ,付加価値は16.2％であった。

　ベックマン③にも類似の説明が載せてある。付加価値分析は企業にも産業にも経済全体にも用いることが可能であるとされており,製品に付加される付加

価値の大きさを注目し，家電品を例にして説明している。生産者は冷蔵庫を200ドルでつくり卸売商に販売し，卸売商が240ドルで小売商に販売した場合，卸売商の総利益は40ドルである。卸売商が他社から購入した価値が4～5ドルほどを占めるから，総利益の中の9割が付加価値になる。この9割は卸売商が行なう保管や販売，信用拡大などの機能の遂行によって，卸売商が付加する付加価値である（Beckman ③, p.242）。

付加価値は生産業や小売業などの他産業でも測定される。他部門との比較ができれば経済過程の中で卸売商を位置づけることが可能になり，さらに他年次との比較，文化や経済的基盤の違いなどを通じて，卸売商の経済および経済成長に対する貢献も評価できるだろうとの観点である。付加価値は成果基準になるが，同時に資源投入とも密接につながっているから，生産性にも関連しているように思える。一応代替となるかのようである。

もっとも付加価値分析には問題もある。例えば，生産と消費との間の懸隔が少ない場合である。生産と消費が統一されているような場合，懸隔を架橋する効用創出の労は少なくなり，費用も低くて済む。総利益が一定なら付加価値は大きくなる。逆に懸隔が大の時，効用創出の必要は強くなり，したがって費用も増え，この場合，付加価値は小となる。生産性も低くなるが，こういう展開は妥当か。にわかには賛同しがたい。懸隔が大の時は，流通の，したがって卸売商の機能が求められる時であろうが，その時に付加価値が小となる[31]。生産性も低いということになる。

第3節　ベックマンの卸売論の特徴

本文で取り上げてきた3つの領域について，位置づけを見ておく。

（1）　センサスでの卸売商の定義と分類について。通常は卸売段階の商業者を卸売商ととらえ，したがって第1次段階の商業者を指定するが，卸売商にあっては仲間取引があり，第2次段階で小売商に販売する商業者も卸売商となる。段階別基準だけでは律しきれない。さらに，タイプ別では例えば石油卸売商は石油精製企業が設置する卸売機関の場合があるが，商人卸売商が取扱商品を石油に絞っている場合もある。石油卸売商は大規模な貯蔵施設への投資が必要となる特徴を有するから，このユニークさから取扱商品に着目して分類され

ていた。収集業者も商人卸売商，生産者の卸売機関，代理商から構成されていたが，位置する流通段階から独立のタイプとされた。このようにベックマンの分類は複数の基準があり，また折衷的でもあった。それゆえ定義の説明にも不鮮明さが残り，各基準から導き出された卸売商がベックマンの分類で組み込まれていた。しかし，今見たように段階別，タイプ別を組み込む作業は容易でない。ベックマンによる分類は，各所からパイオニアであり，オリジナル研究であるとの評価を博している[32]。外郭が不明であったアメリカでの卸売売上高や商店数がはじめて表示されたのはベックマンの貢献であった。

そして卸売商の5タイプ分類は以後のセンサスにおいても継承されていく。タイプの内の構成要素の組み替えは微調整的に行なわれているが，アメリカだけでなく他国の研究者もセンサスを一次データとして活用している。アメリカで衣類を扱う商人卸売商の売上高，商店数，従業者数，給与，営業費用を知りたい時には，センサスの数値を調べる。州のデータを集め，それを集計してアメリカ全体のデータを押さえていく手法は，業種を広げてアメリカ全体の卸売商の姿をあきらかにすることにつながっている。ベックマンが手がけた手法であり，その後も一貫して使われていた[33]。

これにかかわって，卸売業が「広」（全卸売取引），「中」（センサスでは卸売の売上高50％以上），「狭」（小売商にのみ販売する卸売商）に区分されたことは注視に値する。例えば農業生産者が行なう卸売活動は「広」でカヴァーされ，5タイプの卸売商による部分は「中」に，商人卸売商は「狭」に位置づけられる。この「広」，「中」，「狭」の区分は以後の卸売研究者が必ずといってよいほど踏襲する区分であり，卸売研究の上では確説となっている[34]。

またベックマンとエンゲル（N. H. Engle）は，機能的中間商人と商人的中間商人との違いを最初に指摘した人であった。ショウ（A. W. Shaw）の指摘になるが，中間商人から機能的中間商人を抽出し，機能的中間商人は保険，保管，配送，金融などを行なう商業者をさすとした[35]。これらは補助商業であるが，ベックマンは機能的中間商人についてはアメリカ卸売商のうちで所有権を取得しない卸売商を示すとして，例に代理商と仲立商をあげている（Beckman ③, p.219）。保険や不動産は商品の取り扱いがないため，別個に位置づけるのが妥当であるとしている。この区分も以後のほとんどのマーケティング論で確定していると思われる。

（2）卸売市場の性格としての動態性については，従来の卸売研究では卸

売業は概論書の中の1つの章として扱われており，制度の説明，機能の説明に関心が集められ，卸売市場における異形態間競争という観点はうかがわれない。卸売市場の特性たる動態性を見いだしたのがベックマンであった。ベックマンは多様な競争圧力が加わることを説いていた。甚だしい変化を遂げるなかでの卸売商の地位の安定性を評価する際に，卸売市場の変動の著しさを対照させることで，より核心に接近しようとしていたとも考えられる。周到な思考であろう。

　また，ベックマンが端緒的に指摘した動態性については，ベックマン以後の方が著しい動きとなっている。ベックマンが対象とした期間は1920年代の後半から50年代にかけてであり，CSをはじめとする大規模小売商の台頭は以後加速して継続している。錯綜した流通構造は以後定着している。ベックマンの時代にはアメリカ卸売商は集中度の低位さを特徴としていたが，以後，上位企業の集中の伸展はめまぐるしく，これからも一段と進むことが予想できる[36]。近時では生産者の側でのモジュラー企業の成長，ダウンサイジング，商品種類や数量の増加，また情報機器の普及もあり，卸売商に及ぼすこれら影響は見過ごせない[37]。一層の動態性を帯びていくだろう。

（3）卸売商の経済的貢献を示す基準として，生産性，あるいは付加価値を提案していた。ベックマンの卸売研究はもともと制度，機能，取引が何をさすのかを不明な状態の時に始まっていた。それぞれに対応するのは卸売機構，卸売機能，卸売業であるが，三者の相互関連を明らかにしている。パイオニアと称されている点も，従来の卸売研究が卸売商の説明は加えているが，卸売業の概念規定はなおざりにしてきたことと対比するとその意味合いは明白になる。

　パイオニアとの評価はセンサスの分類，卸売市場の性質についてであったが，もう1つある。ベックマン以前の研究者は卸売商の重要性を認識し，有効性議論にむすびつけていたが，有効性は効率性と切り離せない。従来の研究は卸売商によって生み出される経済的利益の測定基準を明示していなかった[38]。ベックマンの貢献はこの状態に対して基準を掲げたことにある。ベックマンが展開努力を払ったことは看過できない。本文で検討したように付加価値にとって代わってきたが，その後どうなったか。65年にコックス（R. Cox）の研究があらわされたが[39]，以後管見ながら継続的な研究にはなっていないのではないか。

　『原理』9版の中に卸売商の章がある。付加価値については同じ説明が載せられているが，注力されているのは卸売業の生産性測定上の留意点の説明であ

り，ここを1つの到達点としているように思える。この付加価値基準は，個々の卸売経営の巧拙の一環として位置づけられているケースが多いように思われる。近時では卸売商の存在は付加価値で測定されるべきとの所説はしばしば目に入るが[40]，実質的な展開があったとは思えない。

おそらく，理由の1つはベックマンの付加価値分析をおし進めると，卸売商の貢献がつかめるかの実効性への疑問がわいたことがあったのではないか。実際に導入してみると，卸売商の付加価値は最大限でも総利益に近似する水準になり，総利益の高さならば例えば飲食業の方がはるかに高く現れるであろうし，少なくとも小売業を超えることはないだろう。

経済貢献を明らかにするべく他分野との比較ができる指標としての付加価値は，純粋な卸売活動から生まれる部分になり，この限り概念的には好ましい指標になりうるが，業種特性の影響を強く受け，抜け出すことのできない制約を抱え込むことになる。アメリカ経済の中で卸売商の安定性を示す際の基準としての付加価値基準は，卸売商の安定性を表現することには隔たりを残すことになる。

第4節　現代的評価

ベックマンの著作では用語の使い方に大きな特徴がある。すでに記してあるが，ベックマン③では生産性，能率性，効率性，有効性などについて各所で記載があるが，必ずしも統一的な観点から述べられておらず，また各用語が対照して説明されているわけでもなく，内容把握は容易でない。ベックマン②でも，卸売システム（wholesaling system），卸売機構（wholesale structure），卸売制度（wholesale institutions）などが同一のページの中で使われており，不必要に難解な箇所もあった（Beckman②, p.103）。繁栄の年次，不況の年次，回復の年次といった用語も任意に使われており理解を困難にさせる（*Ibid*., p.110）[41]。あるいは未開拓分野に踏み出す際にはまず帯びる特徴と言ってよいが，ベックマンにおいてもまず，事実の収集，整理が優先されており，その背後要因の追求は後回しにされたきらいがある。記述的であるとの批評をあびる所以であろう[42]。

しかし，こうした欠点があるのにもかかわらず，ベックマンを卸売研究者として評価するのは躊躇するものではない。ベックマンが研究者として登壇した時代は流通構造が錯綜化する時代であったが，ベックマンはこれを真正面から

とらえ機能錯綜を認識していた研究者であった。そうでなければ，機能論依拠の姿勢を後退させることはなかったろう。

　バーテルズが説いているように，卸売研究は低調であった[43]。複雑性，多様性に特徴づけられて，分析の手が伸びてこなかった未開の領域に踏み出し，現在も継承されている成果がある点は高い評価を下す必要がある。主著『卸売業』は唯一の研究書であったとのレヴザン（D. A. Revzan）による指摘[44]は，半世紀前の意見にとどまるものではないだろう。

〔注〕
1) D. G. Brian Jones (2008) "Theodore N. Beckman (1895-1973): External Manifestations of the Man, *History of Marketing Thought*," Vol. Ⅱ, ed. by M. Tadajewski and D. G. Brian Jones, SAGE Publications, p.73 ; R. Bartels (1962), *The History of Marketing Thought*, 2nd. ed., Grid, 1976, p.246.
2) *New York Times*, April, 22, 1973 ; *Marketing News*, May, 15, 1973, AMA.
3) F. E. Clark (1922), *Principles of Marketing*, Macmillan, Chap.14.
4) ベックマンの3冊の著作では，共通して卸売経営に多くのページ数を使っている。(2)の課題は卸売市場の変動の激しさを示すことに進んでいくが，そうしたもとでは，卸売企業の経営者はあらたな効率的な方法を求める必要があるとしている。ベックマン③では卸売経営に過半のページを割いており，立地，組織，仕入れ計画，在庫管理，販売分析などが取り扱われているが，本章では卸売経営は検討対象から外している。
5) 主に小売商へ販売することを卸売業とすることができ，また卸売活動はベックマンでは卸売機能，卸売サービスと同義に用いられている。卸売活動（卸売機能）は卸売商だけが遂行するのではない。卸売市場は種々の卸売活動の総和が構成する。卸売業と小売業を兼業する場合は売上の比率が過半を占める方に振り分けることも含意されていた。
6) 卸売活動と卸売業の関連は明白ではないが，ひとまず同義としておく。
7) D. G. Goehle (1990) "A Historical Approach Tracing the Development of Wholesaling Thought," *Research in Marketing*, ed. by J. N. Sheth, JAI Press, p.77.
8) *Fifteenth Census of The United States, CENSUS OF DISTRIBUTION : 1930 Wholesale Distribution : Definition and Classifications* (1931) U. S. Department of Commerce, USGPO.
9) 光澤滋朗 (1975)「アメリカにおける卸売商の生成」『大阪経大論集』第103・104号。
10) 詳細な卸売機能が説明されているが，前提には例えば配送機能をとりあげると，その遂行の前提には空間的な懸隔があって，それを克服するために効用創出が行なわれ，配送機能が抽出されている（Beckaman③, pp.148-149）。遂行する機能の視点からの整理であり，この商人卸売商の定義からすると，VCや小売協同組合といった共同卸売商（cooperative wholesale distribution），チェーンストアの倉庫は商人卸売商に分類されることになる。
　マーケティング研究で採用される商品別研究，制度的研究，機能的研究の系譜ではベックマンの研究は制度的研究になるが，制度的研究は機能的研究に接近していくことが不可避的であり（橋本勲 (1966)「社会経済的マーケティング論の形成 (2)」『経済論叢』第97第6号, 37~38ページ），機能論ではまずどのような活動をするのか，サービスを果たすのが出発点になる。

11) *1948 US Census of Business*（1952）Vol. Ⅳ, Wholesale Trade General Statistics, USGPO, Appendix D, pp.15・12-15・14.
12) R. Cassady, Jr. and W. L. Jones (1949) *The Changing Competitive Structure in the Wholesale Grocery Trade: A Case Study of Los Angeles Market, 1920-1946*, University of California Press, Chap.2, 3, 5.
13) 仲間取引は図表6-1では，卸売市場内とその外部の卸売商との間で発生している。
14) 時期は示されていないが1940年代ではないか。
15) cf., H. Barger (1955) *Distribution's Place in the American Economy since 1869*, Princeton University Press, p.85, pp.120-121.
16) 業者割引は流通経路において占める位置に従って供与され，機能割引（functional discount）は遂行する機能に従って許与される。両者は同じものではないが，以下に述べる横断的流通構造の時代では一致していた（Beckman ③, p.54）。
17) 石原武政（1979）「垂直的価格政策と経路支配—業者割引と数量割引の研究—」『経営研究』第30巻第3・4号；同（1981）「機能割引問題の史的経緯」『経営研究』第31巻第4・5・6号。ここでは仲介手数料はCS倉庫が仕入れた商品をCSの関連企業に販売するさいに生産者から供与される割引を指す。
18) RP法とCS税法は，後藤一郎（1991）『アメリカ卸売商業の展開』千倉書房, 88~89, 104~107ページ。
19) RP法，CS税法以外にもCS成長が引き起こした価格差異の問題に対して，卸売商もそこに関わって議論が加えられた。ベックマン③の第15章で，連邦レベルでのシャーマン法，ミラー・タイディングズ法，公正取引委員会法，マクガイア法に注意を払っている（Beckman ③, pp.257-259）。
20) 卸売商が同じ卸売機能を遂行するともいえない。例えば，商人卸売商をとっても限定機能卸売商が発生すると様相は異なるからである。
21) Bartels, *op.cit.*, p.118.
22) Goehle, *op.cit.*, p.70.
23) TNEC (1940) *Monograph, No.35, Large-Scale Organization in the Food Industries*, USGPO, p.164. 後藤一郎, 前掲書, 104ページ。
24) ベックマンは卸売商が受け取る卸売割引について一言している。通常，卸売割引は卸売機能を遂行する費用を補填するために用いられる価格政策であると把握されることだろう。例えば，ある卸売商は製品の販売のために多くの卸売機能を遂行するが生産者はその機能遂行が可能となるように表示価格から一定の卸売割引を供与するとされる。しかし，生産者は卸売商の遂行機能を評価して卸売割引を提供しているわけではない。機能割引は通常は代替可能なチャネルによって競合的に決められる（Beckman ③, pp.280-281）。卸売割引は遂行機能に依拠して供与されるものではない。
25) この(3)の箇所は研究途上の内容であり，用語の使い方，論理的な一貫性などでははなはだ把握しにくい内容となっている。以下は筆者なりの整理である。E. H. Shaw (1987) *Marketing Efficiency and Performance: An Historical Analysis, Marketing in three eras: Proceedings of the third conference on Historical Research in Marketing*, T. R. Nevett and S. C. Hollander, Michigan State University, を参考にした。

　　生産性に傾注したのは，戦時中，軍隊での商品の保管や取り扱いの技術が，戦後卸売経営の手法を著しく改善させた（Beckman ③, pp.13-14, p.247）ことが注目され，あるいは，経験者の不足，労組の出現，賃金の急上昇などにより卸売商の生産性引き上げの刺激が強くなったことも理由となっていた（Beckman ③, pp.12-13, p.24）。
26) 久保村隆祐・荒川祐吉編（1974）『商業学』有斐閣, 81~90, 488~489ページ。
27) T. N. Beckman, W. R. Davidson and W. W. Talarzyk (1973) *Marketing*, 9th ed.,

Ronald, p.605.
28) 生産性の扱いが不明瞭に映るが、以下で述べるように付加価値とつながっている。
29) ベックマンによれば、データが入手できるようになったのは1963年であり、同年になってセンサス局が発行する数値が利用できるようになった。T. N. Beckman (1965) "Changes in Wholesaling Structure and performance," *Marketing and Economic Development*, by P. D. Bennett, AMA, p.242.
30) Michael Halbert (1965) *The Meaning and Sources of Marketing Theory*, McGraw Hill, p.162.
31) 高機能、高サービスの場合と低機能、低サービスの場合を比べると、限定機能卸売商は後者になるが付加価値では低くなる。ベックマンが高機能卸売商への転身をすすめているか判然としない。
32) *Harvard Business Review* (1927) Book Notice, Vol5, No.4, p.508；D. G. Brian Jones, *op.cit.*, p.79；J. S. Wright (1965) "Leaders in Marketing；Thodore N. Beckman,"*Journal of Marketing*, Vol.29, July, p.64.
33) ベックマンの分類は見直しが起きたのは72年であった。ただしその内容はベックマンが定義づけを試み分類をしていた時に考慮を払っていた点が黙過し得ない動きとなり組みいれられたというにとどまる。現在のセンサスは石油卸売商と収集業者が残余の3タイプに振り分けられている（*1972 Census of Wholesale Trade* (1975) Area Statistics United States, A10)。したがって、ベックマンの提言は今も用いられていると見なしてよい。
34) Goehle, *op.cit*, p.74.
35) A. W. Shaw (1951) *Some Problems in Market Distribution*, reprinted by Harvard University Press, pp.76-79.
36) B. Berman (1996) *Marketing Channels*, John Wiley and Sons, pp.150-153. 後藤一郎、前掲書、第7,8章。
37) GREF (1992) *Facing the Forces of Change 2000 : New Realities in Wholesale Distribution*, Arthur Andersen, Chap Ⅲ.
38) Goehle, *op.cit.*, pp.72-73, p.76.
39) R. Cox, C. S. Goodman and T. C. Fichandler (1965) *Distribution in a High-Level Economy*, P-H, Chap.10.
40) 例えば、L. W. Stern A. I. El-Ansary and A. T. Coughlan (1996) *Marketing Channels*, 5th ed., Prentice-Hall, p.109, pp.116~118.
41) O. E. Burley (1960) Book Review, *Journal of Marketing*, Vol.24, No.3, p.621；S. J. Shaw (1960) Book Review, *Journal of Marketing*, Vol.23, Jan., p.113.
42) Bartels, *op.cit.*, p.114, 119；*Harvard Business Review*, *op. cit.*, p.508.
43) Bartels, *op.cit.*, p.113.
44) D. A. Revzan (1961), *Wholesaling in Marketing Organization*, John Wiley and Sons, Preface, ⅶ.

＊章頭の肖像写真は、オハイオ州立大学アーカイブより許諾の上、掲載。
Courtesy of the Ohio State University Archives.

〔後藤一郎〕

第7章

P・H・ナイストロム
―― 小売研究のパイオニア ――

第1節　はじめに

1. 知られざる小売研究の泰斗

　ポール・H・ナイストロム（Paul H. Nystrom, 1878-1969）は，アグニュー（H. E. Agnew），クラーク（F. E. Clark），リオン（L. S. Lyon），メイナード（H. H. Maynard），ウェルド（L. D. H. Weld），さらにはボーデン（N. H. Borden），ベックマン（T. N. Beckman），オルダースン（W. Alderson），コックス（R. Cox）らとともに，初期のマーケティング論の発展に貢献した「マーケティングの開拓者」，「マーケティングのリーダー」として *Journal of Marketing* 誌がそれぞれ 1956 年から 61 年，62 年から 74 年にかけて伝記的な形で素描を特集した人物の一人としてマーケティング学説史にその名を刻んでいる[1]。とりわけ，体系的な小売研究のパイオニアとしてのナイストロムへの評価は顕著である。

　その一方，ナイストロムは日本ではあまり注目されることがなかった。認知されているとしても「ファッション・ビジネス，ファッション・マーチャンダイジングの古典的研究者」[2] として位置づけられることが専らである。そこで，改めてナイストロムの一連の著作，そしてアカデミックとしての矜持を保ちつつも産―学―官の間を縦横に往き来しながら生涯現役を貫いた人生を振り返ると，彼が「マーケティングの開拓者」，小売研究のパイオニアとして称賛され

る背景が明らかになる。

　例えば，ハント（S. D. Hunt）は「交換関係を説明する行動科学」としてマーケティング・サイエンスをとらえるとともに，マーケティング研究の基本的な説明対象が「買い手の行動」,「売り手の行動」,「制度的枠組み」そしてこれらの社会における帰結という4つのセグメントによって構成されるとしたが，ハントが活躍した1970年代から80年代になっても第4領域を除いては研究の「構築を目指す人さえいない」状況であった。これに対し，ナイストロムはその半世紀も前にこれらすべての領域の研究を導く課題をその一連の著作を通して提示していた[3]。

　そして，ウィスコンシン大学仕込みのプラグマティックで実証的・歴史的な研究・教育に対する姿勢と方法論に加え，ナイストロム自身の好奇心旺盛かつ行動力抜群な性格が，これら4つの視点を踏まえた小売流通およびファッション・ビジネスの研究と教育の体系づくりを後押しした。こうした側面も，ナイストロムがマーケティング学説の発展において大きな功績を遺した特別な研究者として，さらには小売流通の研究において傑出した研究者[4]として今なお高く評価されていることの証左であると考えられる。

2. ウィスコンシン・アイデアの申し子

　ナイストロムは，1878年1月25日，ウィスコンシン州ピアース郡（Pierce County）のメイドゥン・ロック村（Maiden Rock）で生を授かった。メイドゥン・ロックは，現在でも人口100余人を有するに過ぎない大自然に恵まれた小村である。ナイストロムは地元からほど近いスペリアー州（Superior）の教員養成学校（Superior State Teachers College）で学んだ後，ウィスコンシン大学に進学した。ナイストロムはそこで学士と修士号を取得したが，彼はそれに飽き足らず同校のエクステンション・スクールで教鞭をとりながら博士号を目指し，政治経済の講師として母校に迎えられた。

　ナイストロムが博士号（Ph.D.）の学位を得たのは，彼が36歳の時のことである。その翌年にあたる1915年には『商品の小売流通（*Retail Distribution of Goods*）』としてまとめていた論考が博士論文として結実した『小売の経済学』（*Economics of Retailing*）[5]が刊行された[6]。この本は1919年と1930年にそれぞれ改訂される。1930年刊行の第3版は2巻構成で1145ページにわたる大作

となり,「小売業のバイブル」としての地位を獲得するに至った[7]。ちなみに『小売の経済学』が上梓された1915年は,ハーバード大学のショウ（A. W. Shaw）が『市場流通における諸問題（Some Problems in Market Distribution）』[8]を出版した年でもある。

『小売の経済学』は,ナイストロムの2作目の著作であった。彼が初めて世に問うた書籍は『小売販売と店舗管理（*Retail Selling and Store Management*）』（1913）である[9]。当時のウィスコンシン大学政治経済学部は,ウィスコンシン・アイデア（Wisconsin Idea）を標榜し,「よりよい政府は,よりよい教育から生まれる」という進歩主義（Progressive Movement）の理念を重視し,官学,そして産官学の連携方式を構築した。ナイストロムが師事したイーリィ（R. T. Ely）やコモンズ（J. R. Commons）,そしてナイストロムの博士課程の指導教官スコット（W. D. Scott）らがウィスコンシンにもたらしたドイツ歴史学派の実践的な研究・教育のスタイルは,彼の多方面にわたる精力的な活躍の原動力となっていた。『小売販売と店舗管理』は,ナイストロムがエクステンション・スクールで指導した1000名を超える小売業の現場を担うスタッフやマネージャーから提供された現場の知とアカデミアの体系的な知を統合する形で生まれた実践的なテキストであった。現代の研究・教育の水準と比較した場合には網羅性に欠け,各種データの不完備性が目立つ点も散見されるものの,小売業に関する体系だった知識が皆無であった当時にあっては,教育の上でも実務の上でも非常に貴重な情報に満ちた文献であった。

折しも当時のアメリカの大学の間で小売業を主題とする講座の新規開講が相次いでいただけでなく,小売業の現場においても収益性向上のための原理・原則が希求されていたため,ナイストロムによるこれら2作はそうしたニーズの双方に呼応するものであったといえる。イリノイ大学のコンヴァース（P. D. Converse）は『小売の経済学』を担当講義のテキストとして使用した研究者のうちの一人であった[10]。

ナイストロムは1920年代末以降,ファッションや消費の原理に着目した研究を遂行することになるが,彼のファッションに関する総合的研究の原点となる『テキスタイル』（1916）も,この時期に刊行された[11]。

3. コロンビア大学ビジネススクール

　ナイストロムは，ウィスコンシン大学（1909-13 年），US ラバー社，そしてミネソタ大学（1914-15 年）を経て，1926 年，コロンビア大学ビジネススクール（Columbia University Graduate School of Business）のポストを得た。そこから 1950 年までの四半世紀にわたって，ナイストロムは経済学およびマーケティング論の研究者・教育者として同校に奉職することになる。その間，ナイストロムは小売流通とマーケティング全般に加え，ファッション・ビジネスにまで研究領域の幅を広げ多数の著作を遺した。

　コロンビア着任後まもなくアメリカを襲った大恐慌の時期には，世界に先駆けて大衆消費社会が到来し始めていたアメリカ[12]ならではのファッション産業とファッション消費者の存在に根差して執筆されたと考えられる『ファッションの経済学（Economics of Fashion）』（1928）[13]と流通課業環境としての消費に着目した『消費の経済学（Economics of Consumption）』さらには『消費の経済原理（Economic Principles of Consumption）』（1929）[14]が立て続けに刊行された。これら 3 冊はいずれもナイストロム自身がコロンビア大学で担当した講義のためのテキストとして執筆された。

　この時期には，マイケル・カレン（M.Cullen）がニューヨークで発明したスーパーマーケットが不況の追い風を受けながら，新たな業態として台頭し始めていた。限定価格ヴァラエティ・ストアの急成長を追う形でスーパーのチェーンストア・オペレーションが拡大する中，小売経営と小売業務を担う人材の育成が急務となり，その課題に対応するためのテキストとして 1937 年には『小売の経済学』の 4 版として大幅な改訂を施された『小売店舗の業務（Retail Store Operation）』[15]が刊行された。

　ファッションと流行に関連するテーマについては，大規模組織小売業の事例にもとづいて，アパレル産業特有のファッション・サイクルに鑑みたマーチャンダイジングの重要性を指摘し，『ファッション・マーチャンダイジング（Fashion Merchandising）』（1932）[16]を出版した。ファッションや流行の影響を受ける商品分野では，意図的にシーズン・トレンドを作り出す制度が存在するものの，その予測は必ずしも的中するとは限らず，恣意的な流行創造の試みは消費者の買い物行動や消費行為の不確実性によって思わぬ方向に展開することも少なくない。また，この種の商品分野の消費においては，時間的な多様性が

存在するばかりでなく，消費者内，そして消費者間の多様性[17]が顕著である。こうした性格に鑑みて，分析指向かつデザイン指向を兼ね備えた商品政策の重要性を強調するものであった[18]。

　コロンビア時代のナイストロムは学会でも要職を歴任する。全米マーケティング教師協会，アメリカ経済学会のラウンド・テーブル・グループとともに現在のアメリカ・マーケティング協会（AMA: American Marketing Association）の前身となったアメリカ・マーケティング学会（American Marketing Society）ではその学会誌 The American Marketing Journal（TAMJ）のアソシエイト・エディター（1934~35年）を経て編集長（1935~36年）を務めた。また，同期間のTAMJに4編の論文を寄稿するなど，ナイストロム自身が研究者・教育者としても第一線で活躍していたことがわかる[19]。AMAの設立後もその学会誌 Journal of Marketing の初代編集長（1936~37年）として2年間の任期を全うした。

　ナイストロムは，戦間期，そして世界恐慌以降のアメリカ政府のアドバイザーを務め，政策形成の場でも論客・プランナーとして活躍した。例えば，ルーズベルト（F. D. Roosevelt）政権下で1936年に施行されたジョージ・ディーン法（George Deen Act）は，林業や農業，家政学といった分野で行なわれてきた職業人教育に関する法律の適用分野に新たに流通業を加え，アメリカ国内の公立大学のエクステンション・スクールでの実践的教育を計画するものであった。流通業の分野だけでも120万ドルの予算が計上され，のちのマーケティング・プログラム（Marketing Program）へと発展する制度の設計を指揮したのは，ほかならぬナイストロムであった。

　ナイストロムの活躍の範囲はこれだけに収まらなかった。第一次世界大戦後からナイストロムがコロンビアに籍を移す1920年代にかけてのアメリカは，急激なインフレーションに見舞われていた。そのような環境下で登場し急速な成長を遂げたのがダイム・ストアと呼ばれるチェーンストアであった。これらのチェーン小売商は価格を抑制するとともに値付けも5セントから1ドルの間で段階別に均一化し，品揃えを総合化することで限定価格ヴァラエティ・ストアに転換していった。シアーズやJ.C.ペニーもこの種の小売業態として発展を遂げた[20]。ナイストロムは，この業態に属する小売業者の業界団体である限定価格ヴァラエティ・ストア協会（Limited Price Variety Store Association）の会長に1934年に就任し，チェーンストアの店長育成のニーズなどに呼応する活

動を担った。ナイストロムは，その後も全米小売業協会（National Retail Trade Association）の中央委員会の理事長などを歴任した。

ナイストロムの活動は，研究・教育と政策形成，業界団体，学界のみにとどまらず，コンサルティング業やレストランの所有まで多岐に亘っていた。

4. 生涯現役を貫いたナイストロム

ナイストロムは退官直前の1940年代末期においても多方面での活動を継続していた。第二次世界大戦後のマーシャル・プランの時期のアメリカを見舞ったインフレに対する独自の処方箋をトルーマン政権の委員会で提唱するなど，賛否両論含めアメリカ国内の関心を惹く力は健在だった[21]。

生涯現役を貫いたナイストロムも72歳になる1950年にコロンビア大学での専任教員としてのキャリアに幕を引くことになる。それから間もなく，オハイオ州立大学からその生涯にわたる功績を称えて法学名誉博士がナイストロムに授与された。それと時を同じくしてスウェーデン国宝グスタフ5世からもナイストロムに対して勲一等ナイトの称号が贈られた。

また，ナイストロムの学界への貢献は，AMAのチャールズ・パーリン賞，そしてイリノイ大学のポール・コンヴァース賞の授賞という形でも称えられた。

ナイストロムはコロンビア大学を退官した後も住み慣れたニューヨークに暮らし続けた。退官後もナイストロムは特任教員としてコロンビアで教鞭を執り続ける日々を過ごした。そして，1969年，妻ミルドレッド（Mildred）と一人息子，そして二人の娘に見送られながら，その91年の生涯をニューヨークのスプリングバレー（Spring Valley）にある介護施設で閉じた[22]。

第2節　ナイストロムの主著『小売の経済学』：ナイストロムが挑んだ2つの目的

ここからは，ナイストロムの主著の1つである『小売の経済学』の初版（1915）の内容について考察を行なう。この著書は，ナイストロムがウィスコンシン大学に提出した博士論文が出版されたものである。前述の通り，この本は1919年に第二版，そして1937年に第三版と版を重ねてゆき，後者では二巻構成1145ページの大作となった「小売業のバイブル」とされた著作である。

この本の初版は400ページあまりのボリュームで全18章によって構成されている。ナイストロムはこの著作には2つの目的が込められていることを序文の中で明示している。1つは，小売業についての資料集（fact materials）としての役割であり，もう1つは小売流通という主題について体系的な思考を提示することである。一見，容易に感じられるが，これら2つの目的は，ともに実現の難しいものである。小売業が今どうなっているかを把握するだけでも，多くの時間を費やす必要がある[23]とともに，並々ならぬ情報収集力を持っていることが不可欠である。産―官―学の壁を越えて精力的に研究・教育に尽力したナイストロムならではのスタイルであるといえるだろう。

　ナイストロムはこれら2つの課題に立ち向かい，非常に優れた成果を遺したといえる。そのための方法論として，記述的なアプローチと分析的アプローチの双方をバランスよく，効果的に統合している点も特筆に値する。また，この著作は，一般的な経済学書と小売業における経営管理と販売管理といった，より特化した領域のハンドブックないし専門書との中間に位置づけられる点でもユニークな存在である。読者が必要とすることが予想される箇所では一般的な経済学の知識を織り交ぜ，他方では商業者や販売員の技術の歴史的背景やそれらの科学的基礎についても多くの紙面を割いている[24]。

　彼が記録した事実は情報量が豊かであるだけでなく，正確なものであった。データに制約や限界が存在するときには，その事実についても明記されている。ナイストロムによる一連の記述は，彼が議会の委員会やその他の場所で公にした小売業に関する様々な問題に対する特別な調査・研究の果実とでもいうべきものである。また，彼が示す事実は，ウィスコンシン大学エクステンション・スクールでの講義内容やその受講生であった商業者たちから提出されたコースワークによってさらに磨きをかけられたものであった。ナイストロムの功績にはもう1つの側面がある。それは，小売業の現実を受け入れ，ポジティブな思考で臨むために，一般的に諒解された古典的な経済学の原理に沿って事実を説明するというアプローチから逸脱していたことである[25]。

　このような背景を踏まえ，ナイストロムはこの著作について，理論を呈示する性格のものではなく，小売店頭の業務を遂行するための特別な方法を提唱するものでもないと位置づける。その一方，この著作が目指したところは，小売業の現状をありのままに描き，小売業が将来に向けて進歩・発展するための方向性について多様な側面から指摘することにあるとしている。そして，小売業

において必要な煩雑かつ膨大な知識をコンパクトに体系化し，すでに小売業に従事する実務家，そして将来，小売業を目指す学生たちが，経済循環の上で極めて重要な役割を果たす流通の世界を身近に感じ，洞察力を獲得することを支援する役割が与えられている。

1.『小売の経済学』のファクトブックとしての有用性

　この本の第1章は，主題となる小売業を含む経済活動である流通，そしてその社会的仕組みである流通システムとは何かについて，流通の社会的重要性がそれまで軽視されてきた事実などを交えながら解説し，本論への導入を図っている。その中では小売流通における重要課題についても言及される。これを受けて，第2章では流通システムというタイトルを付して，小売業についての文献が非常に乏しい環境の中で，それらに基づいた小売業の歴史の整理も試みている。小売業・卸売業の起源やイギリスとアメリカにおける流通の発展，種々な形態をとる流通機関と取引形態のタイポロジー，さらには近代的な流通様式と中間業者の排除傾向などについての概観を行なっている。つづく第3章は流通課業環境の一翼を担う消費と消費者について焦点をあてている。ここでは，消費欲求の変化の存在を前提に，消費者のデモグラフィクスが流通のあり方に及ぼす影響を論じる一方，流通業者の形態が買い物行動に与えるインパクトについての考察が試みられている。また，品目毎の家計消費の動態など，ファクトブック的なデータが提供されている。

　ナイストロムは消費（者）が経済に与えるインパクトを重視する立場をとったことでも知られている。消費者の欲求は，企業が生産と商品政策を実行するための羅針盤になる。消費者が何を要求しているか，またなぜそれを要求するのか，といった根本的な問題について十分な知識をもつことは，企業の経営方針の決定から製品のデザイン，価格の決定，広告・販促企画，販売および資金回収などの各業務に携わる人間，つまり消費者に関連のある仕事を扱っている人間全部にとって最も重要なことである[26]。これがナイストロムの消費（者）のとらえ方の原点である。

　第4章は，1910年のセンサスに基づいて品目毎の流通業者の数を補捉したうえで，ボストンにおける流通の実態をセンサスデータに依拠して明らかにしている。これらに加え，ダン＆ブラッドショーによる流通業者名簿の内容を示

したり，AMA の前身団体の1つアメリカ経済学会が実施した小売業の実態調査の結果を提示したりしている。第5章は，小売業における費用構造と会計に目を向け，豊かな事例を交えながら，その重要性を強調する。第6章から7章にかけては，小売業における販売員とその業務の特徴について，セールスマンシップという概念を基礎としてその詳述を行なっている。それらを念頭に置いて，販売員の給与水準とその算定手法，さらには福利厚生制度，組合，最低賃金といった問題にも触れている。

　ナイストロムの手によるこの著作の意義の1つは，小売流通という膨大な経済領域における基礎的な統計データが深刻に欠如していることが示されていることである。センサスデータを用いれば，製造業や鉱業，農業などの産業分類については，それぞれの事業所数や従業者数などを把握することは可能であり，年間の生産額や工場などの施設の価値についても補捉することができた。しかしながら，当時のアメリカでは，事業所数はもちろん，従業者数や所得水準についても，小売業全体をカバーするマクロデータは存在しなかった。家計所得のうち，小売店舗で費消される部分が年々急速に成長していることは誰もが感覚的に理解していた時代であったが，実際には家計所得についても，そのうちの小売店舗で費やされる部分についても，おおよその精度でも把握する術をもたなかった。

　流通システムの末端に位置する小売機構，さらにはそのうちの個々の小売店舗は，生産者がとめどなく生み出す商品のフローと消費者の欲求が出合い，整合されるための一連の活動とプロセスの結節点の1つとして重要な役割を果たしている。この生産と消費との間に生じる懸隔を架橋する流通の社会的役割が遂行されるために，どの程度の流通費用が発生しているかを知るだけでも大いに興味深く，その意義も大きい。ナイストロムは，販売だけでなく輸配送，貯蔵，保険などの機能を含む商品流通の過程では製造業よりも高い水準の費用が発生している可能性があることを示した。のちにドラッカー（P. F. Drucker）が「暗黒大陸」と呼んだ流通の領域，とくにその小売部門において過剰な非効率と無駄が生じていたであろうことは，多くの人々が認識するところであった。しかしながら，ここでも適切な統計制度が存在しなかったがために，流通費用の上昇による生活費の高騰に対して効果的・効率的に対応することができなかったのである[27]。

　ナイストロムは，そうした現実を踏まえ，自らが築いた小売業における壮大

な人的ネットワークを通じて獲得したデータを有効に活用し，マクロデータの不在を補いつつ，小売業を俯瞰的に捉えるための努力を払っていた。また，自らが収集したデータが不完備な場合には，その都度，データの不適切さや不正確さについて補足を行なっている。

2. 小売経営と小売業務における科学的アプローチの提唱

　この著作の第8章から第10章は，小売業における立地の重要性を説くとともに，良好な立地を獲得するためには一般的により多くの賃料が必要とされ，賃料の上昇ペースが速いことなど，出店にあたって考慮が必要な基本的項目についての解説がなされている。その上で，小売業の好立地とは消費者のアクセス利便性が高く，店舗収益が高い，つまり大きな市場機会を提供するロケーションであるとする。こうした立地を獲得するために必要な交通量調査の基本や集積による競争と協調の便益，角地の優位性などについての説明がなされる。立地選定後の活動についても，売場とバックヤードの配置やショウウインドウの活用法，現代でいうところのヴィジュアル・マーチャンダイジング，店舗の内外装など，立地と店舗物件の効果を最大化するための複数の条件が重要となることを示す。

　第11章では小売業における価格設定に着目する。仕入原価や販管費，商品政策の確度，競争環境，習慣，販売員の対応方式，そして商道徳といった価格に関連する事項を網羅するとともに，売上高営業利益率を高めるための考え方を提示している。価格に関する意思決定のプロセスにおいて小売商が自らの費用構造を的確に把握することがいかに大切であるかを強調する。それだけでなく，小売流通における棚卸資産回転の望ましい水準についても指針を提供している。また，これは彼のファッションと流行，そしてマーチャンダイジングに対する関心，さらには当時のアメリカ小売業の最先端を担った実務家たちとの交流から着想を得たものであると考えられるが，小売業におけるファッション・流行の取り込みやファッション・サイクルに対する商品政策上の対応や均一価格小売店のコンセプトが，当時のアメリカで急速に普及した実践的な手法であることを示している。

　これらの章を通して，ナイストロムは小売業の経営管理や店舗業務に従事する実務家たちが科学的手法に基づいて，収益性の向上に努めることが不可欠で

ある点を強調している。ナイストロムが研究者として活躍した時代は，テイラー（F. W. Taylor）が製造業の現場における科学的管理法の導入を通じたオペレーションの効率化の必要性を説き，一方で心理学者メイヨー（G. E. Mayo）がホーソン実験[28]の結果から明らかにした人々の社会的側面，つまり人間関係が組織に与える有用性をもってテイラーの主張への批判を行なうなど，ビジネスの現場における科学的手法に対する関心が賛否の双方向から高まっていた頃と時を同じくしている。

セールスマンシップに重きを置いていることからもわかるように，サービス業である小売業の現場が人間関係によって構成される世界であるという前提を踏まえたうえで，ナイストロムは小売業務に科学的管理の側面を融合することの意義を説いた。

3. 小売形態論の基礎

第12章から第14章は，当時発展をみた小売形態の解説に割かれている。百貨店やカタログ通信販売といった当時の先端的な小売店舗形態，そして，小売業の最大の特徴であったローカル性とそれによる規模拡大上の制約から小売商を解き放ったという意味で20世紀の小売革新の1つとして位置づけられているチェーンストア・オペレーションを採用した小売経営形態の解説に焦点を合わせている。

ナイストロムはそれぞれの形態の特徴を説明するだけにとどまらず，小売店舗形態の革新と小売経営形態の新展開の双方が小売業の競争構造の動態に与えた影響についても明確にしている。彼は，チェーンストア・オペレーションについて次のようにその意義を示している。1つは，チェーンストアの購買支配力がコスト低減上の効果を発揮するという点である。もう1つのポイントは，会計や広告・販促，在庫をより優位な売場（店舗）に展開することのできる物流上の能力，そして競合に対する価格競争力などの領域でチェーンストアには規模の経済性が働くという視点である[29]。

この著作の初版では百貨店とメールオーダーが主要な小売店舗形態（業態）として，チェーンストア・オペレーションが新たな小売経営形態として詳述されている。のちの版の中では新たに登場した各業態の解説も加わり，現代における流通論や商学，商業学の標準的なテキストの小売形態に関する章の基本構

成—店舗形態（業態），経営形態，企業形態，組織間関係の形態—の基礎がナイストロムによって作られたといってよいだろう。

4. 取引制度と規範的小売機構

　第15章から第19章の部分は，近代小売業のオペレーションをめぐる，より複雑な課題についての議論が展開される。再販価格制度，仲間相場による仕入れといった取引慣行に関わる問題を取り上げるとともに，小売業における「多産・多死」構造や店舗の多数性（過多性），そして，小売流通に関わる経済政策について教壇から語りかけるような形で読者に問題提起を行なっている。

　最終章である第20章では，望ましい流通システムという大きなテーマについて多面的な接近を試みている。その中でも，ナイストロムは小売業における多数性（過多性）の問題を俎上に載せる。この問題に関するナイストロムの一連の議論は，多数性を営利経路費用の増加，ひいては消費者が支払う経済的負担と関連づけるという一般的なロジックに固執するのではなく，なぜ，当時のアメリカ小売業では小売業の新規開設と廃業の双方が著しく多い「多産多死」構造が生じたかについての固有の原因の検討に焦点を合わせている。

　ナイストロムの考察に従うと，当時のアメリカ小売業における多数性は，立地分散化によるアクセス便宜性を求める消費者の存在によるのではなく，異業種で資本を蓄積した企業家たちが大挙して小売業に参入し，その経営に失敗するケースが顕著であったことが示唆される。つまり，ナイストロムは小売商の失敗を小売商自身の経営の稚拙さに帰するものであるという論理を主張しているのである。ナイストロムは，この点について，興味深い見解を準備する。小売業の多数性が存在するにもかかわらず消費者がその構造を支えるために付加的な費用の負担を強いられないのは，多数性によって激しい小売競争が展開されるため，各々の小売商は価格競争を強いられ，その結果，営利経路費用の増分の一部を消費者に負担させることが困難になっているというものである。

　ナイストロムは，終章においてもう1つの重要な問題提起を行なっている。それは，望ましい流通システム，とりわけ小売流通システムとは何かという命題である。この点について，ナイストロムは次のような説明を試みた。

　小売業において今後みられることになる大きな進展は消費者の買い物行動に対して小売商が適応を繰り返す中で発生するのではない。流通課業環境の主た

る構成要素である消費のあり方への漸進的な適応は小売業の進化にとって不可欠な側面であるが，小売業者とその販売員たちが自ら科学的な方法をもって商品流通に関わる問題を分析することが，小売流通の発展に対してより大きなインパクトを与えるとした。

　当時の流通費用の水準についてもナイストロムは独自の見解を示した。それによると，流通産出（流通サービス）の水準に対して過剰な流通費用が発生していることを指摘した。また，そうした流通費用全般が2％削減されるならば，アメリカ国内だけでも2億〜3億ドルが毎年節約されるとした。さらに，ナイストロムはその節約分の配分方法についても具体的なビジョンを抱いていた。その要諦としては，流通費用の節約分はまず流通業者の利益を大きくするために活用されるべきであり，その段階を踏んでから最終的な目的である消費者全体への還元という方向をとることを提言した。

　2％という流通費用削減の水準についても，それが最も控えめな数値であることをナイストロムは強調していた。そして，さらなる削減が現実のものとなるためには，小売業に従事する人々が適正な教育を受ける機会に恵まれることが肝要であるとした。その環境が整った場合，4％あるいは6％水準での流通費用の低減も夢物語ではないとしている。

　ナイストロムがこのような視座から規範的な流通システム，とりわけ小売機構像を描くことになったかについては，彼が教育を受け，研究・教育の上で大きな影響を受けたウィスコンシン・アイデアも含め様々な背景が作用しているが，1つには同時代において農業や製造業をはじめとする他産業において促進された科学的研究の応用やそれらを活用した教育制度の導入を流通業の世界でも実行してゆきたいという進歩主義に従った強い想いがあったからにほかならない。また，ナイストロムはそのような思いを実現させるためには，アカデミアの研究者たちが実験や研究を発展させるだけでは十分でなく，小売業の経営，そして現場のオペレーションに携わる多くの実務家の間に科学的な知と科学的な原理が浸透することが欠かせないと説明している。

　これは，ナイストロム自身，そして彼が奉職した3つの大学とそのエクステンション機関にもよく当てはまるが，実業界，そして国民経済に対して研究・教育機関が果たすべき責任がより大きなものとなることを意味した。これら3大学も含め，マーケティング論の揺籃期から発展期にかけてその研究・教育の拠点となった大学は等しくこのような役割を果たし，マーケティング論のそ

後の実務的，そして学説的展開に多大な貢献をもたらしたといえるだろう。

第3節　ナイストロムの研究の位置づけ

　ここまでナイストロムの生涯を振り返るとともに，彼の主要な著作の概要とそこで提供される視座の特徴について検討を行なってきた。マーケティング学説およびマーケティング論の発展におけるナイストロムの研究は，次のような位置づけを行なうことが可能であると考えられる。

　第一に，ナイストロムは，売り手と買い手，制度，そしてそれらの社会的帰結という，のちにハントがマーケティング科学の対象として示した領域のすべてを包摂した研究の重要性を，20世紀のはじめのマーケティングの揺籃期において認識し，自らの研究に還元していた。研究対象が小売業を中心としていたとはいえ，この点においてナイストロムはマーケティング論の開拓者といって過言でない。次に，これはナイストロムの人となりとも関連するが，彼が薫陶を受けながら研究者として育ったウィスコンシン大学の系譜について再度触れておく必要がある。

　ナイストロムの博士論文のアドバイザーを務めたスコットのジョンズ・ホプキンス大学での指導教官イーリィはドイツで教育を受け1870年代にアメリカに帰国した経済学者である。当時，アメリカで活躍した経済学者にはイーリィと同様，ドイツ歴史学派の背景をもつ者が多かった。イーリィは，イギリス経済学の伝統である「経済人（economic man）」を過度に単純化された論理として認識し，古典派経済学の硬直的・教条的性格に対して痛烈な批判を浴びせるとともに，プラグマティックかつ歴史的・統計的方法の重要性を強調した。

　ほどなく，イーリィはウィスコンシン大学に新設された政治経済学部に招聘され，1892年にその最初の学部長に就任した。イーリィは進歩主義（Progressive Movement）の信念に基づいたウィスコンシン・アイデア（Wisconsin Idea）を提唱した。イーリィはさらに1904年，自身のジョンズ・ホプキンス時代の教え子であり，やがて制度派経済学の泰斗となるコモンズをウィスコンシン大学に呼び寄せる。コモンズは自らも経験したドイツ式大学教育を重視し，「書をもって街に出る」という姿勢を教室に持ち込んだプラグマティズムの実践者であった。文献による知識と実務を通じて蓄積された経験の統合を図るウィスコ

ンシン大学の研究・教育のスタイルは，ナイストロムの研究における方法論の形成と研究成果の独自性において大きな影響を与えている。その意味で，ナイストロムは，ドイツ歴史学派の系譜を継いだマーケティング研究，とりわけ小売研究のパイオニアとして位置づけられよう。

ウィスコンシン大学に限らず，この時期の研究者たちは卸売商や小売商，生産者，各種の流通助成機関などに対する聞き取り調査やコンサルテーション，あるいは実務経験から得た知見を大学での教育活動に活用するために抽象化，体系化，理論化する中で論文や著書の形で研究成果を遺すことが一般的であった。ナイストロムは，そうしたスタイルの研究者の代表的存在である。幅広い教養と理論的知識，そして実務や政府関連委員などの経験と人脈から得た現場知の統合を行なった。その成果として，小売業を社会的な視点から「システム」として，あるいは「商品別」の仕組みとしてとらえるのみならず，個別小売商の業務レベルまで考慮したミクロ的視点からのアプローチも同時に行なっている。さらには，両側面についての規範をも提供する。

このようにとらえると，ナイストロムは，現代の流通論や商業学，商学の基礎を与えた研究者のうちの一人でもあり，それと同時に小売マーケティング (retail marketing) やリテール・マネジメントの原点を切り拓いた人物としても位置づけることができるだろう。商品別アプローチでみると，小売業全般における研究をファッション産業に還元し，同様の貢献を果たし，同分野における体系的な研究・教育の基盤を構築した点も特筆する必要がある。

第4節 現代的評価

初期のマーケティングの開拓者として同時代の学界において極めて高い評価を受け，要職を歴任した人物でありながら，現代においてナイストロムの研究成果に注目が集まることは極めて稀である。この点が，ナイストロムの現代的評価を難しくしているといって過言でない。

ナイストロムがマーケティング論，とりわけ小売流通とファッション・ビジネスの分野で果たした貢献はマクロ的にもミクロ的にもその後の研究の発展の礎を築いた。しかしながら，ナイストロムが遺した当時の先端的研究がマーケティング論の各細分領域において継承されてゆくにつれ，現代においてはそれ

それが各領域のスタンダードな知識体系として，ある種の所与のように認識されている傾向が顕著である。そのため，現代におけるマーケティング研究者が現在のスタンダードの源流に位置するナイストロムまで遡る知的探求の旅に出る機会が限定されていると考えられる。

一方，現在生起している小売流通をめぐるダイナミックな変化は，現実の事象の描写としてはナイストロムの研究の範疇に収まることはないが，ナイストロムが提供した分析枠組みを用いれば理論的にとらえることができるだろう。また，それによって今後起こるであろう流通システムの変化，そしてその中での個別企業の活動に関する展望を行ない，具体的なアクションを策定する際の示唆を得ることが可能であると考える。その意味で，ナイストロムの現代的な評価が改めて行なわれる必要が生じている。

〔注〕
1) D. J. Duncan (1957) "PAUL H. NYSTROM," *Journal of Marketing*, 21(4), pp.393-334, は，Journal of Marketing誌の伝記委員会（Committee on Biographies）がPioneers of Marketingとして選出した研究者についての寄稿文のうち，ナイストロムを特集したものである。各研究者の伝記的な素描の掲載は1956年から61年にかけて行なわれた。その後，オルダースンやコックスなどがLeaders in Marketingとして選考され，類似した伝記形態の寄稿文の形でその学術的貢献のオーバービューが1962年から74年にかけて同誌で特集された。
2) J. A. Jarnow (1965) *Inside the Fashion System*, John Wiley Sons, Inc., NY, (尾原蓉子訳 (1968)『ファッション・ビジネスの世界』東洋経済新報社）の翻訳者である尾原蓉子氏は当時，旭化成に勤務しており，同社在職中に留学したニューヨークのファッション工科大学（FIT）で師事したジャーナウの主著の日本語版を上梓した。当時，マークス＆スペンサーを目標にマーチャンダイジングの強化を図っていたダイエーの中内功もこの翻訳書に感銘を受け，尾原氏にセミナーの開催を勧めたという。こうして誕生した「旭化成FITセミナー」を通じて，アパレル製造卸や大手小売業者の経営者に多大な影響を与えただけでなく，柳井正氏（ファーストリテイリング）をはじめとする90年代以降に急成長を遂げることになる小売商経営者にも大きな指針を与えた。尾原氏は，その後，経済産業省の支援によって設立された一般財団法人ファッション産業人材育成機構（IFI：Institute for the Fashion Industries）IFIビジネススクールの初代校長を務め，ファッションの生産から流通に携わる若手実務家レベル，管理職レベル，経営トップレベルそれぞれに対する職業人教育に尽力した。ファッション・マーケティング，ファッション・マーチャンダイジングの専門家としてのナイストロムに着目した研究には，塚田朋子 (2006)「ポール・H・ナイストロムの流行商品計画論」『三田商学研究』49(4), 149~161ページ；富澤修身 (2003)『ファッション産業論』創風社；富澤修身 (2008)「Paul H. Nystrom (1928) Economics of Fashion の紹介と検討」『経営研究（大阪市立大学）』59(3), 1~17ページ；薄井和夫 (1999)『アメリカ・マーケティング史研究』大月書店などが挙げられる。
3) S. D. Hunt (1983) "General Theories and Fundamental Explananda of Marketing,"

Journal of Marketing, 47 (Fall), pp.9-16, 塚田朋子 (1993)「S. D. ハントの『基本的被説明事項』第2群再考」『東洋大学経営論集』49 ページ, 75~90 ページ。
4) Duncan (1957).
5) P. H. Nystrom (1915) *Economics of Retailing*, Ronald Press Company.
6) R. Bartels (1962) *The Development of Marketing Thought*, Richard D Irwin, Homewood, IL.
7) Duncan (1957).
8) A. W. Shaw (1915) *Some Problems in Market Distribution*, Harvard University Press, の中でショウは基本的な経営理念として Marketing という用語を使用した。この点については, P. D. Converse (1959) *The Beginnings of Marketing Thought in the United States: With Reminiscences of Some of the Pioneers in Marketing Scholars*, Bureau of Business Research, University of Texas, に詳しい。
9) P. H. Nystrom (1913) *Retail Selling and Store Management*, Ronald Press Company, NY. は 1917 年に第二版が出版される際に『小売店のマネジメント (*Retail Store Management*』にタイトル変更された。
10) Bartels (1962).
11) P. H. Nystrom (1916) *Textiles*, Ronald Press Company, NY.
12) この点については, 田村正紀 (2011)『消費者の歴史―江戸から現代まで』千倉書房, や間々田孝夫 (2000)『消費社会論』有斐閣コンパクト, などにおいて大衆消費社会成立の条件やその時期についての議論が行なわれている。また, 1920 年代にアメリカの大衆消費社会の基盤が成立し始めていたという視点は, W. W. Rostow (1991) *The Stages of Economic Growth-A Non-Communist Manifesto-, 3rd Edition*, Cambridge University Press, などに示されている。
13) P. H. Nystrom (1929) *Economics of Fashion*, Ronald Press Company, NY.
14) P. H. Nystrom (1929) *Economics of Consumption*, Ronald Press Company, NY.
15) P. H. Nystrom (1937) *Retail Store Operation*, Ronald Press Company, NY.
16) P. H. Nystrom (1937) *Fashion Merchandising*, Ronald Press Company, NY.
17) 田村正紀 (1990)『現代の市場戦略』日本経済新聞出版社。
18) Jarnow (1965) (尾原訳 (1968)) では, ナイストロムの著作との関連で次のような記述がある。「ファッションを扱うビジネス, つまりファッション産業の仕組みと活動を, アメリカの婦人服業界を中心に, わかりやすく説明したものである。……(中略)……現代におけるファッションは食うか食われるかの非常に厳しいビジネスの世界として展開されている。」,「ファッションは多数の人間に受け入れられるスタイルであるとジャーナウは示す。マスコミが発達し, 貧富の差を問わず人々がそれなりにファッションを楽しむ社会的条件と購買力を備えている現代においては, ファッションは一部の人間の特権ではなく, 大衆のものである。ファッションが少数の富裕階級の者であった時代には小数のデザイナーの独創力とそれを衣服に仕上げる職人がファッションを生み出した。一方, 大衆のためのファッションは, マス・プロ, マス・セールスを基盤とするものであり, そのビジネスの中核をなすものは, 流行の方向をつかみ, 大衆にうけるスタイルを発見すること, そして, そのようにして生み出した商品の最も効果的なマーチャンダイジングである。現代のデザイン活動は, 創造活動は従来の芸術的なひらめきの領域を踏まえながらも, 一般大衆の流行の趨勢を深く読み取った潜在販売力をもつ商品, すなわち量的に売れる商品を生み出すことを最終目標とするものでなくてはならない。同様にマーチャンダイジング活動も, その商品をより利益多く販売するためにあらゆる専門技術を駆使するものでなくてはならないのである。」
19) T. H. Witkowski (2010) "The Marketing Discipline Comes of Age, 1934-1936," *Journal*

of Historical Research in Marketing, 2(4), pp. 370-396. では，マーケティング論の萌芽期における学会と学術誌の展開と AMA の成立過程の歴史が詳細に整理されている。
20) A. Raucher (1991) "Dime Store Chain : The Making of Organization Men, 1880-1940," *The Business History Review*, 65(1), pp.130-163. W. Hancock (2016) *The History of Retailing*, Hancock Press.
21) *The Saturday Evening Post*, January 3rd, 1948.
22) "Dr. Paul Nystrom Obituary," *Eau Claire Leader*, Saturday, 23rd August, 1969, p.11.
23) 鈴木安昭（著），東伸一・懸田豊・三村優美子（補訂）(2016)『新・流通と商業（第5版)』有斐閣。
24) C. Doten (1916) "Review : Economics of Retailing by Paul H. Nystrom," *Publications of the American Statistical Association*, 15(114), pp. 222-223.
25) P. T. Cherington (1916) "Review : The Economics of Retailing by Paul H Nystrom," *The American Economic Review*, 6(2), pp. 382-385.
26) P. H. Nystrom (1929) *Economic Principles of Consumption*, Ronald Press Company (Reprint by Arno Press), NY.
27) Doten (1916).
28) F. W. Taylor (1911) *The Principles of Scientific Management*, Harper & brothers, New York and London, E. Mayo (1933), *The Human Problems of Industrial Civilization*, Macmillan, New York.
29) P. R. Shergold (1982) *Working-Class Life : The "American Standard" in Comparative Perspective, 1899-1913*, University of Pittsburgh Press.

＊章頭の肖像写真は，AMA より許諾の上，『ジャーナル・オブ・マーケティング』誌より掲載。
Reprinted with permission from the American Marketing Association
Paul H. Nystrom Author(s) : Delbert J. Duncan Source : *Journal of Marketing*, Vol. 21, No. 4（Apr., 1957), pp. 393-394.

〔東　伸一〕

第8章

M・P・マクネア
―― 小売業態論の創始者 ――

第1節　はじめに

　マルカム・P・マクネア（Malcolm P. McNair, 1895-1986）は，小売業の研究領域で最も有名な理論の1つを提案した学者である。マクネアが大学で研究教育に携わることになったのは，極めて偶然のきっかけによるものであった。1916年にハーバード大学を卒業し，翌年から同大学の大学院で英文学を専攻してシェークスピアの研究に没頭した。この間，文学部と政治学部で助手を務めた苦学生のマクネアは，ハーバード・ビジネス・スクールでマーケティングに関するレポートの添削と採点のアルバイトを引き受けることがあった。この経験を通じて，マーケティングや小売業に興味を抱くことになった。そして1920年に英文学の修士号を取得した後には，その仕事ぶりから彼の能力を評価したビジネス・スクールでマーケティングの研究教育に携わるコープランド（M. T. Copeland）の懇願と後押しを受けて専任講師として教授陣の一員に加わった（Salmon 1969 ; Greer 1985, p.6）。それから1924年に助教授，1927年に准教授，そして1931年に教授へと順調に昇進の途を辿った。さらに1950年には，初代のリンカーン・ファイリーン（Lincoln Filene）教授に就任する栄誉に恵まれた。そして1961年に退職するまで，とりわけ小売業の研究教育において活躍してきた。本章は，マクネアの功績を①ビジネス・スクールにおける教育，②マーケティング学者としての研究，そして③ビジネス・カウンセラーとしての活動という側面から整理することを目的としている。

第2節　ハーバード・ビジネス・スクールにおける教育

　周知のように，ビジネス・スクールにおけるケース・メソッドの教育方法を先頭に立って構築してきたのは，ハーバード・ビジネス・スクールである。いまや世界中の専門職大学院で導入されているケース・メソッドは，1887年にハーバード・ロー・スクールが最初に採用した教育方法といわれる。この方法は1908年にハーバード・ビジネス・スクールが創設された当初から取り入れられてきた。とりわけ，1919年に実務経験が豊富なドナム（W. B. Donham）が校長に就任して以来，効果的な教育方法として積極的に活用されてきた（David 1954, pp.vii-ix〔慶応義塾大学ビジネス・スクール訳 1977, v~viiiページ〕；吉原 1999, 12~20ページ）。この方法は，講義で現実に近い状況を演出し，そのなかで意思決定や問題解決に取り組む機会を提供することに特徴づけられる。様々な事実が記述されたケースの分析を通じて疑似的に経営を経験させることによって，動態的で複雑な現実社会における企業経営に求められる論理的な思考，適切な意思決定，そして問題解決能力を養うことを目的としている。

　先行研究が見出してきた原理や原則を一方的に伝える講義形式の教育方法は，学生自身の主体的な考察や発言を抑制することで効果的な教育を阻むことが懸念される。ケース・メソッドを採用する講義では，個々の具体的な事例を記述したケースを教材として用いるディスカッションを中心に展開される。したがって，講義に参加する学生にはケースの熟読や学習事項について周到な予習が要求される。こうした方法は，学生の主体的な考察や発言を促すことによって講義への参加意識や学習意欲を高めることが期待される。また，実際にビジネスの現場で発生する問題は，既存の学問体系の枠内で解決できる問題とは限らない。現実の企業経営には，組織の姿勢や活動を導く明確な経営理念と複雑な問題を多角的に考察する柔軟な思考力や鋭い洞察力が要求される。ケース・メソッドによる教育には，そうした能力を実践的に育むことも期待されている。

　マクネアは，ケース・メソッドによる教育の目的は，知的で大胆な行動の基盤を養うことにあると考えた。知識人や書物による教えに身を委ねるばかりでなく，絶え間なく変化する動態的な環境のなかで直面する様々な問題と冷静に向き合い，自信を持って適切な意思決定や対応ができるように支援することであると論じている。ビジネス・スクールの教員は，学生にそうした力を与える

ことはできない。それは多くの苦痛が伴う個人的な努力によって獲得されなければならない。マクネアは，ビジネス・スクールにおける真の教育は教員の知識を一方的に注ぎ込むのではなく，学生の自立した考察や能動的な思考を育むことに他ならないと論じている（McNair 1954, pp.22-24〔慶応義塾大学ビジネス・スクール訳 1977, 33~36 ページ〕）。しかしながら，豊富な判例が存在するロー・スクールや多くの症例に学ぶことが可能なメディカル・スクールなどと異なり，企業経営における意思決定の記録はどこにも存在していなかった。

　ハーバード・ビジネス・スクールでは，自らケース・メソッドに必要な教材（ケース集）の開発に取り組まれてきた。そうした挑戦はコープランドが1920年に『マーケティングの諸問題』（*Marketing Problems*）を出版したことに始まる（Copeland 1920）。それ以降，ビジネス・スクールでの教材開発はマクネアが先頭に立って推進されてきた。小売業を専門に研究するマクネアは，小売企業のマーケティングを素材とするケース集の開発に注力してきた[1]。コープランドの指導を受けて1926年に『小売業における諸問題』（*Problems in Retailing*）の編集に携わったのが最初の取り組みになる（David and McNair 1926）[2]。実際に小売業が経験してきた諸問題を収集し，200を超える多様なケースが掲載された。もちろん，ケースには小売企業が現実社会で直面する課題を反映する必要があるために改訂版が上梓されてきた。まず1930年とその翌年に，初版を充実させる形で『小売流通における諸問題』（*Problems in Retail Distribution*）と『小売店舗のマネジメントにおける諸問題』（*Problems in Retail Store Management*）に分けて編纂された（McNair and Gragg 1930, 1931）。この2冊の教材は，1934年まで利用された。それから暫くは，様々な変化に柔軟な改訂が可能となる謄写版の教材が用いられた。しかし1937年には，その他のビジネス・スクールでも利用できるように配慮してケースの冒頭に導入部を加え，本文を簡約した入門教材として『小売業における諸問題』（*Problems in Retailing*）を作成した（McNair *et al.* 1937）。さらに1957年には，5冊目となる『小売マネジメントのケース』（*Cases in Retail Management*）を出版している（McNair *et al.* 1957）。

　こうしたケース集を開発する目的は，単に情報を伝えることではない。マクネアが指揮を執って編集したケース集には，2つの目的が設定されてきた。1つは，小売業の諸問題にかかわる課題について，学生に経営者の視点（立場）から分析する機会を提供することである。もう1つは，こうしたケースから健

全な小売経営をもたらす原理や原則を帰納的に導き出すことを促すことである（McNair and Gragg 1930, p.v）。とりわけ，様々な問題に対する解答を提供するのではなく，経営状況を分析することと自身で意思決定する能力を育むことが重視された。したがって，ケース集を開発するに際しては，ケースを分析する学生自身が論理的な結論を導き出すことが可能となるように事実や課題を詳しく記述することに配慮された。また，基本的な原理を段階的に学習できるように，慎重に課題の構成や指導の順序が設計された（David and McNair 1926, p.v）。

第 3 節　ハーバード・ビジネス・スクールにおける研究

極めて真摯な教育者であったマクネアは，有能で卓越した学者でもあった。ハーバード・ビジネス・スクールでの在職期間には，小売業について多くの実務的な研究課題に取り組んだ。ビジネス・スクールでのケース・メソッドに基づく教育方法は，その研究方法に影響を及ぼしてきた。教材となるケース集の作成に携わることを通して，現実の問題を厳密に観察する機会に恵まれた。実態を観察することから原理や原則を浮き彫りにする帰納的な研究手法を経験的に体得した。

1．アメリカにおける百貨店の研究

彼は 40 年以上もの間，全米小売業界の支援を受けて百貨店と専門店の年次報告書（アニュアル・レポート）の執筆と検査に携わった。この年次報告書は企業の経営者，政府の役人，そして学界の研究者に貴重な情報を提供した。そうした取り組みは，1925 年に『小売業の在庫管理法』（*The Retail Method of Inventory*）と題して出版されることで結実した。本書は，マクネアが単独で執筆した処女作となる。小売業に携わる実務家に経営分析の基礎を示すことを目的として（McNair 1925, p.iii），小売業の在庫管理で発生する問題の解決策について具体的な事例を介して検討された。多様な商品を取り扱う小売業は商品の単位原価から棚卸資産を評価することが困難となるが，小売業における棚卸資産の評価方法として「小売棚卸法（売価還元法）」の原理やその問題点などについて論じた。周知のように，この方法では売価の合計額から棚卸資産を把握し，

それに原価率を乗じることで期末商品の原価が算定される。多様な取扱商品の個別管理が不要となる簡潔な資産評価や市場価値を反映した資産評価が可能となるところに長所がある（McNair 1925, pp.45-64）。本書では，その基本的な考え方や実践法が丁寧に論じられているが，当時のアメリカでは多くの小売企業がこの手法を採用したという（Kraemer 1925, pp.96-97；Salmon 1969, p.52）。

次いで，小売企業の経営分析に注力してきたマクネアは，当時の小売業界で最も大規模な店舗を展開する百貨店の分析に取り組んだ。その成果は，多くのレポート，論文，そして著書を通じて発表されてきた[3]。例えば，ビジネス・スクールの研究員であったメイ（E. G. May）と 1963 年に出版した『アメリカの百貨店 1920-1960：ハーバード・レポートに基づく業績分析』（*The American Department Store, 1920-1960: A Performance Analysis Based on the Harvard Reports*）を取り上げることができる。アメリカの百貨店が直面する経営問題を具体的に把握することを目的として，40 年間に及ぶ百貨店業界の経営分析に取り組まれた（McNair and May 1963, p.v）。そこでは，客単価の増加，取扱商品の高額化，販売価格の上昇が売上高を 4 倍に拡大させたこと，粗利益率がおよそ 4％上昇したこと，売上高販売管理費比率が 1920 年代の 29％から 50 年代には 35％に拡大したこと，そして税引後利益が下降傾向にあることが見出され，アメリカの百貨店が高コスト経営に変容してきたことが実証的に明示されている（*ibid.*, pp.82-87）。

なお，マクネアの百貨店に関する研究は，経営分析に留まらなかった。マクネアの研究は，個別企業の経営を対象とする微視的な視点から小売業界を俯瞰する巨視的な視点に拡大した。以後，マクネアは小売業態としての展開を社会経済的な環境条件との関係から考察する研究に取り組んだ。例えば，1950 年に『ハーバード・ビジネス・レビュー』（*Harvard Business Review*）で発表した「先を読む」（Thinking Ahead）と題する論文においては，アメリカの百貨店は環境変動に応じたマーケティングが展開できていないために衰退してきたことを指摘し，社会経済の変動がもたらす人々の生活様式の変容に創造的な対応を図るマーケティングを展開する必要性を唱えた（McNair 1950）。また，1977 年にバージニア大学のダーデン・スクール・オブ・ビジネスに移籍したメイと共同で『ジャーナル・オブ・リテーリング』（*Journal of Retailing*）に発表した「これからの 10 年間で厳しい困難に直面する百貨店」（Department Stores Faces Stiff Challenge in Next Decade）と題する論文においても，1950 年代から

70年代にかけてアメリカの百貨店が衰退してきた要因を俯瞰的に分析し，生活状態や消費行動への対応を怠っていたために成熟した小売業態へと凋落の途を辿ってきたことについて言及した（May and McNair 1977）。

2．アメリカにおける小売業の動態：「小売の輪」の提唱

多くの革新的な小売商業形態（以後，便宜的に「小売業態」と省略）[4]を生み出してきたアメリカの小売業界においては，1880年代に都心部で百貨店，そして農村部で通信販売が登場した。次いで1910年代から20年代にかけては，食料品，生活雑貨，そして衣料品のチェーンストアが猛威を振った。それから1929年に勃発した世界大恐慌に端を発する慢性的不況期にスーパーマーケットが誕生し，第二次世界大戦後にはディスカウント・ストアやショッピングセンターが登場してきた[5]。そして近年では，カテゴリーキラー（特有のコンセプトに基づく総合専門店），アウトレットモール，会員制ホールセールクラブ，そして電子商取引（EC）などの新勢力となる多様な小売業態が台頭している。1957年にピッツバーグ大学で開催された流通業に関するシンポジウムで「戦後期の顕著な趨勢と発展」（Significant Trends in Development in the Postwar Period）と題して講演したマクネアは，アメリカの小売業を歴史的に展望するなかで，その動態に見出した1つの法則性を「小売の輪（Wheel of Retailing）」と称した（McNair 1958, pp.17-18）。

学界における「小売の輪」の解釈を要約すると次のようになる。革新的な小売業態は，小売ミックスや経営管理の刷新を基盤として実現される低コストと低マージンの経営から低価格を訴求する形で登場する。しかし，その革新者は好評を博して市場地位を築く過程で多くの追随者を招くことになる。そこで革新者と追随者との間で競争が展開され[6]，店舗施設や顧客サービスの充実化に象徴される「格上げ（trading up）」が余儀なくされる。こうして，革新者はやがて高コストと高マージンの経営を展開する成熟した小売業態へと変容していく。そうした状況に，低コストと低マージンの経営に特徴づけられる新たな革新者に参入の余地がもたらされ，同様の展開が繰り返される。小売業界では，業態間競争（intra-type competition）と業態内競争（intra-type competition）が繰り返されるなかで革新的な小売業態が登場するというのである。そして，マクネアは以下のように展望した（McNair 1958, p.18）。

「小売の輪」は，早く回転する時があれば遅く回転する時もある。百貨店業界における「小売の輪」の回転は，非常にゆっくりしていた。しかし食料品小売業における「小売の輪」は，凄まじい勢いで回転した。遅かれ早かれ，マーケティングに取り組むあらゆる会社は脆弱な体質へ陥る運命にあり，それらは刷新して転換するか，あるいは市場で延命を図って前線から退くかというジレンマに陥る。例えば，信用販売，電話による御用伺いと受注，そして配送などのサービスを提供するグローサリーストアは市場でその影を薄くした。かつてスーパーマーケット方式やボランタリーチェーン方式に転換することに失敗したサービス・ホールセール・グローサーは，いまや小売業界で見る影もない。現在，ドラッグストア，バラエティ・チェーンストア，百貨店に代表される高コストの小売流通業者は成熟期に達しており，やがて姿を消すことを待ち受けているかのようにさえ思われる。

なお，その絶妙な比喩表現をするまでに及んでいなかったが，マクネアは「小売の輪」という表現で描写した運動法則が存在することについては，以上の見解を示した四半世紀ほど前に見出していた。それは1931年にハーバード・ビジネス・スクールで開催された第1回目の同窓会における講演内容をもとに執筆して『ハーバード・ビジネス・レビュー』で「大規模小売業の動向」（Trends in Large Scale Retailing）と題して発表した論文のなかで，以下のように述べられていた（McNair 1931c, p.39）。

　　百貨店やチェーンストアの動向を見てみると，流通企業の展開は3つの段階からなる過程で定式化することができる。はじめに，革新者は低価格を訴求して市場参入を果たす。すなわち，低コスト経営に基づく低価格の商品を提供することによって需要を獲得する。これが第1段階に相当する。そして第2段階は，取扱商品の格上げに特徴づけられる。しかし，やがて革新者が取扱商品の格上げを行なうことで価格訴求力を喪失した後は，様々なサービスの提供づけられる第3段階へと移行する。例えば，返品性の採用，高コストの事業展開，そして設備投資などが挙げられる。また，店舗施設などに多大な投資を行われることで流動資産の割合も低下する。こうして経営が困難な状況に直面することになる。そして彼らのマーチャンダイジングは，創造的というよりも模倣的となり，新たな事業展開を躊躇するなど，慎重な事業展開が行われることになる。そして再び，そこに低価格を訴求する新たな革新的な流通企業が参入してくるのである。

さて、マクネアがアメリカの小売業に見出した運動法則は、革新的な小売業態そのものの変容に着目する内部過程と小売市場における革新的な小売業態の盛衰を俯瞰する外部過程という2つの視点から認識することができる。内部過程においては、当初は既存の小売業態に猛威を振るった参入段階の革新者が競争の激化に伴って格上げを経験し、時代遅れの伝統的な小売業態から成熟した小売業態へと衰退するという循環的な現象として認識することができる（図表8-1参照）。そして内部過程を小売業界という視点から俯瞰する外部過程においては、時代の流れに伴い革新的な小売業態が生起する連続的な現象と認識することができる（図表8-2参照）。

マクネアが提唱した「小売の輪」は、アメリカにおける小売業態の誕生とその後の展開に備わる法則性を見事に描写している。それはマーケティングの研究領域が独自に生み出された数少ない理論であり、偉大な業績として評価されてきた（Brown 1990, p.143）。また小売業の研究においては、最も有名な理論の1つとして評価されている（田村 2008, 38ページ）。日本においても、アメリカで「小売の輪」が提唱された直後から多くの研究論文でその妥当性や問題点について議論されてきた[7]。いまでは、大学教育における流通論や商業論の教科書で必ずといってよいほど取り上げられる。また、そうした科目の定期試験やリテールマーケティング（販売士）検定試験で出題されることも少なくない。それほどに評価されているのである。

しかし、それは普遍的な説明能力を備えるものではなかった。アメリカやその他の国の現実と照らし合わせてみると、必ずしも「小売の輪」に従わない現象が見出された。最初に「小売の輪」の定式化と批判的な検討を試みたホランダー（S. C. Hollander）は、革新的な小売業態は低コスト経営に基づく低価格を訴求して登場するとは限らないこと、必ずしも格上げを行わないこと、そして既存の小売業態が応戦するために必ずしも優位性を獲得できるとは限らないことを指摘した（Hollander 1960, pp.40-41〔嶋口訳 1979, 102~103ページ〕）。こうした議論を契機として、「小売の輪」に備わる限界の克服に挑戦する形で様々な理論が提唱されてきた（向山 1985, 1986 ; Brown 1987, 1988a, 1988b）。

周知のように、「小売の輪」は革新的な小売業態の生成と発展の様式を説明する理論（あるいは、仮説）として提唱されたものと認識されてきた。しかしそれは、マクネアの真意に沿うものではなかった。正確には、ホランダーの定式化と批判的な検討が火付け役となり、その説明力に刺激された多くの学者が

図表 8-1 「小売の輪」の内部過程

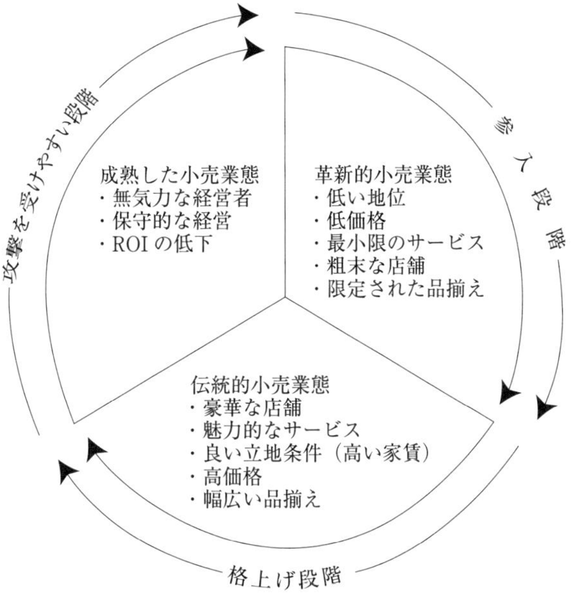

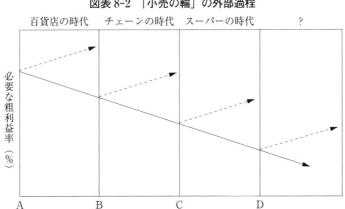

成熟した小売業態
・無気力な経営者
・保守的な経営
・ROIの低下

革新的小売業態
・低い地位
・低価格
・最小限のサービス
・粗末な店舗
・限定された品揃え

伝統的小売業態
・豪華な店舗
・魅力的なサービス
・良い立地条件（高い家賃）
・高価格
・幅広い品揃え

攻撃を受けやすい段階

参入段階

格上げ段階

出所：Brown (1987), Figure.2, p.11 を参考に筆者作成。

図表 8-2 「小売の輪」の外部過程

百貨店の時代　チェーンの時代　スーパーの時代　？

必要な粗利益率（％）

A　　　　B　　　　C　　　　D

注：点線の矢印は，「格上げ」を表現している。
出所：Gist (1968), Figure.4-1, p.27, Figure.4-3, p.110 を参考に筆者作成。

図表 8-3 「小売の輪」を提唱した論文（講演）の目次（構成）

第 01 節	大量消費市場の到来（The New Mass Market）
第 02 節	絶え間ない生産（Production Unlimited）
第 03 節	小売革命（The Retail Revolution）
第 04 節	消費者忠誠の変容（The Shifting Allegiance of Consumers）
第 05 節	利益の圧迫（Profit Squeeze）
第 06 節	新たな競争の展開（The New Competition）
第 07 節	流通における技術の到来（Technology Comes to Distribution）
第 08 節	潮流に潜む競争力学（The Competitive Dynamics Behind the Trends）
第 09 節	百貨店問題の考察（A Closer Look at the Department Store Problem）
第 10 節	小売業者の能力と経営費率（Retail Capacity and the Expense Rate）
第 11 節	大学に対する意義（The Significance for the University）

出所：McNair（1958），pp.1-25 より筆者作成。

修正や補強を図る形で議論が展開されてきたのである。こうした誤解は，多くがその入手困難性から「小売の輪」が提唱された原文を参照することができず，ホランダーの解釈，あるいは『"小売の輪" は回る：米国の小売形態の発展』（*The Evolution of Retail Institutions in the United States*）に引用された一部分の抜粋を頼りに議論きたことに起因していた（清水 2007, 53 ページ）。それは「小売の輪」について言及する国内外における先行研究のすべてにおいて，1958 年に出版された原文の 17 ページから 18 ページまでの抜粋部（McNair and May 1976, pp.1-2〔清水訳 1982, 1～3 ページ〕）しか参照や引用ができていないことからも確認することができる。

　実際，マクネアは「小売の輪」を提唱した論文の冒頭で「今世紀を通じて，今日ほど小売流通が力強く変動した時代を経験したことがない。こうした変動は諸外国に比べ，自由かつ競争的な経済の複雑な絡み合いからもたらされてきた。本稿の目的は，アメリカにおける流通の現状を小売商業の部門に焦点を絞り，その動向と課題を包括的に検討すること（傍点は筆者加筆）」（McNair 1958, p.1）と述べているように，彼の関心はアメリカにおける小売業の趨勢を巨視的な視点から展望することにあった。それは，論文（講演）の全容から見ても明らかである（図表 8-3 参照）。さらに，本論文で「小売の輪」という表現を用いた後に「百貨店問題の考察」と題する節を設け，百貨店の歴史的展開を「小売の輪」に照らし合わせて考察している。そこでは新たな革新者に直面する百貨店が選択し得る対応策には格上げを含めていくつかの選択肢があり得ること

を示し,「『小売の輪』は回転している。そして百貨店は,革新を図ることで進化するか,あるいは別の対応を図るかという選択に迫られている」(*ibid.*, p.22)と述べている。この見解は,革新者の対応として格上げのみを想定するホランダーの定式化がマクネアの真意に従っていないことの証左となるだろう。

さらに,それはマクネアがメイと共同で 1976 年に刊行した『"小売の輪"は回る:米国の小売形態の発展』からも確認することができる。本書の目的は,1850 年から四半世紀に及ぶ期間のアメリカにおける小売業態の変革に焦点を絞り,その歴史的事実を概観しながら変革を誘発した原因や規定要因の作用を考察することであった。アメリカの多様な小売企業の発展と衰退はそれらを取り巻く環境条件と無関係で生じたものでなく,むしろアメリカにおけるビジネスの歴史や経済,技術,社会,そして文化的な成長の産物と認識された(McNair and May 1976, p.68〔清水訳 1982, 84 ページ〕)。そして革新的な小売業態の誕生と展開に影響を及ぼす要因として,経済,技術,生活状況,消費者,企業のマーケティング,そして経営者の役割を取り上げ,それらがどのように影響してきたのか歴史的に検討された。その結果,経済環境,技術環境,そして生活環境から間接的な影響が及ぶものの,小売企業の成長と発展は,経営者の挑戦,消費者の変容(欲望,習慣,態度,洗練,生活様式),そしてメーカーや卸売業のマーケティングの変容に誘発されてきたことが見出されている (*ibid.*, p.96〔同上書, 121~122 ページ〕)。

また,彼らは 1978 年に『ハーバード・ビジネス・レビュー』で発表した「"小売の輪"が描く小売業の未来図」(The Next Revolution of the Retailing Wheel) と題する論文において,アメリカで鉄道や郵便という社会基盤の発展が小売業の発展に大きく影響してきたように,情報処理やコミュニケーションにかかわる技術の発展が未来の小売業や消費者の行動様式に大きな変容をもたらすことを見通していた。具体的には,テレ・コミュニケーション・ショッピングの時代が到来することを明言した (McNair and May 1978〔江口訳 1979〕)。近年の小売業界における最大の革新は,電子商取引の躍進といっても過言でない。現在,彼らが予見していたように情報通信技術(ICT)が発展し,パーソナルコンピュータ,タブレット,そしてスマートフォンなどの多様な端末機を介する電子商取引が全盛を誇っている。そしてネット(仮想店舗)がリアル(実店舗)の存在を凌駕しようとしている。彼らは,いまから 40 年も前にこうした社会が到来することを見通していたのである。

第 4 節　現代的評価

　以上，本章ではマクネアの研究教育がもたらした功績を概観してきた。改めて彼の人物像を要約すると，真摯な教育者，実務への参画者，そして卓越した学者という側面から把握することができる。マクネアのおよそ半世紀にわたる教育者としての評価は，1964 年に全米小売業者協会が彼の功績を讃えるために開催した晩餐会の席における「私が誇りに思うことは，私自身が個人的に成し遂げてきた何よりも，ハーバード・ビジネス・スクールの修了生達によって成し遂げられたことにある。彼らは，私の不朽の業績といえるでしょう」(Salmon 1969, p.51) という挨拶の言葉に示唆されている。マクネアの教育活動は，自身のビジネス・カウンセラーとしての豊富な経験に裏打ちされたものであった。ハーバード・ビジネス・スクールに在職した期間には可能な限り実務に参画し，アライド・ストアズ・コーポレーション (Allied Stores Corporation) やジョン・ワナメーカー (John Wanamaker) といった百貨店で役職を担ってきた。その多くは大規模の小売企業を対象とするものであったが，業界や規模を問わずにあらゆる企業の相談役を務めた。こうしたマクネアの活動に対する評価は，彼に経営指導を受けた中小企業の経営者による「彼は常に頼りになる熱心な相談相手であり，私たちが抱える課題の解決に親身に寄り添ってくれた。また，莫大なリスクが伴う新規事業を支援し，成長の機会をもたらしてくれた」(*ibid.*, p.52) という感謝の言葉からも読み取ることができる。

　最後に，マクネアの卓越した学者としての評価は，「小売の輪」に端を発する革新的な小売業態の生成と展開にかかわる研究の礎を築いたことに集約されるのではないだろうか。以上で概観した「小売の輪」の評価については，2 つの立場がある。1 つは，その普遍性の欠如と向き合う立場である。もう 1 つは，小売業の研究領域に有意義な議論を誘発させた貢献を評価する立場である。先行研究では様々な側面から理論としての不完全性が指摘されてきたが (e.g. Hollander 1960, pp.40-42〔嶋口訳 1979, 102~103 ページ〕; Savitt 1988, pp.38-39)，それらは総じてアメリカやイギリスなどの先進諸国における事実を説明していると評価している。多くの学者の関心を引き寄せる魅力的な仮説や理論は，その後の議論を活性化させるという意味で評価することができる。すなわち，その普遍的な説明力の欠如が豊富な議論を誘発することで研究を深化させてきたこ

とは評価に値する（Brown 1987, 1988a, 1990, 1991）。また，比較流通や小売国際化についての派生的な議論を誘発させた点についても評価することができる[8]。1976年に『"小売の輪"は回る：米国の小売形態の発展』を出版した際，ホランダーの定式化や批判的検討に対して，マクネアは弁明することも異議を唱えることもしなかった。いまやその真意を知る由もないが，ビジネス・スクールでディスカションを中心とする教育方法を重視したマクネアは，あえてそうすることによって学界での議論を促したのではないだろうか。実際，これまでの議論は，マクネアによる「小売の輪」の提唱とそれを契機とする議論の芽生え，その拡張や修正を図る議論や代替的な理論仮説の提唱による研究の進展，そしてそれらの批判的検討に基づく議論の成熟という「『小売の輪』の輪」と表現することができる研鑽の積み重ねを見せてきた（Brown 1988a；1988b, p.71；1990, pp.146-147）。このように解釈するならば，そうした彼の思惑も学者としての評価に値する。

〔付記〕
　本研究は，JSPS科研費18K01900の助成を受けた成果の一部である。

〔注〕
1) なお，その他の科目についてもケース集も作成している。マーケティングについては，McNair et al. (1942), McNair and Hansen (1949a, 1949b), そしてMcNair et al. (1957)を出版している。また，ビジネス・エコノミクスに関するMcNair and Meriam (1941)や食品流通に特化したMcNair et al. (1964)などのケース集も刊行してきた。
2) それはハーバード・ビジネス・スクールが最初に出版したケース教材であるDavid (1922) を参考として作成された。
3) 例えば，百貨店の経営と不動産に対する支出の関係性について経営分析を行っている（McNair 1931a, 1931b）。
4) ここでの「小売商業形態」という用語は，百貨店やスーパーマーケットなどの「小売業態」，レギュラーチェーンやフランチャイズチェーンなどの「経営形態」，そしてショッピングセンターやショッピングモールなどの「計画的商業集積」を包摂する専門用語として用いている。最後の「計画的商業集積」は，百貨店や総合スーパーが複数のテナントを内包しているにもかかわらず個別の小売業態として認識されていることと同様の観点から，1つの小売業態と解釈する見解も存在している。本章では用語法の混乱に配慮し，便宜上「小売業態」を用いることにする。なお「小売業態（業態）」とは，小売業を「いかに売るのか（How to Sell）」という販売方法の視点から認識する概念である。小売業の基本的要素となる「品揃え」「価格」「顧客サービス」「営業時間」「店舗環境」「立地条件」，そして「販売促進」などの「小売ミックス（Retailing Mix）」から創造される営業形態の類型となる。この概念が用いられるようになるまでは，小売業を分類するに際して「なにを売るのか（What to Sell）」という取扱商品の視点から認識する「小売業種（業種）」の概念が用いられてきた。多くの小売業が「業種」の壁を越えて品揃えや

顧客サービスを創造するようになり，実態を明確に把握するために「業態」という概念が必要になってきた（石原 1999）。
5) アメリカにおける小売業の歴史的展開については，佐藤（1971），鳥羽（1974），そして徳永（1992）を参照されたい。
6) バックリン（L. P. Bucklin）によれば，「小売の輪」は屈折需要曲線における屈折点が上昇するパターンを描写したものと解釈されている。屈折点における小売業態は低価格を訴求してもその効果を享受することが期待できないために，差別的優位性を追求する過程で価格競争から非価格競争へと移行することで格上げが展開される。そして，それに要したコストを埋め合わせるために価格上昇が余儀なくされ，屈折点が上昇するという解釈である（Bucklin 1972, pp.120-121）。
7) 日本で最初に「小売の輪」を紹介した文献は，荒川（1966）である。また，それを詳細に検討した先駆的な文献としては，鈴木（1967），荒川（1969, 74~84 ページ），白石（1976），荒川・白石（1977），小原（1979），白石（1987, 107~137 ページ），そして中西（1996）などを取り上げることができる。
8) 実際に，ホランダーやケイナック（E. Kaynak）の発展途上国における革新的な小売業態の登場とその後の展開の様式が「小売の輪」に従わないという指摘は，世界各国の流通業（とりわけ，小売業）の発展や消費の様式がグローバリゼーションの影響を受けながらも，各国の環境条件に備わる固有性に立脚して具現化される原理を追究する比較流通論の先駆けとなった（Hollander 1960, p.40〔嶋口訳 1979, 102 ページ〕; Kaynak 1979）。また，こうした研究が異国の小売市場や流通システムを把握する視点を提供する形で小売業の国際化に関する研究の基礎となっている（Hollander 1968, pp.5-6 ; 1970, pp.194-195）。

〔参考文献〕
荒川祐吉（1966）「商業の本質と商業政策の基礎原理に関する一考察」『調査月報』（62），国民金融公庫調査部，43~44 ページ。
荒川祐吉（1969）『商業構造と流通合理化』千倉書房。
荒川祐吉・白石善章（1977）「小売商業形態展開の理論：『小売の輪』論と『真空地帯』論」『季刊 消費と流通』1(1)，日本経済新聞社，88~93 ページ。
石原武政（1999）「小売業における業種と業態」『流通研究』2(2)，日本商業学会，1~14 ページ。
小原　博（1979）「小売業形態発展理論の吟味：W. R. ダビッドソンの所論を中心に」『経営経理研究』（21），拓殖大学経営経理研究所，107~132 ページ。
佐藤　肇（1971）『流通産業革命：近代商業百年に学ぶ』有斐閣。
清水　猛（2007）「マーケティング研究の分析枠組：M. P. マクネアの小売形態展開論を中心に」『横浜商大論集』41(1)，横浜商科大学学術研究会，49~69 ページ。
白石善章（1976）「小売商業構造変動論について」『六甲台論集』23(1)，神戸大学大学院研究会，40~50 ページ。
白石善章（1987）『流通構造と小売行動』千倉書房。
鈴木安昭（1967）「小売業構造における形態について」『青山経営論集』2(2)，青山学院大学経営学会，13~37 ページ。
田村正紀（2008）『業態の盛衰：現代流通の激流』千倉書房。
徳永　豊（1992）『アメリカの流通業の歴史に学ぶ』中央経済社。
鳥羽欽一郎（1974）『アメリカの流通革新：消費者志向の歴史と理念』日本経済新聞社。
中西正雄（1996）「小売の輪は本当に回るのか」『商學論究』43(2/3/4)，関西学院大学商学

研究会, 21~41 ページ。
向山雅夫 (1985)「小売商業形態展開論の分析枠組(1): 諸仮説の展望」『武蔵大学論集』32 (2・3), 武蔵大学経済学会, 127~144 ページ。
向山雅夫 (1986)「小売商業形態展開論の分析枠組(2): 分析次元とその問題点」『武蔵大学論集』34(4), 武蔵大学経済学会, 17~45 ページ。
吉原正彦 (1999)「ハーバード・ビジネス・スクールとウォレス・B・ドナム」『青森公立大学経営経済学研究』4(2), 青森公立大学, 2~23 ページ。

Brown, S. (1987) "Institutional Change in Retailing: A Review and Synthesis," *European Journal of Marketing*, 21(6), pp.5-36.
Brown, S. (1988a) "The Wheel of the Wheel of Retailing," *International Journal of Retailing*, 3(1), pp.16-37.
Brown, S. (1988b) "Wheels Within Wheels: A Rejoinders to Ron Savitt," *International Journal of Retailing*, 3(4), pp.70-71.
Brown, S. (1990) "The Wheel of Retailing: Past and Future," *Journal of Retailing*, 66(2), pp.143-149.
Brown, S. (1991) "Variations on a Marketing Enigma: The Wheel of Retailing Theory," *Journal of Marketing Management*, 3 (4), pp.131-155.
Bucklin, L. P. (1972) *Competition and Evolution in the Distributive Trades*, Prentice-Hall.
Copeland, M. T. (1920) *Marketing Problems*, A. W. Shaw.
David, D. K. (1922) *Retail Store Management Problems*, A. W. Shaw.
David, D. K. (1954) "Preface," in McNair, M. P. and Hersum, A. C. (eds.), *The Case Method at the Harvard Business School: Papers by Present and Past Members of the Faculty and Staff*, McGraw-Hill, pp.vii-ix.〔慶応義塾大学ビジネス・スクール訳 (1977)「編集者序文」『ケース・メソッドの理論と実際: ハーバード・ビジネス・スクールの経営教育』東洋経済新報社, v~viii ページ。〕
David, D. K. and McNair, M. P. (1926) *Problems in Retailing*, A. W. Shaw Company.
Gist, R. R. (1968) *Retailing: Concepts and Decisions*, John Wiley and Sons.
Greer, R. R. (1985) "Malcolm Perrine McNair, 90, Retailing Expert at Harvard," *The New York Times*, September 10.
Hollander, S. C. (1960) "The Wheel of Retailing," *Journal of Marketing*, 25(1), pp.37-42.〔嶋口充輝訳 (1979)「『小売の輪』仮説について」『季刊 消費と流通』3(1), 日本経済新聞社, 99~104 ページ。〕
Hollander, S. C. (1968) "The Internationalization of Retailing: A Foreword," *Journal of Retailing*, 44(1), pp.3-12.
Hollander, S. C. (1970) *Multinational Retailing*, Institute for International Business and Economic Development Studies, Michigan State University.
Kaynak, E. (1979) "A Refined Approach to the Wheel of Retailing," *European Journal of Marketing*, 13(7), pp.237-245.
Kraemer, R. (1925) "Retail Method of Inventory. By Malcolm P. McNair," *The University Journal of Business*, 4(1), pp.96-97.
May, E. and McNair, M. P. (1977) "Department Stores Face Stiff Challenge in Next Decade," *Journal of Retailing*, 53(3), pp.47-58.
McNair, M. P. (1925) *Retail Method of Inventory*, A. W. Shaw Company.
McNair, M. P. (1931a) "Department Store Rentals. Ⅰ," *Harvard Business Review*, 9(2), pp.178-190.

McNair, M. P. (1931b) "Department Store Rentals. Ⅱ," *Harvard Business Review*, 9(3), pp.339-347.

McNair, M. P. (1931c) "Trends in Large-Scale Retailing," *Harvard Business Review*, 10(6), pp.30-39.

McNair, M. P. (1950) "Thinking Ahead," *Harvard Business Review*, 28(3), pp.18-23, 136-144.

McNair, M. P. (1954) "Tough-Mindedness and the Case Method," in McNair, M. P. and Hersum, A. C. (eds.), *The Case Method at the Harvard Business School : Papers by Present and Past Members of the Faculty and Staff*, McGraw-Hill, pp.22-24.〔慶応義塾大学ビジネス・スクール訳 (1977)「硬い心とケース・メソッド」『ケース・メソッドの理論と実際 : ハーバード・ビジネス・スクールの経営教育』東洋経済新報社, 33~36ページ。〕

McNair, M. P. (1958) "Significant Trends and Developments in the Postwar Period," in Smith, A. B. (ed.), *Competitive Distribution in a Free High-Level Economy and Its Implications for the University*, University of Pittsburgh Press, pp.1-25.

McNair, M. P., Applebaum, W. and Salmon, W. J. (1964) *Cases in food distribution*, R. D. Irwin.

McNair, M. P., Brown, M. P., Leighton, D. S. R. and England, W. B. (1957) *Problems in Marketing*, McGraw-Hill.

McNair, M. P., Burnham, E. A. and Hersum, A. C. (1957) *Cases in Retail Management*, McGraw-Hill.

McNair, M. P. and Gragg, C. I. (1930) *Problems in Retail Distribution*, McGraw-Hill.

McNair, M. P. and Gragg, C. I. (1931) *Problems in Retail Store Management*, McGraw-Hill.

McNair, M. P., Gragg, C. I. and Teele, S. T. (1937) *Problems in Retailing*, McGraw-Hill.

McNair, M. P. and Hansen, H. L. (1949a) *Problems in Marketing*, McGraw-Hill.

McNair, M. P. and Hansen, H. L. (1949b) *Readings in Marketing*, McGraw-Hill.

McNair, M. P., Learned, E. P. and Teele, S. T. (1942) *Problems in Merchandise Distribution*, McGraw-Hill.

McNair, M. P. and May, E. G. (1963) *The American Department Store 1920-1960 : A Performance Analysis Based on the Harvard Reports*, Harvard University.

McNair, M. P. and May, E. G. (1976) *The Evolution of Retail Institutions in the United States*, The Marketing Science Institute.〔清水猛訳 (1982)『"小売の輪"は回る : 米国の小売形態の発展』有斐閣。〕

McNair, M. P. and May, E. G. (1978) "The Next Revolution of the Retailing Wheel," *Harvard Business Review*, 56(5), pp.81-91.〔江口泰広訳 (1979)「"小売の輪"が描く小売業の未来図」『Diamond ハーバード・ビジネス』4(1), ダイヤモンド社, 23~34ページ。〕

McNair, M. P. and Meriam, R. S. (1941) *Problems in Business Economics*, McGraw-Hill.

Salmon, W. J. (1969) "Leaders in Marketing : Malcolm P. McNair," *Journal of Marketing*, 33(2), pp.51-52.

Savitt, R. (1988) "Comment : 'The Wheel of the Wheel of Retailing'," *International Journal of Retailing*, 3(1), pp.38-40.

＊章頭の肖像写真は,マーケット・ビジネス・ニュースより許諾の上,掲載。
Courtesy of marketbusinessnews.com.

〔鳥羽達郎〕

第9章

S・C・ホランダー
―― 小売研究者にしてマーケティング史研究者 ――

第1節　はじめに

　スタンレィ・C・ホランダー教授（Stanley C. Hollander, 1919-2004）は，変化および変化を歴史との関連性において理解することという双方の問題を誰よりも深く探求したマーケティング研究者である。彼の学問のこうした二重の性格は，研究者，実務家双方にとって本質的な問題に光を当てることになった。すなわち，歴史は，我々に変化をどのように語りかけるのか。変化の動因は何か。表面的で知覚的な変化と本質的な真の変化をいかにして見分けることができるのか。

　ディスカウント小売業に関する彼の博士論文から，チェーンストア，小売の輪，小売アコーディオンモデル，商品分類，消費を促進または阻害する諸規制，公共政策におけるマーケティングの学術的役割，その他様々な研究プロジェクトにいたるまで，ホランダー教授（「博士」よりも「教授」という敬称を好んだ）は，変化に関する理解を追究し続けた。歴史研究は，表面的な変化から真の変化を区別するために必要とされる土台を提供するものであった。

訳注1）　本章は，ウィリアム・W・キープ（William W. Keep）教授に寄稿いただいた論稿 "Stanley C. Hollander : Retailing and Marketing History Scholar" を薄井が訳出したものである。傍点は原文がイタリック体，（　）は原文にある表記，〔　〕は訳者による補足説明であることを示す。なお，本文における注の番号は通し番号ではなく，原文が用いている方式をそのまま採用しており，すでに参照された注番号が後から再度参照される場合がある。

ホランダーは，現代の研究者たちが正確に歴史史料を理解しているとは限らないか，変化の一貫性を理解しているとは限らないか，あるいはその双方を理解していないということを知っていた。あるインタビューの中で，彼はセルフサービスの例をあげた。「おもしろいことに，当時，われわれは，スーパーマーケットは恐慌の現象だと考えていた。というのは，それは恐慌になって初めて登場し，とてつもない価格上の優位性を提供していたからである。それは閉鎖された倉庫や工場に立地し，キラキラした飾りもディスプレィもなく，商品はボール箱や木箱に置かれていた。最も重要なことは，商品が安いということだった。みんなが信じていたのは，景気が回復すれば消費者はもっと豊かになり，『近所の優しい食料品店オーナー，ジョウのところ』に戻るだろうということだった。だが，もちろん，そんなことは起こらなかったのだ」[1]。

　同様に，彼は，セルフサービスに関する指摘が，歴史史料とは矛盾するであろうことを理解していた。『ペプシ世代はペプシが発見する前に存在していたか─若年層のセグメンテーションのマーケティング』[2]という著作の中で，ホランダーとその共著者は，若年層をセグメンテーションしたマーケティングの歴史的記録を明らかにした。「合衆国における長期的BtoBリレーションシップと対立する諸要素─歴史的視点」[3]では，ホランダーとその共著者は，主流派のマーケティング研究者たちが，「リレーションシップ・マーケティング」は「一般的な市場取引の性格の変化」を表し，新たな「マーケティングの一般理論」の潜在的可能性を示していると主張していることに反論した。この論稿は，19世紀中葉当時の学術調査に遡り，マーケティングにおいて長期的リレーションシップへの依存が広がっていたという証拠を示した。歴史を理解することの重要性は，ホランダーに，現在CHARM（Conference on Historical Analysis & Research in Marketing）として，世界各地から研究者を引き寄せるようになっている国際的なマーケティング史学会を組織し，長年にわたって運営するという動機を与えたのであった。

第2節　専門職への途

　1947年の夏，28歳のホランダーは，彼が「チャンスの要素」と述べる出来事に基づいて彼の職業を選択した。実際，ホランダーは，その全生涯を通じて，

チャンスを新たな探求への途へと転換してきた。彼のキャリアは戦略に基づいて形成されたというよりも，むしろ，好奇心，学術活動，チャンス，同僚による尊敬の増大によって作り上げられてきた。

　ホランダーは，1919 年に産業財販売人と主婦の間に生まれ，エンパイア・ステートビルのような人目をひく高層ビルが建設され，全国の商業や小売の中心地になっていくような拡張期にあったニューヨークで暮らした。3 度の景気後退と禁酒法の時代にもかかわらず，合衆国における一人当たり国内総生産は，1919 年から 1929 年の間に 728 ドルから 852 ドルへと増加した[4]。少年の日のホランダーは，当時としては裕福な家庭の中で，動物園や劇場，レストランを訪れたり，フェリーや地下鉄に乗ったりといった，世界的都市だからこそ経験できる様々な活動を楽しんだ。彼の母方の祖父は引退した商人で，ホランダーに百貨店の世界を教え，小売業と消費主義を初めて体験をさせた[5]。

　家族は郊外へと引っ越したが，これには悪い面と良い面とがあった。若き日のホランダーは，深刻な健康上の問題を抱えたために，運動よりも読書を好んでいた。読書という孤独な作業は，高校に転校してきたこの生徒に，社会的なつながりをつくることをむずかしくさせたが，図書館は，偶然にも，広告とマーケティングの主要な雑誌である『プリンターズ・インク・ウィークリー』を定期購読していた。こうして，他の生徒たちが運動場で競い合っている間に，ホランダーは，ビジネスの用語とコンセプトを学んでいた[6]。若き日のホランダーが読んだであろう『プリンターズ・インク』の評論には，「合衆国におけるラジオ広告の未来」[7]，「百貨店を通じていかにして販売するのか」[8]，「そう，婦人は販売することができる」[9] といったものが含まれていたであろう。50 年後，ホランダーは，新しい世代の博士課程の学生たちに，この『プリンターズ・インク』に掲載されていた，驚くほど洗練されて適切な議論やトピックを提示したのであった。

　母方の家庭に紹介された百貨店と父の産業財販売人という関係から，ニューヨーク大学の商学部（School of Commerce）に入り，小売をメジャーとして選択し，マーケティングをマイナーとしたのは，次のステップとして理論的なものであった。当時，ニューヨーク大学の小売プログラムは，極めてよく整備されていた。1937 年の秋学期，第 1 年次生は経済学，マーケティング，管理論を学び，4 年間のカリキュラムを通じてビジネスの諸科目が整備されていた[5]。ホランダーは，彼の教育のキャリアを通じて，学部学生が 4 年間全体でビジネ

ス科目を取れるようにするカリキュラムを好んだが，ビジネススクールに専門部署を設けて一般教育を行なうことには賛同しなかった。ホランダーは，また，ニューヨーク大学の教員たちからはさほどの影響を受けなかった。彼らは（様々な場所の非常勤講師と同じように）個人のデスクを持たない，安く雇われたインストラクターたちで，教授レベルのスタッフは少なかった。だが，ニューヨーク大学は変わり続け，ホランダーのすぐ後から入った学生たちはより学術的な研究者と接するようになり，合衆国の指導的なビジネススクールにランクされるようなる数十年の歩みをスタートさせていた。

1930年代は，世界経済の縮小をもたらした大恐慌によって長く記憶される。1929年から1933年にかけて，合衆国のGDPは28.8％減少した[4]。ホランダーの家族はこの劇的な経済不況をうまく切り抜けた。だが，1938年末に，一家は深刻な財政難を経験した。ホランダーは，フルタイムでの勉強を3セメスター行なった後，夜間のパートタイムに切り替え，昼間はニット製衣類の卸売商で発送係に従事した。2年後，彼はフルタイム学生に復帰し，1941年末に最優秀学生として卒業した[5]。ニューヨーク大学での論文とタームペーパーの厳しい経験は，彼の研究と執筆のスキルを洗練させ，マクロマーケティングに対する生涯にわたる関心を育んだ。

ホランダーの次なる自然のステップは，バラエティ・チェーンストア，ナイスナー・ブラザーズに管理者研修生として参加することであった。だが，実務界に身を投じようとするホランダーの初期の情熱は，第2次世界大戦の勃発によって変化せざるをえなかった。彼は弱視であったために軍務につくことはできなかったが，物価管理局（OPA）がその代替案を提供した。1940年に設立された物価管理局は，非農業製品やタイヤ，ナイロン，ガソリンのような配給希少資源の上限価格を設定する権限を有していた。ホランダーは，そこで，紳士用アパレルの仕事を割り当てられた。物価管理局での3年間の忙しい歳月の間に，彼は，広範な産業界の代表者たちと，価格設定および供給という複雑な問題を解決する交渉のすべを学んだ。アメリカン大学での経済学修士号は，物価管理局での彼の仕事を補完した。学位の追求は，アカデミックな資格を確立することに資する利益という面よりも，個人的な達成の方が大きかったとホランダーは述べている。

戦時の混乱は，また，ニューヨーク大学の教授エルマー・シャーラー（Elmer Schaller）が物価管理局に入局し，統計職員としてその能力を発揮する

という偶然をもたらした。シャーラーとホランダーは長く続く重要な友情を育むことになった。終戦によって，ホランダーは，1945年末，小型百貨店チェーン，チャールズ・ストア社のニューヨーク市本部で働き始めた。それまでの物価管理局での仕事により，ホランダーは，パートタイムのシニア・コンサルタントとして招聘されたのであった。だが，その後，ワシントンDCへの出張を繰り返すなかで，ホランダーは次第に小型百貨店での仕事に満足できなくなっていった。1947年，ホランダーは重要な「チャンスの要素」をつかんだ。シャーラーとの話し合いのなかで，ホランダーは，大学研究者のポジションへの採用面接を考えるようになった。

　一般に「GI法案」として知られる1944年復員兵援護法（Serviceman's Readjustment Act）の可決によって，第二次世界大戦後の研究職の機会は多かった。以前の経験（南北戦争や第一次世界大戦）から，非戦時経済への移行によるありうべき戦後恐慌に対する関心が高まっていた。その結果，連邦政府は，将来の復員兵に対して，購買力と教育を提供するための投資を行なうことになった。購買力は，ビジネスを始めるための低利の融資や，頭金なしの低利の住宅ローン，失業給付によって補われた。教育は，カレッジや大学に通うための学費の月割り払いという形を取った。合衆国への大学への影響力は素早く，大きかった。多数の復員軍人が学士号や修士号を取得しようとしたので，大学は研究者を増やさねばならなかった。マクガリー（E. D. McGarry）教授によるアメリカ・マーケティング協会（AMA）の大会での採用面接[訳注2]によって，ホランダーは，バッファロー大学講師のポジションを得ることとなったのである。

第3節　「基礎」から「マーケティング理論」へ

　ホランダーは，バッファロー大学で，尊敬に値するマクガリー教授に導かれた若い研究者集団に出会った。いまだPhDを取得しようとしている多くの若い講師たちを擁するという状況に対処するために，ビジネス学部長は，経済学者のエドワード・チェンバリン（Edward Chamberlin），ケネス・ボールディン

訳注2）アメリカ・マーケティング協会の大会は，全米から多くの研究者・大学院生などが集まるため，しばしば教員の採用面接の機会としても利用される。

グ（Kenneth Boulding），フランク・ナイト（Frank Knight），マーケティング研究者のロー・オルダーソン（Wroe Alderson），ドナルド・コーワン（Donald R. G. Cowan），レビス・コックス（Reavis Cox）を含む著名な研究者たちを招聘することで，彼らがマーケティングの知識の確立できるようにするための投資を行なった。それぞれの招聘研究者たちはキャンパスで1週間過ごし，若手研究者たちと様々な交流の機会を持った。こうしたチャンスの1つとして，ホランダーはコックスと1日を過ごし，コックスはホランダーをペンシルバニア大学のウォートン校（Wharton School of Finance and Commerce）（現在のビジネススクール）でPhDを取得するよう招待した[5]。

　世界初の高等教育のビジネススクールとして知られるウォートン校は，当時，世界トップレベルのビジネススクールであり，現在もそうあり続けている。主任的立場の教員で，著名なテキストブックの共著者であったコックスは，彼のPhD学生たちにマーケティング理論の重要性を強調した。ホランダーは，ニューヨーク大学の「基礎的」なビジネス教育と，ウォートン校でのより理論的なアプローチとをいつも対比していた。今日の大学院生がそうであるように，ホランダーは，学術的経験と，乏しい大学院の奨学金を多少超えることのできる金銭の双方を得るよう努力した。物価管理局での仕事は，大規模な住宅建設計画における所有権，投資，支払いのフローを明らかにするという研究費助成プロジェクトにおいて，ホランダーがコックスをアシストするためのよい準備となっていた。彼は，また，夜間のマーケティング講義のティーチング・アシスタントとしても活動した[5]。

　学術研究と新たなビジネス実践の発展との間に乖離が生じることはしばしばあるが，1950年代初頭のディスカウント小売業の場合がまさにそれであった。ホランダーは，大恐慌の期間に低価格でセルフサービスの小売業成長を確認していた。第二次世界大戦後の経済成長のなかでそうした業態は衰退すると思われていたが，ディスカウント小売業は多様な形態で成長した。ディスカウント小売業は，マージンを確保するために，単純に低価格であることを超え，多様な形態の価格差別とセグメンテーションを行なった。ホランダーは，こうした現象をより深く追求することを彼の学位論文のテーマとした。1986年に『ディスカウント小売業―1900年から1952年』[10] としてその全体が刊行されたが，彼の学位論文のコアとなるアイディアは，1955年に初めて発表された[11]。

　だが，適切な歴史的コンテクストのなかで変化を理解することを研究者に促

すという，ホランダーの生涯にわたる学術スタイルである厳格さは，『ジャーナル・オブ・マーケティング』誌に発表された最初の論文[12]にすでに現われている。この論文は，ディスカウント小売業は「ローコストの新たなスーパーマーケット・タイプの小売業者」であり「ほぼ戦後の現象である」とどちらかといえば因果論的に論じたギルクリスト（F. W. Gilcrist）の論文への反論であった。これはホランダーの学位論文の焦点であり，彼は，多数の事例，論文，州レベルの立法措置を示し，ディスカウント小売業を第二次世界大戦後よりも数十年以前に位置づけている。歴史と変化の性格を正しく認識するために，エビデンスを構成要素に分析するという厳格さは，ホランダーの研究だけでなく，彼の大学院の生徒や共同研究者にも見いだしうることになるのである。

　ホランダーは，1954年に博士論文を完成させ，ミネソタ大学のマーケティング学科（marketing department）に職を得た。当時，ミネソタ大学は小規模であったが，コックスの教科書の共著者であるロナルド・S・ヴェイル（Roland S. Vaile）が学科長を勤め，強力な研究者集団を有していた。ホランダーはテニュア・トラック[訳注3]の4番目のスタッフとなったが，これは，2018年には16名ものテニュア・トラックのスタッフから構成されるようになっていたのとは好対照であった。1950年代の新たな研究者は，この学問の成長の波に乗った初期の参加者であったが，これとは別のチャンスの要素が，ホランダーの潜在能力を全面的に開花させ，顕著な影響力をもつ成熟した研究者へと成長させたのであった。

第4節　小売業へのインパクト

　1954年から1979年の間のホランダーのこの学問への貢献は，主要な学術雑誌 ―『ジャーナル・オブ・マーケティング』誌（4論文），『ジャーナル・オブ・リテイリング』誌（13論文），『ハーバード・ビジネス・レビュー』誌，『ビジネス・ヒストリー・レビュー』誌 ― への投稿論文から，モノグラフ，著書，編著書，共同執筆の教科書にいたる幅広いものであった（巻末の文献目

訳注3）　テニュア・トラックは，将来，テニュア（終身雇用資格）を申請できるようになるポジション。

録を参照されたい）。ホランダーはまた，飽くなき読み手として，『ジャーナル・オブ・マーケティング』誌，『ジャーナル・オブ・リテイリング』誌に書評を投稿し，さらにより大衆的な出版物である『チャレンジ』や『マーケティング・ニュース』にもしばしばコメントを掲載した。

ホランダーは幅広いテーマを取り扱ったが，学位論文から主要な投稿者として活動するまで，彼の生涯の前半期のテーマは小売業であった。彼の研究は，ディスカウントや価格差別，商品ミックスの展開，チェーンストアの成長，媒介業者の役割，買い物代行，規制と公共政策，国際小売業，コングロマーチャント，小売マネジメント，小売教育といった諸要素に影響を受ける消費者行動を忠実に映し出していた。

下級小売管理者および物価管理局でのホランダーの経験は，アメリカ・マーケティング協会に対して，進化しつつある商品分類をよりよく理解するために，既存のデータを活用することを求めた1956年の『ジャーナル・オブ・マーケティング』誌の論文[13]ですぐに明らかになった。この論文は，異なった小売業者は異なったアプローチを採用するが，商品分類または小売業者の分類（例えばグロサリーストア，ドラッグストア等）は，新たな商品の取り揃え（例えばグロサリーストアがアスピリンを販売する）を説明することに失敗していることを確認した。簡単に言えば，既存の論理的フレームワークでは，現代の経営者の意思決定を説明できなかったのである。

ミネソタ大学での2年間の後，ホランダーは，家庭の事情で，客員准教授としてウォートン校に戻った。夏の期間に，ホランダーは，将来セルマ・ホランダー（Selma Hollander）となるであろう女性と出会った。その12月に彼らは結婚し，ホランダーのウォートン校での立場は，テニュア・トラック准教授となっていた。だが，ホランダーの研究が軌道に乗るなかで，ミシガン州立大学（MSU）が，制度的によりよい立場をホランダーに提供することになり，ホランダーはそこでのコミュニティに身を投じることになった。

ホランダーがミシガン州立大学のマーケティング研究者集団に参加したのは，1959年のフォード財団報告書とカーネギー財団報告書が勧告したことによって，評価とカリキュラムの再編成と変化が生み出される好機が訪れていた時期であった。これらの報告書は，双方とも，ビジネススクールに対して，伝統的な取引技術教育を補完するために，より理論的で，科学的で，研究志向的な教育を推進させようとしていた。急成長を遂げていたミシガン州立大学はトップ

レベルの研究者を募集しており，ウォートン校時代から築かれたホランダーの理論的基礎は，学科の目標にかなうものであった。ポーカーフェイスで意味深長なジョークを言う「極めて洞察力に富む観察者」と評されていたホランダーは，アカデミック・ポリティクスは，尊敬さるべき立ち位置にあることによって最もよく管理できるということを理解していた[14]。

ホランダーは，ある種のマーケティング研究者たちが，共同研究プロジェクトやコンサルティングや国際的な研究旅行といった形で追求する関係性の外側に位置し，単著論文や高度な質の業績を生み出す教育と研究に焦点を当てていた[15]。他の人たちが，パーティ明けの土曜の午後を，大学のスタジアムでフットボールの試合に時間を費やしていた時に，ホランダーは，40年以上もの間，彼がひとりで占拠していた図書館の個人閲覧室にいた。だが，同時に，ホランダーの同僚たちは，ホランダーが毎日のランチに集まる教員グループに積極的に参加し，現在の出来事について議論をしていたことを記憶している。

ミシガン州立大学に赴任して2年後の1960年に『ジャーナル・オブ・マーケティング』誌に発表した「小売の輪」[16]は，ホランダーの名を広く知らしめるものとなった。この論文は，様々な出版物でリプリントされ，グーグル・スカラーによれば，2018年の夏までに423回の引用が行なわれ，数十年にわたって小売業の教科書の定番となってきたものである。「小売の輪」はマクネア（Malcolm P. McNair）によって記述されたものであるが，ホランダーは，この現象に潜在的・理論的に重要な論点を議論し，これに合致する事例と合致しない事例とを示した。この論文は，理論構築の古典的な一例として繰り返し使用され，引用された。ホランダーが理論的な重要項目として示したリスト——企業者の個性，〔業界誌などの〕誤った指導，不完全競争，過剰供給能力，〔不均等な生活水準という〕大衆の状況，〔新たな高マージンの商品ラインを付加することで店のマージンが上昇するという〕幻想——は，58年後の現在でも有効性を保っている。

4年後の「小売の仕事を行なうのは誰か？」という論文[17]で，ホランダーは，チャネル諸関係についてのより流動的な理解について論じ，製造業者，卸売業者，小売業者，その他の媒介業者は，その名称や役割が示すような相互に排他的な仕事を行なっているわけではないとした。ホランダーは，チャネルのあるメンバーは，貯蔵や製品開発，広告，金融，その他，同様な状況にあるメンバーが行なわない課業を遂行するかもしれないことを確認した。小売業があ

る課業を遂行するとき，小売業者には，1) 仕事の遂行，2) 仕事を外注化する，3) 仕事を分担する，4) 仕事を交替で行なうという「4つの主要な代案」があるとホランダーは論じた。この議論は，ジョージ・スティグラー（George Stigler）の分業に関する議論[18]を参照し，ロナルド・コース（Ronald Coase）の取引費用理論[19]を反映している。

　1968年の『ジャーナル・オブ・リテイリング』誌[20]の国際小売業に関する特集号のエディターとして，ホランダーは，新しい国際的諸環境に参入する小売業者がもたらす積極的なグローバルな影響力と改善力について証拠をあげて論じた。ブルックス・ブラザーズとシアーズから，バーンズ・フィリップス社やユナイテッド・アフリカ社にいたる多くの小売業者の事例を引きながら，ホランダーは，「小売業者は，供給市場の産業化と合理化し，必要とされている多くの消費者サービスを提供することを大きく促進しうる」と論じた。

　ジョン・F・ケネディ大統領が「消費者の権利章典」[21]として知られる消費者の4つの基本的権利について述べ，社会が消費者の改革活動とボイコットに直面してから10年の後に，ホランダーは，消費者運動を歴史的なパースペクティヴのなかに置き，消費者の改革活動の事例を1世紀さかのぼって論じた[22]。より重要な点は，ホランダーが，伝統的小売業者に取って代わろうとする多くの試み（例えば，消費者生活協同組合，工場の購買部，会社の購買部，公設市場等）が失敗したことを確認し，現在の状況がどうあろうとも，多くのチャレンジを退けた共生的な関係のなかで消費者と小売業者が活動していることを示唆した。

　ホランダーには物価管理局での経験があったので，政府による規制が小売業と流通チャネルにおける媒介者に与える影響力について十分な認識があった。彼の再販売価格維持に関する研究は1956年に始まり[23]，1966年の論文[24]まで続いたが，グリムズ（Warren Grimes）が2010年の論稿[25]で，「マーケティング研究者のスタンレィ・ホランダーは，合衆国における再販売価格維持の状況を，これまで追究されてきた分野も無視されてきた分野も含め，アメリカ小売業者および再販売価格維持をもたらした製造業者と小売業者との関係についての百科全書的な知識をもって描いた」と述べたように，多くのインパクトを与えてきたのである。

第5節　マーケティング史―関心から情熱へ

　ホランダーの経歴の最初の25年間が，主に，強力な知性に導かれた教育と学問研究に注がれたと言ってよいのであれば，その後半生は，マーケティング史への関与とそれへの情熱を共有する人たちへの援助に注がれたと言える。ホランダーの研究は，最初期の研究からすでに，歴史的パースペクティヴとコンテクストを含んでいた。だが，時とともに，彼の研究は，マーケティング史研究への関心と機会を拡大することに集中するようになり，こうした研究が現代のマーケティング理論と教育に十分な情報を提供しうるという確信を抱くようになった。この論点は，複数の異なった，しかし関連を有するマニフェストとなって現れた。すなわち，1) マーケティング史に関する PhD 学生セミナーの展開と教育，2) 新たな出版物―『マーケティングの回顧（*Retrospectives In Marketing, RIM*）』―の開始，3) マーケティング史研究を公表する潜在性をもった『ジャーナル・オブ・マクロマーケティング』誌との連携，4) マーケティング史研究に特化した国際会議の創始である。『マーケティング史研究ジャーナル（*Journal of Historical Research in Marketing*）』誌は，ホランダーのこうした努力の結晶として生み出されたものであった。

　ホランダーは，当初，マーケティング史の PhD 学生セミナーを発展させるというアイディアに反対していた。彼は，マーケティング理論についての既存の文献リストは，マーケティングの教科書の著者名と出版年を単純に並べ，マーケティング理論を自己肯定的に批判なくリスト化しただけのものか，機能と制度が相互に流動的であるという認識を持たずに，機能と制度に基づいてマーケティング理論の分類枠組みを示しただけにすぎないとみていた。何が足りないのか？　ホランダーによれば，「業界紙，業界の慣習，裁判所の判決，立法，マーケティングの学術誌とその他のメディアにおける議論，産業ないし消費者集団によってもたらされた実際のイノベーションは，すべて，マーケティング論の真の歴史という織物に織り込まれた一部にすぎない」[5]。

　幸いにもホランダーは自らの主張を和らげ，1972年から1994年の間，ミシガン州立大学の PhD 学生たちは，ホランダーが求めた「マーケティング論史」セミナーに参加した。この科目は，バーテルズ（Robert Bartels）[26] が示したようなマーケティング理論の発展に関する伝統的な観点と，『プリンターズ・イ

ンク』誌その他の業界出版物，合衆国以外のマーケティング研究者たちによるマーケティング史，経済史，大衆的出版物の観察，立法・規制の変化を含む広範な資料からの膨大な講読資料とを組み合わせたものであった。その結果，ホランダーは，キャサリーン・ラッスーリ（Kathleen Rassuli）教授との共著として，セミナーで使用する講読資料集を 2 巻本にまとめることになった[27]。

期末論文（40％）とセミナーへの参加（60％）が学生の最終的な成績を決定したが，それぞれのセミナーで活発に討論に参加することは重要な要素であった。ホランダーが提供した講読資料のパッケージには，各トピックについての討論のガイドラインと示唆が含まれていた。討論のガイドラインは，理論的なもの（例えばマーケティング・コンセプトの発展）から実践的なもの（例えば自動車産業のフランチャイズシステム）にいたる幅広いものであった。他のマーケティング研究者たちとは異なり，ホランダーは，マーケティング理論の歴史を，マーケティング実践の歴史から切り離して論じることに関心を持たず，マーケティング実践は理論によって裏付けられ，理論は実践によって裏付けられると考えていた。学生たちは自由に研究テーマを選び，ホランダーや仲間の学生たちからなされる洞察に富む質疑と観察に従いながら，セミナーで自分の研究を報告・討議した。

セミナーが好ましい影響力を持ったことについて，3 人の学生たちはそれぞれ次のように述べた。「率直に言って，3 学期制のなかの 1 学期のセミナーで与えられた講読資料を，自分たちがどのようにしてカバーできるのかは見当がつかなかった。この科目が，どれほど私の考え方，教育，研究に深くしみ入るような効果を及ぼしたのかを伝えることは難しい」。「広範な専門分野と時代とを網羅するスタンの講読の勧めに基づき，私は 90 の論文と著作を私の歴史論文に統合させ，生涯を通じて行なうことになった徹底した文献レビューを行なうための理解力を啓発することになった」。「それからしばらくの後，学生たちはお互いに笑みを浮かべあった。老齢の教授は眠りに落ちたように見え，彼の頭は時折見知らぬ夢の中に入っていくかのように揺れ動いていた。学生のコメントが終わると，教授は名状しがたい『フレー』という声を発した。そして，その後，教授は，正真正銘の正確さと明晰さとをもって，討論全体のあらゆる微妙なニュアンスを解剖していったのであった」[28]。

最後の学生のコメントには多少の説明がいる。前に述べたように，ホランダーは生まれながらの弱視であり，軍務に就くことができなかった。彼は，教

授としては，分厚いレンズのメガネをかけ，図書館が製本したありとあらゆる本を読み尽くしたという古典的な印象を与えた。1970年代に，後に緑内障と診断された症状を発症すると，彼の視力は極端に弱くなった。1974年にイングランドでサマーコースを教えている間，ホランダーは，網膜剥離手術を受けたが成功しなかった。この時点から後，読書は，目からわずか数インチのところに印刷物を抱えざるをえない困難な作業となった。そして，光が彼の目を傷つけた。1980年代末までには，ホランダーの姿勢はひどく悪くなっていた。彼の視線は，不快さと顎の下に隠れるのを避けるために下向きになり，ホランダーが座ると，あたかもうたた寝でもしているかのような状態になった。だが，少なからぬPhD学生は，彼が注意深く聞き入っており，課題とされた講読資料をはるかに超えるような洞察に富む質問や認識が示されることに驚愕したのであった。

ホランダーのセミナーには，また，学生のためのプロフェッショナル気質に満ちていた。彼は，次の世代のマーケティング研究者を育てるという責任を極めて厳格に果たした。ホランダーは，学生が質の低い仕事をすることを決して許さなかったが，それにもかかわらず，学生のアカデミーでの新しい役割を歓迎することで，同僚としての意識をささやかに伝えていた。数世紀も続くアカデミーの伝統に基づき，セミナーはホランダー家でのお茶で終了となった。椅子が非公式な会話のために配置され，ホランダー夫人がコーヒーや紅茶，お菓子を運んだ。彼女は決して恥ずかしがり屋ではなく，手近な情報を提供したりした。

第2のイニシアティヴは，1986年に始まったニュースレター『RIM』の刊行である。これは，マーケティング史研究者間の関係を深め，同時に，マーケティングのより広範な歴史的議論のための素材や史料を付け加えることを意図したものであった。『RIM』は年に2度発行され，主にホランダーや多くのマーケティング研究者たちが執筆して，研究内容や意見，レビューなどを提供した。典型的な号の素材には，書評，当今の論稿リスト，合衆国以外のジャーナルでの刊行論文，歴史をテーマとする著名な出版物，新たに見出されたアーカイヴ史料，今後の学会の応募要項，他のビジネス関連分野での歴史研究，特定の日付（例えばある会社の創立記念日），訃報，歴史研究一覧，そしていつもの多少のユーモアであった。『RIM』は，ホランダーの奉仕活動であったが，ホランダーが，現在およびこれからのマーケティング史研究者たちが利用しう

る広さと深さを示す場となった。

　1991 年 10 月号の『RIM』はもう 1 つの重要なイニシアティヴを示すことになった。すわなち,『ジャーナル・オブ・マクロマーケティング』誌がその領域を拡大し, マーケティング史研究をカバーすることにしたという編集者ロバート・ネイソン（Robert Nason）の決定を伝えたのである。ネイソンは, ホランダーの昔の MBA 学生で, マーケティング史研究者をジャーナルの編集委員会に加え, マーケティング史学会で発表された論稿を含め, 歴史に関連するマクロ的トピックをジャーナルに招待することにした。1996 年,『ジャーナル・オブ・マクロマーケティング』誌は, 各号で, マーケティング誌の論稿のために専用のスペースを設けるというもう一歩踏み込んだ決定を行なった。1994 年から 2007 年間で,『ジャーナル・オブ・マクロマーケティング』誌におけるマーケティング史関係の論稿は, 全体の 40％を超えた[29]。こうした重要な関係性は, 研究者が, まずマーケティング史学会で報告して評価を受け, その後, 論稿を改定してジャーナルに載せるということを可能にした。『マーケティング史研究ジャーナル』が刊行されるまで,『ジャーナル・オブ・マクロマーケティング』誌は, 合衆国において, マーケティング史研究を定期的に掲載する唯一のジャーナルであった。

　ホランダーの最も重要なイニシアティヴは真に国際的なインパクトを持っていたが, それは, ホランダーが 1982 年にミシガン州立大学のマーケティング学科（marketing department）で同僚たちと会合を持った時から始まった。新たな会議の創設は大学内外からの援助が必要になると知っていたホランダーは, マーケティング学科長（Marketing Department Chair）であるロナルド・サビット（Ronald Savitt）と, 指導的立場にある教授で AMA の前副会長であるウィリアム・レイザー（William Lazer）と話をした。サビットは学科からの資金提供を, レイザーは AMA による財政および評価上のサポートを約束してくれた[14]。こうして,「マーケティングおよびマーケティング論歴史研究第 1 回北米ワークショップ」が, 1983 年, 合衆国ミシガン州ランシングにあるミシガン州立大学で開催され, 19 の研究報告が行なわれた。

　マーケティング史学会は隔年で開催され, マーケティング史研究者の国際学会である CHARM（Conference on Historical Analysis and Research in Marketing）へと発展を遂げた。論文提出はマーケティングの内部と外部から, 世界中の研究者によってなされた。第 1 回マーケティング史会議は, 合衆国の多くの大学

に加え，ロンドン，香港，カナダのアルバータ，ヴァンクーヴァ，ウィンザーの諸機関からの参加を得た。第13回会議は，初めて北米を超えてイギリスのレスターで開催され，イギリスのウォルバーハンプトン，リーズ，ラフバラ，ロンドン，アベストウィス，日本の東京と埼玉，ノルウェイのオスロ，スウェーデンのトロルヘッタン，イスラエルのエルサレム，カナダの西オンタリオ，ケベック，ニューブランズウィック，キングストン，ドイツのミュンヘン，ポルトガルのポルト，フランスのストラスブール，イタリアのベニス，および合衆国の様々な大学から研究者が集まった。会議の合衆国以外の常連研究者は，タミリア（ケベック大学），ネルソン（カールトン大学），スベッソン（リンネ大学），ホーキンス（ウォルバーハンプトン大学），薄井（埼玉大学）の各教授であり，ホランダーの活動のグローバルな影響力が拡大していったのである。

　マーケティングの実践史は，マーケティング理論に情報を提供するというホランダーの視点にふさわしく，CHARMで報告された論稿の多くはマーケティング実践の歴史的事例を掘り下げたものであった。多くの論稿が扱っている広告史は，広告アーカイヴが利用可能なことよって研究が促されるようになった人気のある分野であり，社会規範の変化，あるいはマーケティングが例えば戦時のような難しい時期にいかに対応するのか，またはその双方を例示している。脱産業社会ないし歴史の早い段階における小売業研究は，ブランド研究の発展・拡大とともに研究が進展してきた。輸送およびコミュニケーションの変化という論点は，世界中の多くの国で，それぞれ独自のやり方でマーケティングの改変が行なわれていることを示してきた。CHARMの論稿の多くが，マーケティング活動の文化依存的な性格に焦点を当てているが，他の研究では，マーケティングのメッセージや実践の国際移転が注目されている。ある研究者たちは，政府による規制—特許から製品の安全性や無限連鎖講にいたるまで—の変化と，時としてその失敗について報告した。広告の主題，主婦としての消費者，マーケティング管理者，マーケティング研究者のいずれであれ，女性の役割についての論稿もまた，報告されてきた。

　マーケティング史研究者たちは，文化と時間を超えて現れる，あるいは現れるように見える多くのパターンについて検討してきた。例えば，購買協同組合，ファッション・トレンド，消費者の権利，マーケティング・コミュニケーションにおける情報と真実性を求めるといった形による消費者運動は，様々な国で様々な時期に見い出しうる。同様に，技術の製品イノベーションによる変化の

影響は，何らかの方法でマーケティングによって促進され，社会全体に波及してきた。ある研究者たちは，マーケティングとその理論的現象を何世紀も遡って論じているが，他の研究者たちは，わずか数十年を遡るだけである。

また，ホランダーのPhD学生セミナーと同様に，CHARMの参加者たちは，マーケティング理論の発展についても論じている。重要なマーケティング研究者たちの伝記やその理論的貢献，マーケティング（または他の学問分野）が理論であり続けるという問題は，たとえその反対の証拠が提示されるという場合であっても，関心を引き続けてきた。「マーケティング・ミックス」，「学派」，「マーケティング・コンセプト」，「マーケティング機能」，その他様々なマーケティングの「パラダイム」は，方法論研究が変化し続ける中で，検討が行なわれてきた。CHARMの参加者たちは学際的なバックグラウンドを持っているので，大会で提示される研究は，しばしば，歴史学や心理学，経済学，社会学，人類学その他の視点を含んでいる。マーケティング以外の研究者たちも，CHARMとマーケティング史文献研究に大きな貢献を行なってきた。

その影響力は目に見える形で存在する。グーグルを「マーケティング史」や「マーケティング論史」というキーワードで検索すると，1980年以降，ジャーナルの出版物は確実に多くなってきた。『マーケティング科学学会ジャーナル』誌（1990年），『サイコロジー＆マーケティング』誌（1998年），『マーケティング・セオリー』誌（2005年）の3つの専門ジャーナルが，マーケティング史研究に焦点を当てた特別号を刊行した。だが，こうした進展にもかかわらず，『ジャーナル・オブ・マーケティング』誌や『ジャーナル・オブ・コンシューマー・リサーチ』誌といったマーケティングのトップジャーナルで論稿を発表することは，なおマーケティング史研究者の課題であり続けている。他のビジネス分野（例えば，財務，会計，管理）と同様に，歴史研究は，専門ジャーナルの編集者にとって，より関心が薄く，緊急性のすくないものになっているようである。だが，皮肉にいえば，ホランダーは，われわれを理論的な行き詰まりへと落としめていくような変化の歴史的コンテクストの理解しか持つことができないのは，われわれの失敗のせいであると言うかもしれない。

CHARMは，今日，なお比較的小規模な学会であり続けており，典型的には，35~45本の論稿と，歴史的トピックについてのゲスト・スピーカー，または特定の問題についての報告から構成されている。学会は，スタンレイ・C・ホランダー最優秀論文賞に加え，デビッド・D・モニーソン（David D.

Monieson) 最優秀学生論文賞を提供することによって，大学院生の研究を促進し，認識しようとしている。CHARM は，また現在，歴史研究を遂行するための方法論に関する大学院生ワークショップを学会の前に開催している。カナダのオタワでの 2019 年の CHARM は，合衆国の外部で行なわれる 5 回目の学会，2009 年以来 4 回目の学会となる予定である。

　ホランダーは，同じ志向を持っている研究者を結びつけることが，マーケティング史研究をさらに発展させるための鍵であることを理解していた。このため，CHARM は，学会のロケーションによって参加者にユニークな探索経験を提供した。ノースカロライナ州ダラムでは，デューク大学の販売・広告・マーケティング史ハートマンセンター（Hartman Center for Sales, Advertising & Marketing History）が，イギリスのリバプールでは，北米への移民を行なう多数の人々の出発地や第二次世界大戦の傷跡，そしてもちろんビートルズの歴史を含む歴史的地域の解説付き散策がそれにあたった。ジョージア州アトランタでは，コカコーラ社が CHARM の参加者に歴史的に貴重な資料を公開した。オンタリオ州キングストンでは，歴史的なフォート・ヘンリーで学会ディナーがもたれ，カリフォルニア州ロングビーチでは，イギリスの旅客や部隊を運んだ歴史的な客船クィーン・マリー（RMS Queen Mary）で 2 度の CHARM 学会が開催された。豊富な歴史的遺産は，マーケティング史への情熱をかき立てるものであった。

　マーケティング史に関する PhD 学生セミナーの 20 年間，年 2 回のマーケティングのニュースレター，より歴史志向的な論稿を掲載するマーケティング専門誌との関係性の構築，マーケティング史研究に特化した学会の組織化という活動の総合的なインパクトは大きく，永続的であった。ホランダーの多くの PhD 学生にとって，彼と共同執筆することは喜びであった。CHARM 大会への報告者たちは，トップレベルのジャーナル（例えば，『ジャーナル・オブ・マーケティング』誌，『ジャーナル・オブ・アドバタイジング』誌，『ジャーナル・オブ・コンシューマー・リサーチ』誌）で歴史的な研究を発表し，歴史関連学会で報告し，若手の研究者たちは，可能性のある研究領域として歴史研究を奨励され続けた。デジタルマーケティング，ソーシャルメディア，小売の新たな方法（例えば，家庭に配送するオンラインショッピング）の急速な拡大は，多様なマーケティング活動の変化しつつあるコンテクストを考証するという新たな領域を提供している。行動経済学は，研究者が消費者行動を理解するための新た

なツールを手に入れうるもう1つの成長分野である。

　ホランダーのイニシアティヴ，とりわけCHARM大会はまた，マーケティング史研究の初めての専門ジャーナルである『マーケティング史研究ジャーナル』誌の基礎を築いた。カナダのオンタリオ州キングストンのクィーンズ大学でダニエル・モニーソン教授のPhD学生であったD・G・ブライアン・ジョーンズ（D. G. Brian Jones）教授は，モニーソンの指導の下でマーケティング史に関する情熱を育み，CHARM大会の常連の参加者となりリーダーとなった。1セメスターの間，ミシガン州立大学でホランダーの下でサバティカルを取った後，ジョーンズは，マーケティング史のジャーナルを刊行するというアイディアを育て，その目標は，ホランダーの逝去の5年後，2009年に，最初の編集者として達成した。ジョーンズは，その第1号をホランダーの特集号とした[30]。

　合衆国中の大学院プログラムのように，ミシガン州立大学のマーケティング専攻のPhD学生は，もはやマーケティング史は必修科目ではなくなっている。むしろ，マーケティング理論の講義のいくつかのセッションが歴史志向的な内容を有している。『RIM』の刊行は2007年に終結した。『ジャーナル・オブ・マクロマーケティング』誌は，「マーケティング活動とマーケティング理論というマーケティング史の起源，成長，発展」の投稿を受付し続けており，2019年のCHARMは，第19回目の隔年学会を開催する。現在，『マーケティング史研究ジャーナル』誌は，CHARMと密接な関係を保ちつつ，10年目の刊行を行なっている。トルコ，アンカラの中東技術大学エミネガル・カラババ（Eminegul Karababa）教授を編集者とする編集チームは，4ヶ国8大学の代表者から構成されている。ホランダーが1982年に同僚と行なった最初の討論は，世界中の数十人の研究者による歴史研究の論稿となって花開いた。彼の独創性に富むたゆみない努力こそが，マーケティング研究の内外における歴史研究の覚醒をもたらしたのであった。

第6節　知的リーダーのロールモデル

　ホランダー教授は，学術的な職業を初めから進路として選んだというわけではなく，小売業で仕事を得ようと考えていた。彼は，そのキャリアのなかの多

くを「チャンスの要素」に帰していたが，実際まさにその通りであった。弱視は彼が軍務に就くことを妨げたが，彼の高い知性が物価管理局の戦時オフィスの補助を行なう能力を身につけさせた。そのオフィスに以前のニューヨーク大学の教授がたまたま配属され，第 2 次大戦からの復員軍人が大学に参加したことは，修士課程の熟達した教師への需要を高めた。ホランダーの最初の採用面接はうまくいかなかったが，マクガリーとの 2 度目の採用面接は，彼の新しい進路を切り拓いた。ここでもチャンスが重要な役割を果たし，バッファロー大学の経営の学部長は，若い講師たちに専門的な機会を提供するためにキャンパスに校名な研究者を招待し，このことがウォートンでの大学院への扉を開いた。

　もちろん，こうしたチャンスを好機へと作り上げたのはホランダーの能力である。1948 年，PhD を終了する 6 年前，ホランダーは，彼が『ジャーナル・オブ・リテイリング』誌に掲載した 16 本の論文のうちの最初の論文を公にした。PhD 修了とともに，彼の生産性は急速にアップした。チャンスの要素は初めて得たミネソタ大学でのテニュア・トラックのポジションから彼を去らせることになったが，これは良い結果と悪い結果とを伴った。彼はペンシルバニア大学で引き続き教員として採用されたが，あまり適合せず，夏の期間をミネソタで過ごした。一方，ペンシルバニアに移って，彼は，セルマ・ホランダーと出会い，彼女は終生適合することになった（ホランダー夫人はミシガン州立大学の美術に対する熱心な支持者であり続けたが，2018 年夏 101 歳で逝去した）。

　ミシガン州立大学への転職は，専門家としても個人的にも満足のいくものであり，あたかも彼がマーケティング学科（marketing department）とその学生を作り上げたように見えるほど，彼のキャリアを豊かなものにした。彼は，依然として一人で研究に取り組んでいたが，同僚たちとの交わりを通じて，学科のなかですぐに指導的研究者としての立場を確立した。ホランダーは「親切で礼儀正しい人」，「ものすごくフェアな人物」と評され，以前の学生の一人は，ホランダーが，いかにして「自分自身の知性を信頼すべきなのかということを教えてくれた」[31]と回想した。ホランダーは，数十年にわたり，毎年，1 週のうち 6 日は彼のオフィスまたは図書館で見つけることができた。彼の小売研究者としての評判は 1950 年代に初めて確立し，1960 年の「小売の輪」の論稿で新たなレベルに達した[16]。『小売業研究』と『多国籍小売業』という 2 冊の編著で，ホランダーは世界中で知られる小売研究者となった。研究論文と同じように，2 冊の編著とも，ホランダーが単独の編者であった。

同僚たちは，彼の紳士的な態度，学問的な努力，知識の幅広さを尊敬した。同僚たちとのランチの席でも，研究の場でも，ホランダーは，論じ尽くされた感のある問題に新たな知見を付け加えた。彼のPhD学生セミナーの最初の数週は学生たちにとっては脅威であり，困難と思われるような講読資料のリストが示された。彼の技術的な執筆能力は彼の知的能力に見合っていたが，PhD学生の論文へ彼のコメントを読むことはしばしば辛い経験であった。あるPhD学生は，彼の論文に諸概念間の関係性を示すための図を入れたが，ホランダーは，その「図」をほとんど信用しなかった。だが，ホランダーの希望は，学生が学び，考え，質的な学問成果を生み出すようになるということであり，学生が前進することができるようにするための熱心なメッセージを惜しまなかった。

ホランダーは1990年に公式に引退した。その時点までに彼の視力は失われ，大学院生たちは彼の論文をオーディオテープに録音した。読書器は，彼が自分の関心と研究を追究するための助けとなった。実際，1998年と1999年だけで，彼は『ジャーナル・オブ・マーケティング』誌に，以前のPhD学生との共著による2本を含めて，3本の論文を発表した。CHARMへの出席はホランダー夫人によって支えられ，夫人は会議場への歩行や食事の介助を行なった。ホランダーは，皿の盛り付け具合を知れば，極めて上手に食事をし，ワイングラスを傾け，食事前の学会の状況について話をした。

ミシガン州立大学のコミュニティにおいて，ホランダー教授と夫人は，美術と音楽文化に没入していた。ホランダー夫人は，ミシガン州立大学の美術の修士課程でクラスを持ち，美術に関する多くのリーダーシップを発揮した。ホランダー夫妻は，新イーライ・エディスブロード現代美術館（Eli and Edythe Board Art Museum）のギャラリーを設立しただけでなく，ミシガン州立大学での多くの美術展示品のスポンサーであった。

『ジャーナル・オブ・リテイリング』誌の死亡記事が「前世紀最大の小売研究者の1人」[32]と述べたように，ホランダーは，彼の生涯の歩みのなかで，上品だが洞察に富む知性，永続的な研究業績，質的研究への共感と評価に満ちた多くの大学院生，簡潔な文章力，歴史的な研究視点，マーケティング研究に対してマーケティング史の価値を教授する学会と専門雑誌を残し，そして，これらの事柄に影響をうけた覚醒した専門家集団を残していったのである。

〔注〕
1) Sarah Powell, *Changes in retailing and marketing: An interview with Stanley Hollander*. (n.d.), Retrieved from http://first.emeraldinsight.com/browse.htm?type=interviews
2) Stanley C. Hollander and Richard Germain, *Was There A Pepsi Generation Before Pepsi Discovered It ? An Historical Approach to Youth-Based Age Segmentation in Marketing*, Lincolnwood, IL: NTC Business Books and American Marketing Association, 1992.
3) William W. Keep, Stanley C. Hollander and Roger Dickinson, "Forces Impinging on Long-Term Business-to-Business Relationships in the United States: An Historical Perspective," *Journal of Marketing*, Vol.62 (April), 1998, pp.31-45.
4) *Historical Statistics of the United States: Earliest Times to the Present* (2006) Cambridge University Press, New York, Series Ca9-19, pp.3-25.
5) Stanley C. Hollander, "My Life on Mt. Olympus," *Journal of Macromarketing*, Vol.15 (Spring), 1995, pp.86-104.
6) *Ibid.*
7) Roy S. Durstine, "Radio Advertising's Future in the United States," *Printers' Ink*, January 24, 1935, pp.41-45.
8) E. B. Weiss, "How to Sell to and Through Department Stores," *Printers' Ink*, April 23, 1936, pp.65-67, 70-71.
9) Margaret Brown, "Yes, Women Can Sell," *Printers' Ink*, June 11, 1936, pp.29-31.
10) Stanley C. Hollander, "Discount Retailing–An Examination into Some Divergences in the Price System of American Retailing," unpublished doctoral dissertation, University of Pennsylvania, 1954. Reprinted in 1986 under the title of *Discount Retailing 1900-1952*, Garland Publishing.
11) Stanley C. Hollander, "The 'One-Price System'–Fact or Fiction?" *Journal of Retailing*, Vol. 31 (Fall), 1955, pp.127-144.
12) Stanley C. Hollander, "The Discount House," *Journal of Marketing*, Vol.18 (July), 1953, pp.57-59.
13) Stanley C. Hollander, "Merchandise Classification and the Commodity Approach," *Journal of Marketing*, Vol. 20 (January), 1956, pp.275-278.
14) William Lazer, "Reflections on Stan Hollander: the early MSU years and CHARM," *Journal of Historical Research in Marketing*, Vol.1 (1), 2009, pp.146-150.
15) *Ibid.*
16) Stanley C. Hollander, "The Wheel of Retailing," *Journal of Marketing*, Vol.25 (July), 1960, pp.37-42.
17) Stanley C. Hollander, "Who Does the Work of Retailing?" *Journal of Marketing*, Vol.28 (July), 1964, pp.69-78.
18) George J. Stigler, "The Division of Labor Is Limited by the Extent of the Market," *The Journal of Political Economy*, Vol.50 (June), 1951, pp.185-193.
19) Ronald Coase, "The Nature of the Firm," *Economica*. Vol.4 (16), 1937, pp.386-405.
20) Stanley C. Hollander, "The Internationalization of Retailing: A Foreword," *Journal of Retailing*, Vol. 44 (Spring), 1968, pp.3-12.
21) John F. Kennedy, "John F. Kennedy: Special Message to the Congress on Protecting the Consumer Interest," March 15, 1962, Online by Gerhard Peters and John T. Woolley, *The American Presidency Project*. Retrieved from http://www.presidency.

ucsb.edu/ws/?pid=9108.
22) Stanley C. Hollander, "Consumerism and Retailing: A Historical Perspective," *Journal of Retailing*, Vol. 48 (Winter), 1972-1973, pp.6-22.
23) Stanley C. Hollander, *Discount-Selling, Retail Price-Cutting and Resale Price Controls, a special interest bibliography*, Bibliography Series No.3 and Supplement No.1, Chicago: American Marketing Association, 1956.
24) Stanley C. Hollander, "Resale Price Maintenance in the United States of America," in B.S. Yamey ed. *Resale Price Maintenance*, London: Weidenfeld and Nicholson; Chicago: Aldine Publishing 1966.
25) Warren Grimes, "A Dynamic Analysis of Resale Price Maintenance: Inefficient Brand Promotion, Higher Margins, Distorted Choices, and Retarded Retail Innovation," *Antitrust Bulletin*, Vol.55, 2010, pp.101-175.
26) Robert Bartels, *History of Marketing Thought*, 3rd ed., Publishing Horizons, Columbus, OH, 1988.
27) Stanley C. Hollander and Kathleen Rassuli eds., *Marketing*, Vol.1 and Vol.2, UK: Edward Elgar Publishing Limited, 1993.
28) D. G. Brian Jones and William W. Keep, "Hollander's doctoral seminar in the history of marketing thought," *Journal of Historical Research in Marketing*, Vol. 1 (1), 2009. pp.151-164.
29) D. G. Brian Jones, Eric H. Shaw and Deborah Goldring, "Stanley C. Hollander and the Conferences on Historical Analysis & Research in Marketing," *Journal of Historical Research in Marketing*, Vol.1 (1), 2009, pp.55-73.
30) D. G. Brian Jones, "Special issue honoring Stanley C. Hollander," *Journal of Historical Research in Marketing*, 2009, Vol.1 (1).
31) Robert W. Nason, "An Uncommon Scholar," *Journal of Historical Research in Marketing*, Vol.1 (1), 2009, pp.34-54.
32) "In memoriam: Stanley C. Hollander (1919-2004)," (2005), *Journal of Retailing*, Vol. 81 (2), p. CO4.

〔スタンレィ・C・ホランダー 文献目録抜粋〕

Hollander, Stanley (1948) "Of-the-Month Clubs," *Journal of Retailing*, Vol.24 (Fall).

Hollander, Stanley C. (1953) "The Discount House," *Journal of Marketing*, Vol.18 (July), pp.57-59.

Hollander, Stanley (1953) *Sales Devices Throughout the Ages*, NY: Joshua Meier Co.

Hollander, Stanley C. (1953) "Malachy Postlethwayt's British Mercantile College, 1755," *The Accounting Review*, Vol.28 (July), pp.434-438.

Hollander, Stanley (1954) "Discount Retailing–An Examination into Some Divergences in the Price System of American Retailing," unpublished doctoral dissertation, University of Pennsylvania. Reprinted in 1986 under the title of *Discount Retailing 1900-1952*, Garland Publishing.

Hollander, Stanley (1954) "The Limitations of Science in the Study and Practice of Marketing," in Stewart Rewoldt ed. *Frontiers in Marketing Thought*, Conference AMA, Dec. 1954, Detroit, Bloomington: Bureau of Business Research, Indiana University, pp.175-185.

Hollander, Stanley (1955) "The 'One-Price System'–Fact or Fiction?" *Journal of Retailing*,

Vol.31 (Fall), pp.127-144.

Hollander, Stanley (1956) *Discount-Selling, Retail Price-Cutting and Resale Price Controls, a special interest bibliography*, Bibliography Series No.3 and Supplement No.1, Chicago: American Marketing Association.

Hollander, Stanley (1956) *History of Labels*, NY: Alden Hollander.

Hollander, Stanley (1956) "Merchandise Classification and the Commodity Approach," *Journal of Marketing*, Vol.20 (January), pp.275-278.

Hollander, Stanley (1957) "Looking Around: New Marketing Concepts," *Harvard Business Review*, Vol.35 (September-October), pp.151-152.

Hollander, Stanley (1957) "Retail Training and Certification: The British Experiment and some American Analogies," *Journal of Retailing*, Vol.33 (Summer), pp.69-78.

Hollander, Stanley (1957) "On Researching the Researcher," *Journal of Marketing*, Vol.22 (October), pp.176-179.

Hollander, Stanley (1957) "Theoretical Implications of Empirical Research on Retail Pricing," *American Economic Review, Papers and Proceedings*, Vol.47 (May), pp. 252-265.

Hollander, Stanley (1958) "The American Retailer-Subservient to the Public?" Journal of Retailing, Vol.34 (Fall), pp.143-153.

Hollander, Stanley (1958) "Retail Price Policies The Importance of Retailing," in *The Relationship of Prices to Economic Stability and Growth*. Compendium of Papers Submitted by Panelists Appearing before the Joint Economic Committee, Wright Patman, Chairman. U.S. Congress Joint Economic Committee, March 31. Washington, DC: U.S. Government Printing Office, pp.425-440.

Hollander, Stanley ed. (1959) *Explorations in Retailing*, MSU Business Studies 1959, Bureau of Business and Economic Research, Graduate School of Business Administration, East Lansing, MI: Michigan State University.

Hollander, Stanley (1959) *The Rise and Fall of a Buying Club*, Michigan State University, Marketing and Transportation Paper No. 3, East Lansing: MI.

Hollander, Stanley (1960) "The Wheel of Retailing," *Journal of Marketing*, Vol.25 (July), pp.37-42.

Hollander, Stanley (1960) "Competition and Evolution in Retailing," *Stores*, Vol. 42 (September), pp.11-24.

Hollander, Stanley and Gary Marple (1960) *Henry Ford: Inventor of the Supermarket?* Marketing and Transportation Paper No.9, Bureau of Business and Economic Research, Graduate School of Business Administration, Michigan State University, East Lansing: MI.

Hollander, Stanley (1960) "How Self-Selection Affects Vendor Relations," *Journal of Retailing*, Vol.36 (Summer), pp.58-66.

Hollander, Stanley (1961) "Measuring the Cost and Value of Marketing," *MSU Business Topics*, Vol.9 (Summer) pp.17-27.

Hollander, Stanley (1963) *Business Consultants and Clients*, Business Studies, East Lansing, MI: Michigan State University.

Hollander, Stanley (1963) "Retailing: Cause or Effect?" in William Decker ed. *Emerging

Concepts in Marketing, Chicago: American Marketing Association, pp.220-232.
Hollander, Stanley (1963) "Dealer Margins Under Resale Price Maintenance," *Quarterly Review of Economics and Business*, Vol.3 (Autumn), pp.25-33.
Hollander, Stanley (1963) "A Note on Fashion Leadership," *Business History Review*, Vol. 37 (Winter), pp.448-451.
Hollander, Stanley (1963) "Problems and Puzzles in Trade Regulation," *Antitrust Bulletin*, Vol.8 (November–December), pp.907-918.
Hollander, Stanley (1964) "Nineteenth Century Anti-Drummer Legislation in the United States," *Business History Review*, Vol.38 (Winter), pp.479-500.
Hollander, Stanley (1964) "Who Does the Work of Retailing?" *Journal of Marketing*, Vol. 28 (July), pp.69-78.
Hollander, Stanley and James Fri (1964), "A Debate: The Quality Stabilization Bill," *Business Horizons*, Vol.7 (Spring), pp.5-20.
Hollander, Stanley (1965) "Entrepreneurs Test the Environment: A Long Run View of Grocery Pricing," in Peter Bennett ed. *Marketing and Economic Development*, Chicago: American Marketing Association, pp.516-527.
Hollander, Stanley (1965) *Restraint Upon Retail Competition*, Paper No.14, Bureau of Business and Economics Research, East Lansing, MI: Michigan State University.
Hollander, Stanley (1966) "Notes on the Retail Accordion," *Journal of Retailing*, Vol. 42 (Summer), pp.29-40, 54.
Hollander, Stanley (1966) "Resale Price Maintenance in the United States of America," in B.S. Yamey ed. *Resale Price Maintenance*, London: Weidenfeld and Nicholson; Chicago: Aldine Publishing.
Hollander, Stanley (1967) "British Retail Bibliography 1960 to Mid 1966," *Journal of Retailing*, Vol.43 (Summer), pp.44-62, 68.
Moyer, Reed and Stanley Hollander eds. (1968) *Markets and Marketing in Developing Countries*, Homewood, IL: Richard D. Irwin.
Hollander, Stanley (1968) "The Internationalization of Retailing: A Foreword," *Journal of Retailing*, Vol.44 (Spring), pp.3-12.
Hollander, Stanley (1970) "Conglomerates in Retail Trades," *St John's Law Review*, Vol. 44 (Spring), pp.235-242.
Hollander, Stanley (1970) *Multinational Retailing*, International Business and Economic Studies, East Lansing: Michigan State University.
Hollander, Stanley (1971) "She Shops For You Or With You: Notes On The Theory of the Consumer Purchasing Surrogate," in George Fisk ed. *New Essays in Marketing Theory*, Boston: Allyn and Bacon, pp.218-240.
Hollander, Stanley (1971) "The Internationalization of Contractual Marketing Systems," in Donald Thompson ed. *Contractual Marketing Systems*, Heath Lexington Books, pp. 187-210.
Hollander, Stanley (1972-1973) "Consumerism and Retailing: A Historical Perspective," *Journal of Retailing*, Vol.48 (Winter), pp.6-22.
Hollander, Stanley (1974) "Buyer-Helping Businesses…and Some Not-So-Helpful Ones" *MSU Business Topics*, Vol.15 (Summer), pp.52-68.

Hollander, Stanley (1974) "Cosmopolitism and Chauvinism in American Retail Trade," *Journal of Retailing*, Vol.50 (Spring), pp.3-8.
Hollander Stanley and Jean J. Boddewyn (1974) "Retailing and Public Policy: An International Review," *Journal of Retailing*, Vol.50 (Spring), pp.55-66.
Hollander, Stanley and Thomas Speh (1975) "Current Trends in Retail Dissertation Research as Revealed in the 1973 Dissertation Abstracts," *Journal of Retailing*, Vol. 51 (Spring), pp.71- 80, 114.
Hollander, Stanley (1977) "Comments of the Retail Life Cycle," *Journal of Retailing*, Vol. 52, pp.83-86.
Hollander, Stanley (1978) "Retailing Research," in Gerald Zaltman and Thomas Bonoma eds. *Review of Marketing*, NY: American Marketing Association, pp.73-137.
Hollander, Stanley (1978) "Retail Education," *Journal of Retailing*, Vol.53 (Fall), pp.3-10.
Hollander, Stanley (1979) "Some Unresolved Issues in Conglomerate Retailing," in Robert Lusch and Paul Zinser eds. *Contemporary Issues in Marketing Channels*, Distribution Research Program, Norman, OK: University Printing Services, University of Oklahoma, pp.137-140.
Hollander, Stanley (1980) "Let Us Contemplate Our Navels: The Need for a Sociology of Marketers and Marketologists," in C. Lamb and P. Dunne eds. *Theoretical Developments in Marketing*, Chicago: American Marketing Association, pp.55-58.
Hollander, Stanley (1980) "The Effects of Industrialization on Small Retailing in the United States in the Twentieth Century," in S. Bruchey ed. *Small Business in American Life*, Columbia University Press, pp.212-239.
Hollander, Stanley (1980) "Some Notes on the Difficulty of Identifying the Marketing Thought Contributions of the Early Institutionalists," in C. Lamb and P. Dunne eds., *Theoretical Developments in Marketing*, Chicago: American Marketing Association, pp.45-46.
Hollander, Stanley (1980) "Oddities, Nostalgia, Wheels and Other Patterns in Retail Evolution," in Ronald Stampfl and Elizabeth Hirschman eds. *Competitive Structure in Retail Marketing : The Department Store Perspective*, Proceedings, Chicago: American Marketing Association, pp.78-87.
Hollander, Stanley C. (1981) "Retailing Developments," in Donald Mulvihill ed. *Marketing and the Future*, Chicago: American Marketing Association, pp.25-35.
Hollander, Stanley (1981) "Retailing Theory: Some Criticisms and Some Admiration," in R. Stampfl and Elizabeth Hirschman eds. *Theory in Retailing: Traditional and Nontraditional Sources*, Chicago: American Marketing Association, pp.84-94.
Hollander, Stanley (1983) "Who and What are Important in Retailing and Marketing History: A Basis for Discussion," in Stanley Hollander and Ronald Savitt eds., *First North American Workshop on Historical Research in Marketing*, East Lansing: Michigan State University, pp.35-40.
Hollander, Stanley and Terence Nevett eds. (1983) *First North American Workshop on Historical Research in Marketing*, East Lansing: Michigan State University.
Hollander, Stanley C., Roger A. Dickinson, and R. C. Baker (1984) "The Internal Revenue Service and Marketing Data," in Paul Anderson and Michael Ryan eds. *Marketing*

Theory. Conference, Proceedings Chicago: American Marketing Association, pp.98-100.

Hollander, Stanley (1984) "Herbert Hoover, Professor Levitt, Simplification and the Marketing Concept," in Paul Anderson and M. Ryan ed. *Scientific Method in Marketing*, Chicago: American Marketing Association, pp.260-263.

Hollander, Stanley (1984) "Sumptuary Legislation: Demarketing by Edict," *Journal of Macromarketing*, Vol.4 (Spring), pp.4-16.

Hollander, Stanley and Roger Dickinson (1985) "Some Ethical Questions in Teaching Marketing and Retailing," *Journal of Marketing Education*, Vol.7 (Summer), pp.2-12.

Hollander, Stanley (1985) "A Historical Perspective of the Service Encounter," in J. Czepiel, M. Solomon and C. Surprenant eds. *The Service Encounter*, Lexington Books, pp.49-64.

Hollander, Stanley and Terence Nevett eds. (1985) *Marketing on the Long Run*, Proceeding of the *Second Workshop on Historical Research in Marketing*, East Lansing: Michigan State University.

Hollander, Stanley and Jane Sheffet (1986) "The Robinson Patman Act: Boom or Bane for Retailers?" *The Antitrust Bulletin*, Vol.31 (Fall), pp.759-795.

Hollander, Stanley (1986) "A Rearview-Mirror Might Help Us Drive Forward: A Call for More Historical Studies in Retailing," *Journal of Retailing*, Vol.62 (Spring), pp.7-10.

Hollander, Stanley (1986) "The Marketing Concept: A Déjà Vu," in George Fisk ed. *Marketing Management Technology as a Social Process*, NY: Praeger, pp.3-29.

Baker, R. C., Roger Dickinson and Stanley Hollander (1986) "Big Brother 1994: Marketing Data and the IRS," *Journal of Public Policy and Marketing*, Vol. 5, pp.227-242.

Rassuli, Kathleen and Stanley Hollander (1986) "Desire: Induced Innate, Insatiable? Historians View of Consumer Behavior," *Journal of Macromarketing*, Vol. 6 (Fall), pp.4-24.

Hollander, Stanley (1986) *Discount Retailing*, NY: Garland.

Rassuli, Kathleen and Stanley Hollander (1987) "Comparative History as a Research Tool in Consumer Behavior," in Melanie Wallendorf and Paul Anderson ed. *Advances in Consumer Research*, Vol. 14 Provo, UT: Association for Consumer Research, pp.442-446.

Hollander, Stanley (1987) "Retailing and the Quality-of-Life," in A. Coskun Samli ed. *Marketing and the Quality-of-Life Interface*, NY: Quorum Books, pp.188-204.

Nevett, Terence and Stanley Hollander eds. (1987) "Marketing in Three Eras," Proceedings of the *Conference on Historical Research in Marketing and Marketing Thought*, East Lansing: Michigan State University.

Johnson, Scott and Stanley Hollander (1987) "The United States Industrial Commission of 1898-1902: The Formation of Early Marketing Thought", Paper Presented at the 12th Macromarketing Conference, Montreal, August.

Hollander, Stanley (1987) "Retail education needs a macro approach," *Marketing Educator*, Vol.6 (Fall), pp.1, 4, 6.

Johnson, Scott, and Stanley Hollander (1988) "An Attempt at Agricultural Marketing

Reform: Volume 6 of the Report of the United State Industrial Commission, 1901," in Stanley J. Shapiro and Alf Walle eds. *Marketing: A Return to the Broader Dimensions*, Chicago: American Marketing Association, pp.129-136.

Nevett, Terence, Kathleen Whitney and Stanley Hollander eds. (1989) *Marketing History: The Emerging Discipline*, Proceedings of the *4th Conference on Historical Research in Marketing and Marketing Thought*, East Lansing, MI: Michigan State University.

Hollander, Stanley and Glenn Omura (1989) "Chain Store Developments and Their Political, Strategic, and Social Interdependencies," *Journal of Retailing*, Vol. 65 (Fall), pp.299-325.

Hollander, Stanley (1990) "Marketing by utilities is not a new idea", *Marketing News*, Vol.24 (January 22), p.5.

Hollander, Stanley, Terence Nevett, and Ronald Fullerton eds. (1990) *The History of Marketing Thought: Special Issue, Journal of the Academy of Marketing Science*, Vol. 18 (Fall), Taylor, Charles, Steven Kopp, Terence Nevett and Stanley Hollander eds. (1991) *Marketing History Its Many Dimensions*," Proceedings of the *5th Conference on Historical Research in Marketing and Marketing Thought*, East Lansing, Michigan, Michigan State University.

Dickinson, Roger and Stanley Hollander (1991) "Consumer Votes," *Journal of Business Research*, Vol.22 (June), pp.335-346.

Dickinson, Roger and Stanley Hollander (1991) "Consumer Votes," *Journal of Business Research*, Vol.23 (August), pp.9-20. A continuation of the previous article.

Hollander, Stanley and Richard Germain (1992) *Was There A Pepsi Generation Before Pepsi Discovered It ? An Historical Approach to Youth-Based Age Segmentation in Marketing*, Lincolnwood, IL: NTC Business Books and American Marketing Association.

Hollander, Stanley and William Keep (1992) "Mass Merchandising/Traditional Retailing," in Robert A. Peterson ed. *The Future of U.S. Retailing An Agenda for the 21st Century*, NY: Quorum Books, pp.129-160.

Keep, William and Stanley Hollander (1992) "The Promise of Nonstore Retailing: A Look at the Mail Order Experience," *Journal of Marketing Channels*, Vol. 1 (3), pp.61-84.

Hollander, Stanley and Kathleen Rassuli eds. (1993), *Marketing*, Vol.1 and Vol.2, UK: Edward Elgar Publishing Limited.

Schmidt Jeffrey, Stanley Hollander, Terence Nevett and Jagdish Sheth eds. (1994) *Contemporary Marketing History*, Proceedings of the *6th Conference on Historical Research in Marketing and Marketing Thought*, East Lansing, MI: Michigan State University.

Hollander, Stanley and Kathleen LaFrancis Popper (1994) "Balkanization of American: Lessons from the Interstate Trade Barrier Experience," *Journal of Macromarketing*, Vol.14 (Spring), pp.62-72.

Nevett, Terence, and Stanley C. Hollander (1994) "From the Special Issue Editors, Toward a Circumscription of Marketing History: An Editorial Manifesto," *Journal of

Macromarketing, Vol.14 (Spring), pp.3-7.

Rassuli, Kathleen, Stanley Hollander and Terence Nevett eds. (1995) *Marketing History: Marketing's Greatest Empirical Experiment*, Proceedings of the *7th Conference on Historical Research in Marketing and Marketing Thought*, East Lansing: MI: Michigan State University.

Hollander Stanley and Richard Germain (1995) "A Note on the History of the Marketing of Higher Education," *Journal of Nonprofit & Public Sector Marketing*, Vol. 3 (2), pp. 63-80.

Hollander, Stanley (1995) "My Life on Mt. Olympus," *Journal of Macromarketing*, Vol. 15 (Spring), pp.86-104.

Hollander, Stanley (1996) "The Annals of the American Academy of Political and Social Science as a Pre-1940 Source of Marketing Thought," *Journal of Macromarketing*, Vol. 16 (Fall) pp.141-142.

Keep, William, Stanley Hollander and Roger Calantone (1996) "Retail Diversification in the USA Are There Performance Benefits?" *Journal of Retailing and Consumer Services*, Vol. 3 (January), pp.1-9.

Dickinson, Roger and Stanley Hollander (1996) "Some Definition Problems in Marketing Channels," *Journal of Marketing Channels*, Vol. 5 (1), pp.1-16.

Hollander, Stanley (1997) "Is That Going to be on the Exam Almost 50 years of General Marketing Textbooks," in D.B. Brian Jones and Peggy Cunningham eds. *Marketing History Knows No Boundaries*, Proceedings of the *8th Conference of Historical Research in Marketing and Marketing Thought*, East Lansing: Michigan State University, pp.43-48.

Keep, William W., Stanley C. Hollander and Roger Dickinson (1998) "Forces Impinging on Long-Term Business-to-Business Relationships in the United States: An Historical Perspective," *Journal of Marketing*, Vol. 62 (April), pp.31-45.

Hollander, Stanley C. (1998) "Lost in the Library," *Journal of Marketing*, Vol. 62 (January), pp.114-120.

Hollander, Stanley, William Keep and Roger Dickinson (1999) "Marketing Public Policy and the Evolving Role of Marketing Academics: A Historical Perspective,"*Journal of Public Policy and Marketing*, Vol. 18 (2), pp.265-269.

Hollander, Stanley C. and Kathleen M. Rassuli (1999) "Shopping with Other People's Money: The Marketing Management Implications of Surrogate-Mediated Consumer Decision Making," *Journal of Marketing,* Vol. 63 (April), pp.102-118.

Hollander, Stanley C. (1999) "In memoriam: Kathleen M Rassuli," *Journal of Marketing*, Vol.63 (April).

Rassuli, Kathleen and Stanley Hollander (2001) "Revolving, Not Revolutionary Books: The History of Rental Libraries until 1960," *Journal of Macromarketing,* Vol. 21 (December), pp.123-134.

Hollander, Stanley (2002) "Retailers as Creatures and Creators of the Social Order," *International Journal of Retail and Distribution Management*, Vol.30 (11), pp.514-517.

Tippins, Michael J., Kathleen M. Rassuli and Stanley C. Hollander, (2002) "An assessment of direct farm-to-table food marketing in the USA," *Journal of Retail &*

Distribution Management, Vol.30 (7), pp.343-353.
Hollander, Stanley, Kathleen Rassuli, D.G. Brian Jones and Laura Pix (2005) "Periodization in Marketing History," *Journal of Macromarketing*, Vol.25 (1), pp.32-41.
"In memoriam: Stanley C. Hollander (1919-2004)," (2005) *Journal of Retailing*, Vol. 81 (2), p. CO4.

＊章頭の肖像写真は。ミシガン州立大学のアーカイブより承諾の上，掲載。
  Couretesy of Mishigan State Universitey

（ウィリアム・W・キープ）
（薄井和夫 訳）

第10章

C・W・ホイト
―― 販売管理論の先駆的実践者 ――

第1節　はじめに

　チャールズ・W・ホイト（Charles Wilson Hoyt, 1862-1928）が取り上げられることは少ない。ホイトは研究者として大学で教鞭をとることがなく，在野にありながら自身の経験を科学的管理法に則って，セールスマン[1]およびそれをマネジメントする側に関する理論化を行なった。ホイトについてはあまり知られていないこと，そして，彼の経歴は著作にも影響していることから以下で紹介する[2]。

　ホイトはセールスマンから大学へと進学し，再度セールスマンという道に進んだ異色の経歴の持ち主である。しかし，このセールスマンそしてマネージャーとしての実務経験，これらの経験を積んでいたことが的確な問題意識へと繋がったといえる。

1862年	誕生
1889年～1890年	トラベリング・セールスマンとして働く（ニューイングランド）
1891年～1894年	イェール大学機械工学部（mechanical engineering）
1894年～1899年	日用雑貨の卸売と小売でトラベリング・セールスマンとして従事
1899年～1904年	大手卸売企業で財務責任者（secretary and treasurer of

	large wholesale firm）
1903 年〜1928 年	メールオーダー企業を経営
	George B. Woolson & Company に対して販売と広告に従事
1904 年	Amour & Company（食肉産業）で販売統括責任者
1904 年〜1909 年	14 の販売部隊の総責任者（のちに 17 販売部隊へと増加）
1909 年	販売・広告のコンサルティング企業開設
1910 年	ニューヨークに支店を開設
1913 年〜1918 年	『科学的販売管理』（*Scientific Sales Management*）出版
1922 年	『広告ビジネスへの養成』（*Training for the Business of Advertising*）出版
1928 年	歿年

　主著は『科学的販売管理』（*Scientific Sales Management*）『広告ビジネスへの養成』（*Training for the Business of Advertising*）である。

　当時の多くの研究者が理論化のために著書や論文を著していた中，実務家として著したものがただのハウツー本と見なされず，その後の販売管理論の理論化に大いに影響を与えることとなった。

　本章では，その功績について考察していく。

第 2 節　『科学的販売管理』と時代背景

1．著者の経歴による問題提起

　経歴でもみてきたように，ホイトはセールスマンおよびそれを管理するマネージャー両者の経験を持っている。よって，セールスマン視点からの販売業務と対雇用企業の問題点，および，マネージャー視点から認識したマネージャー業務とセールスマンとの関係の問題点，両者の視点から解決すべき点を明確に把握していた。ホイト自身，これら問題点に対し実務において客観的かつ科学的に取り組むことで成果を上げた。このことが『科学的販売管理』への

先進性につながったといえる。

　ホイトは大きく3つのことを述べている。

　1つは著書文頭で提示しているが，セールスマンに対する問題意識である。セールスマンを古いタイプと新しいタイプの2種類に分け，前者をいかに企業下に従属させるかについてである。前者の古いタイプのセールスマンを「star salesman」や「big salesman」と呼んでおり，自身の個性・才能，販売に関するコツやテクニック等で大きな利益をあげる人達のことを指している。しかし，独立的であり個人主義であるため，企業の拘束および従属を嫌うという特徴を持っている。後者の新しいタイプのセールスマンは，企業に雇用され従属する現在にみられるセールスマンの形態である。

　2つは，新しいタイプのセールスマンを教育訓練することでいかに利益を上げるかについてである。ホイトは販売の才能がなくても科学的管理に基づいた方法で教育訓練および販売を行なえば，一般的な人でも莫大とはいえないがそれなりの利益を上げることができるとしている。これにより，販売の才能を持つ一部の人による職業ではなく，企業側の取り組みにより多くのセールスマンを創出できることを示した。

　3つは，企業側のマネジメントの重要性である。企業で雇用するからには指揮下に入るように指導・管理・統制していく必要があることおよび販売の補助をすべきことを示している。

2．セールスマンの歴史的変遷

　ホイトの著作を理解する上で必要であるため，当時のセールスマンの状況についてみていく[3]。

　店舗内そして店舗外（いわゆる営業）での販売員は，かなり古くから存在・活動し，一括りにセールスマンとされていることが多い。18世紀末から19世紀前半アメリカにおいて，産業資本が中心であった時代では，自主独立した商人形態のセールスマンが主流であった。彼らは一般的に，自立型の行商型卸売商でありペドラーとよばれていた。その後，ドラマーとよばれる地方巡回商人いわゆる旅商人（卸商人）へと変化していく。さらに製造業者に従属して営業活動を行なうようになり，トラベリング・セールスマン（巡回セールスマン）に転じる。3者の共通点は，個人の個性を含めた能力・才能および経験等から

導かれる勘・コツによって販売を行なうことが多かったことである。これらに秀でた者達が「star salesman」や「big salesman」といった独立心や個人主義の強いセールスマンであった。多くの利益をもたらすことから，企業および雇用主から重宝がられ特別扱いを受けていた。

19世紀末から20世紀初頭に独占資本主義の時代になると，市場での競争激化や交通・運輸手段の発展から，企業はドラマーを地方へ派遣することが比較的容易になっていく。地方での販売に製造業者自らが主体となって関与し行なうことができるようになるだけでなく，ドラマーの中には企業に雇用される者も出てきた。よって，彼らに依存する必要がなくなり，企業は自社雇用のセールスマンを増やしていき，ペドラーへの依存度を減らしていくことになる。

時代の変化にあわせて，古いタイプから新しいタイプのセールスマンへの移行を，企業は模索する必要が生じてくる。古いタイプのセールスマンは不便で面倒な地方へと出向いてくれることや利益をもたらすことから，販売費用過多の問題に関しては目をつぶってきた。しかし，多くの問題が解消されてくると，彼らの行動は不況によりコスト削減を進める企業にとっては重荷であった。さらに，誰しもが販売に秀でた資質があるとは限らず，今後の売上増加を考えるならば，平凡な人達を社員として雇用し利益を得られる方法を考える必要が生じてきたのである。

このような中，1887年にパターソン（J. H. Patterson）の販売方法入門書である『プライマー』（*NCR Primer*）や1911年にテイラー（F. W. Taylor）の『科学的管理の諸原理』（*The Principles of Scientific Management*）が登場することで，企業の効率化への意識が高まっていく。

第3節 『科学的販売管理』

1. 概　　要

ホイトの著作『科学的販売管理』では，パターソンの『プライマー』およびテイラーの科学的管理法を基礎として，論を進めている。テイラーを引用しながらセールスマンとマネージャー側（management）との関係に科学的管理法

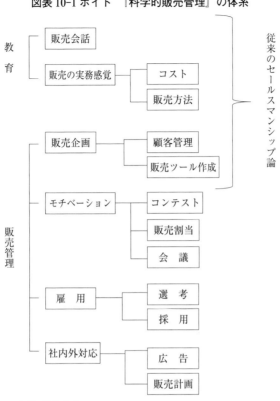

図表10-1 ホイト 『科学的販売管理』の体系

出所：筆者作成。

を取り入れるべき理由について,「企業の所有者[4]にとって, 分け前が大きくなるだけでなく, 企業が永続的に繁栄する素晴らしい状態になるようビジネスの発展につながることを意味する[5]」と述べている。当時, 企業の大株主は所有者である経営者のことが多かった。よって, 科学的管理法を採用するメリットを伝えることで, 多くの企業がこの方法を導入するよう促している。

図10-1は, ホイトが考え実行したマネージャー業務であり, 大きく2つに分けることができる。1つは教育で, もう1つはマネージャーによる販売管理業務である。セールスマン個人で販売に関する業務を管理するやり方から企業が管理するやり方へと, 販売業務に対する管理主体の変更を示唆している。

ホイトは教育, 特に販売会話および販売の実務に関する感覚について力を入れていた。さらに, セールスマンシップ論には従来販売企画が含まれていたが,

これをマネージャー業務に取り込んでいる。ホイトは多くの企業が科学的管理法を導入し，販売の苦労や非効率な部分を改善していくべきだと訴える。その際に，「セールスマンとマネジメント側の責任の平等な分担に力を入れる」とし，「セールスマンが行なっている全ての業務をマネジメント側で引き受けるべき[6]」ともしている。さらに，中央企画室を設置しセールスマンと協力していくことを強く提案している。

　管理面では，企業がセールスマンを雇用するようになり，マネージャー業務もそれにあわせて考慮する必要が出てきた。業務として主に販売企画，セールスマンのモチベーション維持，雇用，社内外への対応と大きく分類することができる。以下で両者を詳しくみていく。

2. セールスマンへの教育

　ホイトが自身の経験から必要だと考えていたことは，販売の際セールスマン自身がどのように行動し振舞うべきかの方法を確立することであった。ホイトがセールスマンになりたての頃登場し，それを提示したのが後述する販売について初心者が1から学ぶための入門書である『プライマー』である。セールスマンの販売に関する質問や疑問等の多くは類似しており，以前はそれを自分自身の経験で時間をかけて自身で回答を出していた。しかし，これらをあらかじめ教えることができれば，体得にかかっていた時間や無駄を省け効率も上がる。ホイトは，『プライマー』・科学的管理法・自身の経験から，より良い販売について試行錯誤し，マネージャーがいかに科学的にセールスマンを管理するか，および，マネージャーがいかにセールスマンに科学的な販売をするように教育訓練をするかを模索していた。

　まず教育の1つとして販売会話の標準化が挙げられる。会話においての標準化は，話すことに長けていない人にも「セールストークの雛形」を覚えさせることだといえる。必要な雛形を覚えることにより会話力の土台を築き，初めての販売でも体面を整えることができる。

　次に販売の実務感覚として注目すべきはコストに関する考え方である。ホイトは郵便物送付後の販売を提唱している。新人教育時に飛び込み販売をした場合と，先に郵便物を送り顧客の態度・認知を作った上で販売をした場合にかかるコストを計算させる。前者に比べて後者は，コストがかからないことを理解

させ，販売にかかるコストの違い，そして，その感覚の重要性を認識させる。無駄だと思える郵便物もコストという面から考えれば顧客への大変優れた認知手段だと理解させている。

　以上から販売会話に関して，「科学か技術か」というマーケティングが抱える問題があり，これは「技術」といえるであろうし，科学的ではないという指摘もある。科学的管理法は誰が行なっても一律に同様の結果を得られるというものである。その点において，会話を標準化しても個人差や相手等により変化することから，同じ結果を得ることが難しい。しかし，この標準的な会話法がなければ，「何を」「どのような時」「どのように」話すかといったTPOにあわせた会話や相手を納得させる説明というものは，個人の勘・コツ・経験に頼るしかないことになる。

　この場合，効果が一律に得られるというよりも，個人に一律の基礎を築き持たせるという点を意識的に行なったことが重要なのである。販売能力の底上げができるという意味で，科学化に近いことがなされているといえよう。

　また，企業がセールスマンを雇用し販売に派遣するということは，個人ではなく企業名を背負って販売をすることと同義である。顧客は販売に来た人の経験の浅い深いは関係なく全てプロだと認識するという点，そして，販売相手への企業のイメージづくりという点では，販売会話や方法の基礎を修得させることは重要なことだといえる。

　コストに関しては，ただ訪問するだけでは，コストや労力がかかるにも関わらず，それに見合うものが得られない。顧客の態度喚起を行なった上で行動すれば，成約率や効率も上がることを説明し，従来のやり方は科学的ではないと否定している。企業が製造コスト削減への取り組みから販売コスト削減へと拡大した時代において，コストへの意識を培うことが今後の販売への能力には必須であったといえる。

3.　販売管理

　販売企画には，顧客管理および販売ツールがある。これらはセールスマンが自身の才覚・経験から準備し作成していたものである。ホイトは企業が管理および負担軽減のもとにこれらを行なうべきであり，郵便物の返信者リストを作

成してセールスマンに示すことも含めて提唱している。

次に，セールスマンのモチベーション維持について，ホイトはいくつかの施策を挙げている。

ホイトのいうコンテストは，現在でいう販売技能を競うものではない。販売技能を競う大会で参加者が疲れ果てている姿や，優勝して獲得する微々たる賞金ではモチベーションが続かないことを指摘している。よって，人間の持つ競争心をうまく取り入れ，日々の業務において単純なお遊びのような販売対抗戦から賞金のついた全社規模の大きなものまで行なった[7]。

販売割当では，若手とベテランを一律に扱うと不平等となり競争心さえもなくなってしまう。よって，割り当てを若手は少なく，ベテランは厳しく設定する。この設定を皆に等しく公平性を持って行なうことが重要となる。

会議では，昇進の話やセールスマンの抱える問題を主に取り上げている。特に後者において，セールスマンの意見を吸い上げることで，全体へのフィードバックに生かし，かつ，意識の高揚を図っている。

次に選考・採用に関して，ホイトは精神・肉体面での科学的テストを行ない，その結果テストに合格したセールスマンに適した人材を採用することが重要だとはしていない。むしろホイトが重視したことは，非凡でなく「普通の平均的な人を教育訓練やマネージャーの管理によって，良いセールスマンにする[8]」ことである。科学的テストで非凡な人を雇用することは，結果，従来の古いタイプのセールスマンを採用することとなんら変わりがないものとなってしまう。つまり，テストに合格できるのは一握りの販売の才能がある者のみとなってしまい，科学的管理法を適用する意義がなくなってしまう。

さらに広告および販売計画の両者の連動を説いている。成功した広告キャンペーンの裏には作りこまれた優れた販売計画があり，小売商やジョバー等の関係各位だけでなくセールスマンにも広告計画に関して説明をすることで，この2者に小売商をあわせた3者を統合して用いるとより効果的だとしている[9]。

広告表現としてはブランドやそのディスプレイを意識的に行なったことである。「製品の名前やトレードマークと目立つパッケージ」を用いることで，消費者に「広告記事と同じものだと認知」してもらうことが必要だとしている[10]。広告は読まない可能性があるが，店舗のディスプレイは，道や店舗で必ず見ることになる。そして，店舗に入った顧客へ説明をすれば，周囲にいる人達にもその説明は聞こえ，多くの人に知ってもらうことができる。

以上の施策からいえることは，業務への関心・興味の維持と透明化・公平性をいかに保つかに注力したことである。
　前者において，販売は売れればさらに業務への意欲が高まり，売れなければ精神的に追い詰められていくものである。常に販売がうまくいくわけではないため，セールスマンの意欲を落とさないように努めることをマネジメント側の役目だとホイトは捉えている。後者において，マネージャー対セールスマン，および，セールスマン間の両者に対して広く公平であるべきことを示している。
　これらを維持するために，社内報（bulletin）を活用し，製品や販売に関する情報や販売ツールだけでなく，個人の売上に関しても掲載している。前者は今後の事業に関する取り組み等の告知や啓蒙，後者は全体量の中での個人の販売割合を掲載している。個人のプライドも守りつつ，やる気のある良いセールスマンが残る仕組み作りをしている。
　ホイトはパターソン同様，広告の重要性を説いている[11]。当時，広告をする上で困難なことは，セールスマンの協力を得られるかどうかである。歴史的に広告はセールスマンの仕事を奪う商売敵とみられていた時代があり，その名残もある。よって，広告はセールスマンと役割が異なり，代わりにはならないことを理解させる必要があった。さらに，機能分化によって販売マネージャーを通さず広告マネージャーから指示が出ることもあり，意思疎通がうまくいかないこともあった。よって，販売マネージャーと広告マネージャーは協力およびコミュニケーションをとる必要性を説いている。
　また，ブランド，メディア，ディスプレイをあわせて行なっていることから，現在の IMC の発想をもって活動していたことがわかる。ブランド・広告・販売を連動させるという考えは後の理論展開にも示されている。これらは今では当たり前のことであるが，セールスマンを集団化した販売部隊として組織的に動かそうとする上で，画期的なことであった。

第4節　ホイトの理論的位置づけ

1.『プライマー』とセールスマンシップ論

　ホイトはセールスマンシップ論を継承し，セールスマン個人のみの問題ではなくそれを管理する企業側の問題と捉えることで，組織としての販売力につながる基礎を築いた。

　その際に，議論の中心となり，多くの著作および理論研究にも引き継がれたものが『プライマー』である。まずこれがどのようなものかみていく。

(1)　『プライマー』(*NCR Primer*, 1887)

　ナショナル金銭登録器会社（National Cash Register, NCR）の社長パターソンが『プライマー』をつくり，社員に渡していた。これは販売初心者への基礎を身につけさせるための手引き書および入門書のようなものであった。セールスマンシップ論および販売管理論の著作の中でも取り上げられることが多く，実質的な販売管理論の先駆けでありその後の基礎となっている。

　NCRでは，年1回のNCR大会を1886年から毎年開催するようになってから，1885年に販売台数が500台となり，翌年には1050台と倍に増えた[12]。さらに，担当領域の保証，1887年販売での標準化を目指し販売に対する考え方や顧客への説明話法ともいえる『プライマー』の作成・社員への頒布を行なった。1892年には，販売台数が15000台[13]と，7年間で30倍にも増えた。これらにより，パターソンの販売方法は，効果的であることが証明された。

　『プライマー』は4つのパートで構成されており，セールスマンシップ（salesmanship），アプローチ・初接近（approach），商品説明（demonstration），注文取り（closing），という順を追ってセールスマンは行動すべきことと，その際にどうすべきかについて記されている。

　パターソン自身は販売経験が全くないため，販売成績の良いセールスマンたちからその販売方法を調査したところ，個性での販売が主流であることがわかった。この点を問題視し，個性に頼らないセールスマン教育および実践的な販売方法を開発することを目的として作成した。当初はセールストークにおけ

る受け答えの問答集のようなものであったが，幾度となく改訂を重ねていく。
　当時の古いタイプのセールスマンにとって特に個性の出る要素に対する矯正ともいえる一方で，新規でセールスマンになる者にとってはいわゆるマニュアルでもあった[14]。当時は徒弟制のように先輩セールスマンについて見よう見まねで仕事を覚えていくことが当然であり，多くの経験を積まないと販売の基礎になる部分が得られなかった。この部分を，『プライマー』として印刷し，セールスマンに学ばせ暗記させた。その後，パターソンはNCRの夜間訓練学校を設置し教育訓練を行ない，セールスマンの標準化を目指した。
　さらにパターソンは，広告にも力を入れた。広告は完璧ではないとしながらも，「広告は教えであり，あらゆる人を助ける」[15]とし，販売活動を援助する手段として重視している。

　以上のパターソンの『プライマー』および広告への捉え方を基礎として，ホイトだけでなく，この後のセールスマンシップ論や販売管理論が展開されていく。
　『プライマー』はテイラーの科学的管理法の20年以上前に登場したものであり，当時の経済的状況からみるとかなり先進性の高いものであったといえる。よって，万人に受け入れられるものとはいえなかった。そこから30年を経て，ホイトはNCRで行なわれていた大会の開催，広告，『プライマー』による販売会話の標準化をそのまま引き継いでいる。ホイトの『科学的販売管理』は一見何ら新しいところはないかのように思われるが，これらをより深化させたこと，実際の販売ツールや実例を豊富に示していること，そして，セールスマンへのサポートがマネージャーの業務だと示したことに革新性がみられる。人を管理することに特化するという点で今までにないものであるが，科学的でない部分が散見している。例えば，「どのように」行なうか等は詳しく例示されていても，それにより「何が」「どの位」得られるかという提示は少ない。

(2)　セールスマンシップ論
　セールスマンシップは，1860年，1868年の不況および1873年の恐慌に伴い，ただの注文取りから需要創造という役割を帯びるようになっていった。このような経済状況である19世紀末からセールスマンシップへの関心が高まり，20世紀に入ると大学およびビジネススクールで講義が行なわれるようになった。

講義が行なわれるようになったが実務レベルで学問的なセールスマンシップ論が行なわれているかは別問題である。アトキンソン（W. W. Atkinson）は当時のセールスマンについて，「物を売るというよりも第一印象つまり自分自身を売り込む[16]」という説明をしている。

ホイト以前の著作は販売実務に関するハウツー本のような著作が多い中で，アトキンソンは販売の場面に心理学を取り入れた先駆けといえる。セールスマンおよびバイヤーとして両者の視点を持つことが，セールスマンシップには重要だとしている。販売時に消費者がどのような心理段階を踏んで購買に至るかという10のステップを示し，各ステップでどのように行動や説明をすれば良いのかを身だしなみを含めて詳細に説明をしている[17]。そして，セールスマンの行為段階やそれに伴い心理に関して，『プライマー』やNCRについてところどころ引用しながら，自身の理論の裏付けにしている。さらに，著書も『プライマー』の4つのパートに沿って構成されている。

当時，著作の一部分で管理やマネージャー業務に関して触れるものも出てくる。その中でホイトの著作は管理について踏み込んだ記述をすることで，販売管理論の色彩が強く出ており，他の著作とは一線を画すものとなっていた。

2. 後世の販売管理論への影響

販売管理論に関する大学の講義が置かれたのは，主要大学で1920年代からである。旧い慣習と新しい時代への模索が入り混じった過渡期に販売管理論は展開されていく。

本節では，セールスマンシップ論と販売管理論という点から後世の著作をみていく。

（1）セールスマンシップ論

『科学的販売管理』後に出版されたブリスコ（N. A. Brisco）のセールスマンシップ論をみると，セールスマンシップの古いやり方では無駄が多く効率的ではない，としている。科学的方法は当初批判もあったが今では必要不可欠なことだと認識されていると述べている[18]。さらに，消費者が広告を見て購買行動をするまでの段階について消費者の心理プロセスであるAIDAを交え，販売場面を想定しながら提示している。

ダグラス（A. W. Douglas）は，巡回セールスマンについて科学的方法という表現は使ってはいないが，販売の準備として商品について学びその知識を得ることや，販売に関する練習をすることで実際での時間の節約になる[19]と述べている。

　これらから，ホイト以降のセールスマンシップ論では，心理学の導入や科学的方法の導入がみられるようになる。しかし，ホイトのように実務に即した方法は詳細には語られておらず，理論化も果たされていない。

(2) 販売管理論

　ホイトと同時期には，ウォーカー（A. Walker）[20]がいる。ウォーカーは，テイラーの科学的管理法に基づくセールスマンの管理や販売によって売上が上がると指摘する。製造業者や小売との争いや古い習慣を壊すのではなく，科学的方法という新しいやり方にパラダイムシフトをすれば，皆で良い関係・状態になれると述べている。ウォーカーは科学的管理法を大変賞賛しているものの，科学的方法を用いて「どのように販売を行なう」「どのようにマネージャーは管理をする」といった「どのように」の部分が欠落している。よって，その効果があるか否かの詳細までは明確にしていない。

　このような同時期の著作を踏まえて，ラロンド＆モリソン（B. J. La Londe and E. J. Morrison）は，ホイトの著作は「初の『典型的』な販売管理論の著作[21]」と称している。さらに，「この本が普及することで，科学的に生産性を管理し，平均的な人から平均以上の結果を得ることができる[22]」と高く評価している。

　ホイトは画期的な著作を著したが，精緻化された記述とはいえない部分がみられる。この点が改善され発展していく変遷をみていく。

　まずフレデリック（J. G. Frederick）は，教育面では，標準化のためのマニュアルや販売について学べる学校の開設について述べている。管理側のセールスマンへの刺激策として，ホイト同様ポイント法やゲームの導入，社内報を取り上げている。さらにモチベーションを維持する施策に，ボーナスについて言及している。広告はあくまで販売の補助的なものとしている[23]。

　トスダル（H. R. Tosdal）も，教育では，マニュアルおよび学校の開設や企業での教育訓練について，各産業や機関別に対して事細かに提示している。フレデリック同様に刺激策としてのボーナスについて述べている[24]。違いとしては，

コスト管理について詳しく例示している点および広告をすることは当然のものとなっていることである。つまり，広告は販売の補助的役割という意識が希薄化してきていることがわかる。

　リオン（L. S. Lyon）は，管理側のセールスマンの雇用や教育，販売領域の割当に至るまで，詳細に述べている。教育に関しては，業務に関して学ぶべきことのチャートを例示している。販売について学ぶ教育的体系を考案すべきだとし，テキストや専門教員・セールスマネージャーによる販売への学びを提供すべきだとしている。この中には教育ツールとしてマニュアルも含まれている。

　リオンにおいて特筆すべきは，セールスマンの役割を8項目挙げ[25]，その中にセールスマンによる情報伝達・収集および広告に対する補助的役割がある。『プライマー』から広告はセールスマンの補助的役割をするものだとされ，この考えを基礎とする著作は多くみられる中，今までの通念が逆転していることがわかる。さらに情報に関することでは，広告やキャンペーン，企業の考え方に関する内容は，セールスマンを通して伝えることができるとしており，この点においてホイトが指摘したことをさらに精密化して述べている。また，ホイト同様，多くの企業の実際の事例や参考資料を取り入れることで，管理側がやるべきことや理解すべきことが詳細に説明されている。

　ホワイト（P. White）は，マーケティングを管理する組織，および，実際のマーケティング行動とその統制，を中心に述べている。セールスマンの販売業務に関することでいえば，標準化を基礎として論を進めており，標準的な販売会話はもちろんのこと，販売に関する時間の標準化なども述べている[26]。しかし最大の焦点は，セールスマンだけでなく管理側も勘や経験ではなく，科学的に示す必要があると指摘した点である。セールスマンから，管理側に視点を向けたという点で，企業的マーケティングへの捉え方の基礎を作ったといえる。

　最後にコープランド（M. T. Copeland）は前4者と異なり，セールスマンでも消費者との取引を行なう販売員に着目している。「販売員は企業の顔[27]」とし，教育訓練・統制等を行なうべきことを論じている。管理面では，広告・ディスプレイ・ブランド・パッケージについて，消費者心理・認知にまでおよび論じている。

　ホイト以後の主だった著作を時系列をおってみてきたが，教育面での学校開設等が重要視されていた。1920年代は企業がセールスマンに対して，販売や

ノルマ達成への多大なプレッシャーをかけていた時代であったことは1つの要因であろう。また，良質のセールスマンが少ないため，これらを増やすことが急務であったということもいえる。

管理面では，モチベーションの維持に関してさらに深化しており，実務で重要視されていることが，アカデミックでも認識・理解されるようになったことを意味している。

これらからもわかるように，セールスマンに関するマネジメントという点において，ホイトはその後の発展において基礎となるものを提示したといえる。それは，特に教育の重要性やモチベーションの刺激策にもみられるように，実務を行なっていなければわからないものであった。

第5節　現代的評価

ホイトは当時の研究者に比べて理路整然としていない部分や，内容が若干飛躍している部分もある。それは彼が研究者ではないため，論文・著書の書き方に不慣れであったためと考えられる。しかしながら，実務について述べつつも，科学的管理法という軸がぶれていないことで，単なるハウツー本にならなかった点は，評価すべきである。

セールスマンシップ論が全盛の中で，ホイトはマネジメント側に焦点を当て，企業側が管理・統制することをいち早く示した。その功績にも関わらず，現代ではあまり評価されておらず科学的管理法に関する著作としてその名が挙がる程度である[28]。

その理由として，まず販売管理論が時代の過渡期にあり，そのすぐ後にマーケティング管理論そしてマネジリアル・マーケティングと，マーケティングは企業を行動主体とした理論を急速に発展させた。つまり，一瞬のうちに過去のものになってしまったことが挙げられる。

次に，販売およびマーケティングが抱える「科学か技術か」という問題を含んでいることが挙げられる。前述してきた販売および販売技術が学問として成立するためには，科学として普遍的に証明できることが必要である。しかし，販売はセールスマンや顧客によって常にその対応や結果が異なるため，普遍性を目指して論を進めることは難しい。つまり，難しいがために切り捨てられて

きた部分ともいえる。そして，ホイトが最も重要視していた「販売方法の確立」に関しては，現在でも確立したものはない。

販売管理論を包摂して発展した現代のマーケティング理論において，この点に関する回答や取り組みがないということが，セールスマンシップ論および販売管理論を科学的に扱うことについての限界であり回答となっているといえよう。

〔注〕
1) 日本ではセールスマンというと外回りの営業をイメージしやすい。しかし，この当時は，外回りのセールスマンも店内販売員もセールスマンと総称することが多かった。店内販売員に関しては，論者によって sales clerk と分類する場合もあった。
2) C. W. Hoyt（1913）*Scientific Sales Management*, George B. Woolson & Co., pp.59-61.
3) 当時のセールスマンおよびセールスマンシップ論については，以下の文献が詳しい。
　橋本　勲（1983）『販売管理論』同文舘出版，73〜78ページ。
　小原　博（2008）「営業担当者パーソナル・セリング考―比較マーケティング史序説―」『経営経理研究』第81号，1〜25ページ．
　J. E. Haferty（1936）"Experiences of an early marketing teacher," *Journal of Marketing*, Vol.1, No.1, pp.20-27.
　L. M. Dawson（1970）"Toward a new concept of sales management," *Journal of Marketing*, Vol.34, pp.33-38.
4) この時代はまだ明確に企業の所有と経営が分離されていなかった。よって，企業の経営者が大株主であり，企業の所有者と同一であった。その後，雇われ経営者が増えることで，株をほとんど持たずに経営を行なうようになっていく。
5) Hoyt, *op.cit.*, p.10.
6) *Ibid.*, p.25.
7) ホイトの担当支店で，期間限定の販売額による「ヴァンダービルト杯ロングアイランドレース」といういわゆる「すごろく」のようなものを開催した。5万マスあり，1マス1ポンド，つまり5万ポンドを最初に達成した人が勝者となった。優勝商品は「おもちゃの車」にもかかわらず，セールスマン達が関心を持って積極的に取り組んだことにより販売量が上がったと述べている。この試みは大きな反響を呼び，それ以降製品製造部署から賞金をつけて開催されるようになり，さらには全支店対抗で行なわれるようになった。これによりモチベーションを維持するだけでなく，個人では優勝できなくても支店の一員として助力したという成功体験が，セールスマンに自信をつけさせるようになっていく（*Ibid.*, p.117.）。
8) *Ibid.*, p.139.
9) *Ibid.*, p.86.
10) *Ibid.*, p.96.
11) Hoyt は，新聞広告はありきたりで特徴が出せず効果がないとしている。ただし，地方紙は有効だとしている（*Ibid.*, p.37, p.40.）。
12) S. Crowther（1924）*John H. Patterson : Pioneer in Industrial Welfare*, Doubleday, Page & Company, p.105.
13) *Ibid.*, p.125.
14) 『プライマー』に関しては，様々な著書の中で言及されているが，下記文献はパターソ

ンの伝記であり，当時の状況とあわせて詳細に説明されている。
Crowther（1924）*op.cit.*
そのほかに，下記文献でも詳細に説明されている。
橋本 勲（1975）『マーケティング論の成立』ミネルヴァ書房，225~227 ページ。
Hoyt（1913）*op.cit.*, pp.167-169.
15) *Ibid.*, p.299.
16) W. W. Atkinson（1910）*Psychology of Salesmanship*, White Ivy Press, p.74.
17) *Ibid.*, pp.62-73 を参照。
18) N. A. Brisco（1916）*Fundamentals of Salesmanship*, D. Appleton and Company, p.21.
19) A. W. Douglas（1919）*Traveling Salesmanship*, The Macmillan Company, p.20.
20) A. Walker（1913）"Scientific Management Applied to Commercial Enterprises," *Journal of Political Economy*, Vol.21, No.5, pp.388-399.
21) B. J. Londe and E. J. Morrison（1967）"Marketing Management Concepts Yesterday and Today," *Journal of Marketing*, Vol.31, No.1, p.10.
22) *Ibid.*, p.10.
23) J. G. Frederick（1919）*Modern Salesmanagement*, D. Appleton & Co. 主に pp.102-229 を参照。
24) H. R. Tosdal（1921）*Problems in Sales Management*, A. W. Shaw company. 主に pp.313-532 を参照。
25) L. S. Lyon（1926）*Salesmen in Marketing Strategy*, The Macmillan Company, p.19.
26) P. White（1927）*Scientific Marketing Management*, Harper, New York., pp.117-211.
27) M. T. Copeland（1924）*Principles of Merchandising*, McGraw-Hill, p.220
28) P. W. Laird（1998）*Advertising Progress*, The Johns Hopkins University Press, p.207.
D. G. Brian Jones and M. Tadajewski（2018）*Foundation of Marketing Thought*, Routledge, p.135.

＊章頭の肖像写真は，デューク大学のアーカイブが所蔵している *Sales, Management and Advertisers Weekly*（1928 年）に掲載された写真を，同大学の許諾を得て掲載。
Courtesy of John W. Hartman Center for Sales, Advertising & Marketing History, David M. Rubenstein Rare Book and Manuscript Library, Duke University.

〔越川靖子〕

第11章

P・T・チェリントン
── 広告研究のパイオニア ──

第1節 はじめに

　マーケティング学説史家のバーテルズ (R. Bartels) によれば，マーケティング思想の初期的な発展のいくつかは，広告に関する著作のなかで展開された。その背景にある出来事として工業製品の販売の際に広告が広く用いられ始めたことが挙げられるが，このことは新聞や雑誌における広告収入の増加という形で現れている[1]。そして，販売活動の中で広告が広く活用されるようになったことに加えて，人間行動の動機づけに関する心理学が発展したという知的状況を背景に，1900年代初頭から主に心理学者らが広告に関する文献を著し始めた。そして1910年代に入ると，心理学者以外の著者による広告研究が展開されるようになり，広告の役割とは何か，広告の経済的効用がいかなるものであるかといった広告の本質的な機能に関わる議論が展開されるようになった。その先駆的な論者としてバーテルズが挙げているのが，「広告は経済的浪費であるか？」という問題提起を行なったポール・T・チェリントン (Paul Terry Cherington, 1876-1943)[2] である。

　チェリントンは，1876年10月31日にアメリカ合衆国カンザス州のオタワに生まれた。オハイオ・ウェスリアン大学に入学して3年間を過ごしたのちペンシルベニア大学に転籍し，そこで1902年に理学士号 (BS) を，1908年には学芸修士 (MA) を修得した。1899年から1902年までの間，チェリントンはフィラデルフィア製造業者共済会 (the Manufacturers Club of Philadelphia)

が出版していた『製造業者（The Manufacturer）』という雑誌の副編集長（Assistant Editor）を務め，また 1902 年から 1908 年には，フィラデルフィア商品博物館（the Philadelphia Commercial Museum）の外商局（the Foreign Trade Bureau）で職員として勤務した。そして 1908 年にハーバード・ビジネス・スクールの当時の学長であったゲイ（E. Gay）に招聘されて経済学を教えるようになり，「ビジネス 1：商業組織とその方法」という科目も担当した。その後，マーケティングの講師（instructor）から助教授（assistant professor），そして教授（full professor）へと昇格し，ハーバード・ビジネス・スクールで 11 年間教鞭を執った。チェリントンは教師としての才能にも恵まれ，彼の授業は学生の間でとても人気で常に学生の履修登録が定員を上回るほどであったという。さらにチェリントンは，ハーバード大学のビジネス調査研究所（Bureau of Business Research）の共同設立者でもあり，1919 年に同大学の教職を離れるまでの間，同研究所の所長も務めた。

　その後，1919 年からはワシントン D.C. にある米国海運庁（the U. S. Shipping Board）の計画・統計部（the Division of Planning and Statistics）の繊維課（the Textile Section）に勤務し，全国毛織物委員会（the National Wool Association）の秘書官兼財務官（Secretary-Treasurer）も務めた。さらに 1922 年から 1931 年までの間，ウォルター・トンプソン社（the J. Walter Thompson Company）で調査部長（Director of Research）を務め，この間にチェリントンはニューヨークからサンフランシスコへと移り，スタンフォード大学経営大学院でマーケティングと流通を教えた。その後，再びニューヨークへ戻り，マーケティングや流通を専門にしたコンサルタント会社を起業し，その傍らで 1932 年から 1935 年の 3 年間はニューヨーク大学で教鞭を執った。そして 1934 年には自らの会社に新たに 2 名を加えて，チェリントン・ロパー・ウッド社（Cherington, Roper & Wood）の名の下で世論調査会社（polling company）を設立した。同社は 1936 年の大統領選挙の結果を正確に予想したことで世論調査を活用したプロファイリングの重要性を世間に知らしめ，それ以降，この手法はビジネスだけでなく政治にも利用される重要な分析ツールになった。チェリントンは 1939 年に同社を去り，経営コンサルタント企業であるマッキンゼー社（McKinsey & Company）のジェネラル・パートナーに就任した。

　編集者，調査官，大学教授，企業家，コンサルタントといった多様なキャリアを通じて，チェリントンはマーケティングや広告，商品流通の研究を行なっ

た。彼は1943年4月24日に没する直前まで研究活動に勤しみ，その生涯を通じて7冊の著書を出版し，また，Journal of Marketing 誌をはじめとする学術的な専門誌にも多数の論文や書評を寄稿した。また，彼は1915年に組織された全国広告論教職者学会（National Association of Teachers of Advertising）の会長を1920年まで5年間務め，さらに1931年には前年に設立されたアメリカ・マーケティング学会（American Marketing Society）の初代会長に就任し，さらには市場調査協議会（the Market Research Council）を設立したり，マネジメント促進協会のニューヨーク支部長（the New York Chapter of the Society for the Advancement of Management）を務めるなど，数々の学会において主導的な役割を果たした。長くハーバード大学でマーケティングの教授を務めたコープランド（M. T. Copeland）はチェリントンを師と仰ぎ，彼の研究や教育の影響力はコトラー（P. Kotler）のそれに継ぐものであると評しているように，チェリントンは20世紀初頭のマーケティング研究に大いなる功績を残した人物なのである。

　チェリントンの研究の始点は，1913年の著作の主要テーマに掲げられた広告であった。この著作の中では，商品流通における広告の役割や広告による流通費用の縮減，他の販売機関との影響関係など広告に関わる多様なテーマが議論されている。そして，チェリントンの羊毛産業に関する著書（1916年）はハーバード・ビジネス・スクールの学長であったゲイが編者をつとめた『商業問題に関するアメリカ産業研究』（*American Industries Studies in their Commercial Problems*）というシリーズの第1巻を担当したもので，この執筆を契機に，チェリントンはより一層，商品流通全般へと研究関心を拡張させたことが伺える。そして羊毛のような特定の商品を対象とした商品別研究を超えて，1920年に出版した『マーケティングの諸要素』の中ではマーケティング諸機能の一般的な概念を発展させ，この研究は同時代のマーケティング研究者，すなわちショウ（A. W. Shaw）やバトラー（R. S. Butler），ウェルド（L. D. H. Weld）の著書と並び，総論的なマーケティング研究の先駆的な成果として評価されている[3]。そして1922年にウォルター・トンプソン社で調査部長を務めてからは，チェリントンはその研究対象を消費行動に広げ，1928年の著書では広告と消費行動を関連させて，再び広告を主たるテーマにして分析を行なった[4]。

　つまり，チェリントンの研究関心は広告に始まり，マーケティング一般へと

図表 11-1：チェリントンの職歴と研究テーマの変遷

年	職　歴	出版物	テーマ
1899-1902	『製造業者』副編集長		
1902-1908	フィラデルフィア商品博物館外商局		
1908-1919	ハーバード・ビジネス・スクールで教鞭	1913.『経営力としての広告』(*Advertising As a Business Force*. Arno Press, New York)	広告
		1916.『広告 1916』(*The Advertising Book 1916*. Doubleday, Page and Company, New York)	広告
		1916.『羊毛産業：アメリカの毛織物製造業者の商業問題』(*The Wool Industry, Commercial Problems of the American Woolen and Worsted Manufacture*. A. W. Shaw Company, Chicago, New York, London.)	商品流通
1919-1922	米国海運庁計画・統計部繊維科 全国毛織物委員会秘書官兼財務官	1920.『マーケティングの諸要素』(*The Elements of Marketing*, The Macmillan Company, New York.)	マーケティング総論
1922-1931	ウォルター・トンプソン社調査部長 スタンフォード大学経営大学院で教鞭 コンサルタント会社を起業	1928.『消費者は広告を見ている』(*The Consumer Looks at Advertising*, Harper and Bros, New York)	消費者
1932-1935	ニューヨーク大学で教鞭	1932.『毛織物産業の商業問題』(*The Commercial Problems of Woolen and Worsted Industry*, Textile Foundation, Washington)	商品流通
1934-1939	チェリントン・ロバー・ウッド社を設立	1935.『人々の欲求とその充足の方法』(*People's Wants and How to Satisfy Them*, Harper and Bros, New York and London.)	消費行動と広告
1939-	マッキンゼー社ジェネラル・パートナー		

出典：筆者作成。

拡張されたのち，消費行動と関連させて再び広告に回帰したといえる。また，バーテルズがチェリントンについて「多くの点において，2つの著作（『経営力としての広告』(Advertising as a Business Force) (1913)，『消費者は広告を見ている』(The Consumer Looks at Advertising) (1928)）に表現された哲学は，今日においてさえ考慮に値するものである」5)と評しているように，彼の研究の中で広告に関する成果は特に重要である。1900年代初頭，不正かつ欺瞞的な企業広告が頻発し，それに対する消費者の不信感や反発は高まりを見せた時代背景の下，積極的に広告の重要性と有益性を説いたのがチェリントンであった6)。また，本章で議論するように，チェリントンが定式化した「創造的広告」と「競争的広告」という広告の二分法は，新古典派経済学を代表する英国の偉大な経済学者であるマーシャル（A. Marshall）にも影響を与え，後年の経済学的な広告研究の基盤を提供した。チェリントンはマーケティングの総論的な研究にも重要な足跡を残した研究者であるが，本章では彼が一貫して研究テーマとして掲げていた広告に焦点を当て，その思想を分析するとともに，後年の広告研究に対する知的影響について議論する。

第2節　チェリントンの広告研究

　チェリントンの問題意識の出発点は，「今日なぜ広告は世間の責めを受けるのか」という素朴な疑問であった。彼の広告の機能や経済的効用に関する議論は，『経営力としての広告』(1913)（以下『経営力』）と，『消費者は広告を見ている』(1928)（以下『消費者』）の中に収められている。

　『経営力』は，流通システムを構成する製造業者，卸売業者，小売業者，広告代理店，消費者など様々な主体や諸制度と広告がいかなる関連を有しているかについて議論しており，その内容は多岐に渡っている。しかし『経営力』を後年の『消費者』とともに再解釈してみると，チェリントンが主張したかったものと思われる論点が明らかになる。彼は，その当時，広告に対して向けられていた批判，すなわち，一方的に消費者に与えられる広告は無駄であり，広告は経済的な浪費以外のなにものでも無い7)という主張に対する回答をもって広告の存在根拠を示そうとした。チェリントンは広告の存在意義について「広告は経済的浪費か？」という問題提起に対する回答を示す形で議論を展開してい

る。その論点は，(1) 広告によって実現される経済性，(2) 広告によって消費者にもたらされる社会的便益の2点に定式化することができる。以下，各点について見てゆくことにしよう。

1. 広告によって実現される経済性

企業はできるだけ多くの商品を販売するために広告を行なうが，それに伴って発生する費用が消費者に転嫁されるのであれば，消費者は高価格を強いられることになり，これは明らかに消費者の立場からすれば無駄な出費であって，消費者は広告の存在によって損害を被ることになる。そこで問われるべきは，「広告費は誰が支払っているのか？」という問題であり，これに回答するためにチェリントンは広告費の源泉を明らかにすることを試みた。

彼は広告費の源泉について言及する際，企業の販売活動において無駄が生じているのは販売費用[8]であると説明している。そして彼は，フレデリック（J. G. Frederick）の所説を引き合いに出しながら，販売費と広告費の関係について議論した。当時，市場の拡大と競争の激化という理由から，セールスマンと販売事業部にかかる費用は多くの製品について益々重要な問題になっていた[9]。これに対してチェリントンは衣料品製造業者の事例を挙げ，そこから得た教訓として広告費用に反比例して販売費は減少し，比例して販売量が増大することを述べている[10]。こうした企業の販売費用は，純利益のおよそ6~9%であるのに対して，広告費はたった0.83%であることや，アメリカ人が毎年，労働，給料，原材料などに支払う210億ドルの2倍にあたる400億ドルも金額を販売費用に支払っているという国勢調査の結果を引き合いに出しながら，企業は費用の配分を販売費から広告費への分配を移行させ，不当に高い販売費の支出による資源の浪費を避けるべきだと説いた[11]。十分に熟慮され，綿密に作られた広告は，将来こうした巨額の販売費を極めて実質的に削減し，より効果的な販売を実現することになるという信念の下，広告の経済性を理解する大規模製造企業が直面している問題は，将来に渡って販売費を削減し，事業規模を拡大するような広告の方法を学ぶことであると彼は主張するのである[12]。つまり，彼は広告費の経済性の1つは，販売費の無駄を削減することにあると説き，広告費と販売費の割合を変えるように勧告したのであった。

しかし，たとえ販売費の無駄を広告費が補うことができたとしても，その費

用が消費者に転嫁されている，言い換えれば，価格に上乗せされて消費者が広告費を負担させられていることになれば，広告の存在は人々から支持されないであろう。広告の経済性についてのチェリントンの議論によると，広告を行なうことにより消費者のニーズが刺激されると需要は増大し，それに応じて大規模生産システムにより生産数量が増加すると製品一単位当たりの生産費用が逓減し，従来の生産費用と新たな生産費用の差額分は利潤になるが，広告を行なう企業はこれを広告費に充てているというのである[13]。この主張に沿えば，「誰が広告費を支払っているか」という問いに対する回答は，「消費者が支払っている」または「流通業者に転嫁されている」のではなく，「大規模生産の規模の経済性によってもたらされる生産費の縮減分が広告費の源泉である」ということになり，誰かの負担の上に広告が行なわれているわけではなく，むしろそれは利潤の再投資であるという主張がなされるのである。しかしながら，生産費が低下したのであれば，その分，価格を下げて消費者に製品を提供すればよいではないかという反論が当然予想される。これに対してチェリントンは，価格を下げてしまえば十分に広告支出を捻出することができず，それによって需要が減少し，今度は規模の経済性が発揮されなくなるため，再び価格を上昇させねばならないだろうと述べている[14]。

　チェリントンはさらに考えを進めて，広告に刺激された生産量の増大が更なる製造費用の削減をうみ，現代的な大量生産システムによってもたらされる莫大な量の供給に見合うだけの需要の増加，すなわち大量消費[15]が実現されるのであれば，従来の価格水準を維持しなくとも，製品の価格が引き下げられるという可能性も推測している。チェリントンはこの事態について，「広告を行なったことによって安価に提供されるような商品が存在する」[16]という観察を指摘し，広告は消費者の負担や無駄な出費になるどころか，それを通じた需要増加と，それに応じた生産規模の増大による規模の経済性から低価格も実現する可能性があり，結果的には消費者の利益に供することになると議論した。

　チェリントンは「誰が広告費を支払っているか？」という問いに対して上述のような回答を与えると，さらに進んで「どのくらい多く広告に支払うべきなのか？」という新たな問いかけをした。先のチェリントンの論理に沿って考えてみると，広告費支出の源泉，すなわち，生産量の増大による製品一単位あたりの製造費用の縮減が実現するためには，需要増加という前提が成り立たなければならない。つまり，広告費の支出は，それがどのくらいの需要を生み出す

かということに依存しているのである。「どのくらい多く広告に支払うべきなのか？」という問いの答えは，広告がどれだけ需要を獲得できるかということに依存していると述べている[17]。チェリントンは広告を語る上で消費者の需要が重要な概念になると思い至り，広告費支出の問題は実際にどれだけの広告支出がなされているかということだけではなく，その支出によってもたらされた需要の変化との関連において考察されなければならないと考えた[18]。

チェリントンは，議論の中で，需要を「愛顧（Good-Will）」と置き換え，「広告がどれだけ愛顧を獲得できるか」ということが広告支出を決定すると述べている。この愛顧とは，たった一回の取引ではなく，「長きに渡って最良のもの」を定期的に繰り返し購買するというような事柄をチェリントンは指している。いわば広告は，短期的な売上増加のための手段ではなく，長期的な愛顧の獲得を目的とした「投資」であって単なる一時的な支出ではないとチェリントンは考えた[19]。製品の幅広い，永続的な市場の創造に寄与しないようなものであれば，広告は支持されないだろうと述べている[20]。

上述のような説明によって，広告費は莫大な販売費に代替して費用の削減を実現すること，広告支出は流通業者や消費者の負担によるものではなく，大規模生産システムにより実現した生産費用の縮減分から捻出されていること，さらには，広告は単なる支出ではなく当該製品に対する長期にわたる消費者の愛顧を獲得するための投資であるという点から，チェリントンは広告の経済性について説明したのであった。

2. 広告によって消費者にもたらされる社会的便益

広告の一番重要な機能は，目の前に実際に商品がなくとも消費者が商品の知識や情報を獲得することができるという点である。しかしながら，このことは逆に言えば，商品の知識について企業と比べて圧倒的に少ない情報しか持たない消費者は，限られた情報を企業から一方的に提供されているに過ぎず，また，こうした広告の情報によって消費者は自らの支出や需要がコントロールされるということも考え併せると，広告は消費者を操作するための手段でもあり，消費者にとっては時には余計な，または有害な影響，そして無駄な情報以外の何ものでもないと解釈することもできる。消費者の需要を操作する広告の機能を正当化するためには，操作される消費者にとってもこれが良い帰結をもたらす

ということを説明する必要があるとチェリントンは考えた。虚偽広告，すなわち悪い広告が社会から排除される必要があるが，他方で真実の広告，すなわち良い広告が実現すれば，需要喚起を行なう広告は消費者にとって余計な影響どころか，翻って良い影響，賢明な影響を与えることになるだろうとチェリントンは主張した[21]。

ここで問題になるのは，消費者に対する正当で賢明な影響とは，何を意味するのかという点であろう。それを明らかにするために，まずチェリントンは広告の受け手である「消費者」に対するイメージについて，プリンターズ・インク誌の記事を引用しながら，以下のように「モダン・コンシューマー」と概念化している。

> 「1911年の今日にあって，消費者が購買する際，彼は選択をしているのである。彼は独自の個性を主張している。彼は非常に微細な違いにいたるまで，好みや嫌悪を表明する。類似する製品ブランド間で，様々な価値を見出す。そしてその微妙な差異を区別し，彼が欲するものを需要し手に入れる[22]。」

このように表現された1910年代初頭の消費者は，もはや石鹸はただの石鹸ではないことを知っていた。製造業者が提供する広告によって，Ivory石鹸が「顔に艶を与えてくれる石鹸」であることや「99.4％ピュア」な石鹸であることを熟知していた。すなわちモダン・コンシューマーは，製品についての十分な知識を得て，その良し悪しや自分の嗜好について明確な意思をもっており，単に企業から伝えられた情報を鵜呑みにするような消費者ではないのである。この時代には，すでに消費者は数多くの広告を目にし，商品に関する様々な知識を身につけて，自らの意志で商品を購入する消費者になっているというのがチェリントンの考えである。つまり広告は，消費者が選択することのできる商品の数を増大させ，消費者が自分の個人的な好みを表明することを可能にし，さらに消費者を「目利き，知っている人」に変容させるという教育的な効果を有しているのである。チェリントンは広告を「無料の通信教育学校」と表現し，かつて嗜好を有していなかったような人々に，種々の商品に関する嗜好を教育させてきたと述べている[23]。今や広告によってある程度の教育を受けた消費者は，単に企業の製品情報を受容するだけの受動的な存在ではない。チェリントンが想定する「モダン・コンシューマー」は，広告によって一方的に影響を与

えられ商品を買わされているわけではなく，自分の趣味や趣向を有し，絶えずそれを変化させながら，自らの判断によって主体的に購買の選択を行なう能動的な存在である[24]。チェリントンの理解によれば，1910年代初頭の消費者は，企業の意向に従わせることが容易な無知な大衆ではなく，主体的な意思を持つ「モダン・コンシューマー」であった。このような消費者の変化をもたらしたものがまさしく広告であり，この広告が有する消費者教育という側面を強調することによって，広告から消費者が受ける影響は余分なもの，または悪影響という類のものではなく，正当で賢明な影響であるとチェリントンは主張した。

また，チェリントンは使用価値（value in use）と交換価値（value in exchange）という概念を用い，消費者にとって最も重要な価値は使用価値であると述べている。消費者は製品に本来備わった性質だけをみて購買しているのではなく，好き嫌いといった製品に対する選好としての使用価値をも規準にし，たとえ機能の上でいくらかの不足があったとしても，それが綺麗に包装されている製品であれば購入することがある。消費者にとって重要な価値である使用価値は，財に対する使用者の態度から構成されており，何かを所有したいという思いは，基本的なニーズの問題だけではなく，主観的な願望や嗜好から構成されている[25]。

チェリントンは，「より良い生活を送りたいという欲求」を消費者の主観的な願望の中で重要なものとしてあげた。チェリントンが『経営力』の中で示した「モダン・コンシューマー」は，『消費者』が著された頃にはその経済的状況を向上させ，購買力の増大に伴って，少しずつその生活水準を上昇させてきた。それ以前に不必要であったようなものは必需品に変化し，消費者は購買力の増大とともに嗜好を豊かにしてきた[26]。安全カミソリの広告は，安全で，気楽に，そして経済的に髭剃りをするプロセスを教育し，床屋に行く煩わしさ，すなわち金銭的・時間的費用から人々を解放した[27]。広告は潜在的な願望を呼び覚ますだけでなく，かつては贅沢であったものを共通の必要品にさせるプロセスを非常に安価なものにさせてくれた[28]。生活水準の上昇や生活の豊かさは，賃金の上昇，電化製品の普及，自動車の普及率，種々の雑誌の発刊，映画館の建設など，様々な事実の中に現れていた[29]。

チェリントンによれば，こうした製品の新たな使用価値を大衆に知らせてくれる役割，すなわち消費者を啓発する役割を担ってきたのが広告なのである[30]。このような社会的全体の向上に貢献する情報を大衆に伝える広告を，チェリン

トンは「創造的広告（creative advertising）」と呼んだ。他方，ある需要が形成された後に大衆に対して単に「これは良いものだ」とだけ繰り返し伝え，その利点を十分に伝達しきれないような広告を「競争的広告」(competitive advertising) と名づけ，このタイプの広告は何の益も生み出さないものであると主張した[31]。そしてこの競争的広告は，それが虚偽であったり消費者の信用を喪失させるようなものであった場合，創造的広告の教育効果を破壊するものであるがゆえに社会にとって危険なものであり，この種の広告は経済的浪費になるものであると述べた[32]。チェリントンは，広告，その中でも創造的広告が消費者の豊かさの実現にとって，有益な役割を果たしてきたと述べ，大量生産の時代にあって，より豊かな生活環境の実現を手助けする手段として広告の存在は正当化されるべきであると主張した。

　『経営力』と『消費者』で展開されたチェリントンの議論は，一貫して広告を擁護するものであることが明らかである。広告の社会に対する悪影響や，浪費という点から広告を批判するものたちは，虚偽広告の存在ばかりに目を向けて広告の良い部分を評価しようとせず，少なくとも1913年から28年までの15年間に改善されてきたこと，これから改善されるであろうことに眼を向けようとしていないということをチェリントンは問題視した。広告は，使用価値の増大や消費者の生活水準の向上に大いなる貢献をしてきたという意味で重要な役割を果たしてきたということがチェリントンの考えであった。『消費者』を「広告は啓発である」という言葉で締めくくっていることからも窺えるように，チェリントンは広告の消費者教育という側面を重要視し，それによって消費者は新たな使用価値を増大させるとともに人々の生活は豊かさを増してきたということを強調した。すなわち広告は，消費者教育という機能を通じて人々の生活水準の向上に重要な役割を果たしたのであり，これこそが広告が消費者にもたらした最大の便益であるという点がチェリントンの主張であった。

　企業が当該商品の販売を目的として極めてミクロ的な関心のために行なう広告活動は，その商品に対する消費者の需要を喚起する。そして広告によって増大した需要に見合った生産の拡大は，規模の経済性を通じて更なる生産費用の減少をもたらす一方で，以前と同じ価格で販売することができれば超過利潤が生み出され，これは広告費として再投資される。このようにして大量生産と大量消費の循環が実現すれば，価格を下げても十分な利益を生み出すことができ，消費者にとって好ましい低価格が実現する。さらに広告は，商品に関する知識

や情報，すなわち新たな使用価値の提案という形で消費者を教育・啓発するという役割も果たし，このことにより消費者は単なる購買者ではなく，チェリントンの言うところの「モダン・コンシューマー」になることができるのである。個々の消費者が商品のより良い購買を通じて，より良い生活を享受することが可能になれば，総体としてマクロ的な社会全体の豊かさに結びつくという主張をチェリントンは展開した。いささか大げさな主張のようにも思われるが，広告は企業による単なる販売のための手段にとどまらず，社会の豊かさの源になるという主張をもって，チェリントンは広告の存在を擁護したのであった。

第3節　広告形成期におけるチェリントンの広告研究の貢献

1．チェリントンの広告研究の新奇性

チェリントンが広告研究を行なった時代において，1895年ごろより以前には広告の問題やその原理を真剣に取り上げた研究努力はほとんどなされていなかった[33]。広告研究の先駆けは一般的な実務者向けの書籍や商業雑誌の中に見出される。1888年創刊のプリンターズ・インク誌 (*Printers' Ink*) は多くのビジネスマンたちの間で読まれ，そこではビジネスやマーケティングに関する種々の議論がなされていた。1900年代以前には広告に関する書籍は数冊にすぎないが，それ以降は増加を示し，さらに1925年以降は年々広告文献が急増した[34]。

バーテルズは，1920年代以前の広告研究の進展を「広告思想形成期」と名づけ，その特徴を「広告業と社会科学としての心理学の間の密接な関係」[35]と表現している。そしてノースウェスタン大学の心理学研究所長であったスコット (W. D. Scott)，コロンビア大学の心理学講師であったホリングウォース (H. L. Hollingworth)，ミシガン大学の心理学教授のアダムス (H. F. Adams) の3人を最初の広告研究者と同定している。彼ら3人に共通して見られる特徴は，①広告に関連する心理学の諸原理を提示する，②広告が影響を与える消費者の精神的諸過程を解説する，③その理解を実際の広告創造に適用する[36]ということであった[37]。広告の受け手である消費者がどのような心理的作用をもって

それを受容するかという知識を基に，そうした消費者の心理的状態を巧みに利用し，いかに効果的に販売活動に役立てるかということが彼らの共通の関心であった。この背景としては，市場が相対的に狭隘化するという状況の下で，製造業者にとっては市場開拓，販売問題が重大な経営問題として認識されていたことや，その処方箋として消費者の欲望の直接的な操作を可能にする広告技術のより良い利用が大きな関心事になっていたという事情があった。消費者の販売動機を明らかにし，その心理的諸段階（注意，関心，欲望，活動）を有効に刺激することは販売にとって重要な課題であった。

このような消費者の心理過程に関する分析と並行して，それを企業経営に適用する際の技術論的な展開も為されていた。広告代理店業やコピーライターとして仕事をしていた実務家たちが自らの実践的な経験を記述し，効果的な広告活動のための How to，すなわち処方を提供することを目的とした著作を発表した。経営学関連の講座を担当する教育経験者なども，実務家の経験を素材として実用的な広告表現技法について詳細な説明を行なった。バーテルズは，こうした潮流を支えた論者として，テキサス社（Texas Company）のティパー（H. Tipper），ニューヨーク大学のホチキス（G. B. Hotchkiss），ニューヨーク美術・応用科学大学のパーソンズ（F. Parsons）などを挙げている。ヘス（H. W. Hess），ホール（S. R. Hall），カスター（E. H. Kastor）なども自らの経験を元に，販売，商品計画に関連して広告の作成方法や手順などについて具体的な記述を行なった[38]。こうした一連の著作は，消費者の精神的過程や欲望の議論から独立して展開されるようになり，自らの経験のみならず広告にかかわる諸制度を記述することで，経営管理の観点から広告にある種の原理や規則性のようなものを見つけようとする初歩的な試みであった。

いわゆる広告思想形成期においては，市場開拓問題と関連して広告がその問題解決の処方箋として重宝されていたという事情の下，広告に対してほとんど全ての論者たちが非常に楽観的にその威力を信じ，その効果を主張した[39]。上記の執筆者たちは，広告に関連して問われるべき問題を探索し，その準備段階として広告に関わる諸々の事態を帰納的かつ経験主義的に記述した。広告研究の問題発見の時代とでも言うべきこの時期に広く共有されていた広告に対する楽観主義的な見方は，いわば広告の良い側面を強調し，それを前提とした議論であった。

しかしながら，19世紀末から初頭にかけて虚偽広告や欺瞞的広告が重大な

社会問題となり，広告の存在自体が疑問視されるような時代背景にあって，チェリントンはその正当性を合理的に説明することが必要であると考えていた。そして 1900 年代初頭の広告に関する先行知識といえば，上述のような広告への心理学の応用や技術論的な広告技法に関わるものであり，そこで用いられた専門知識は消費者の欲望を操作するための心理学的知識や具体的な広告表現技法だけで，これら既存知識は広告の存在根拠を論じるものではなく，チェリントンが直面していた問題に回答してくれるものではなかった。それゆえチェリントンは，広告の存在を肯定する経済的・社会的論拠を定式化するために前節で議論したような主張を展開したのであった。チェリントンは先行して行なわれていた広告技法や広告に対する消費者の心理的反応に関する議論では解けなかった問題，すなわち広告の存在意義を説明するにあたり，経済的な分析視覚を提供し，さらにそれが社会にとって有益な存在であるということを主張して，当代の広告批判者たちの批判を退けようとした試みに，彼の研究の新奇性が見出されるのである。

2. 後年の広告研究に対するチェリントンの影響

　チェリントンが提示した社会経済的な広告研究が，マーケティング研究者のみならず，後年の経済学者らに重要な影響を及ぼしたことは特筆に値する。今日，経済学者による先駆的な広告研究の成果として，新古典派経済学の代表的な経済学者のマーシャルの広告分類があげられる。マーシャルは，1923 年の著書『産業と商業』の中で広告の特徴を「建設的（constructive）広告」[40]と「闘争的（combative）広告」[41]に分類した。前者は広範に存在する潜在的な需要を満たすことができる新しい商品の長所，有用性について十分な知識を，消費者に過度の疲労と時間の浪費なくして伝えることを可能にするという意味で建設的である。そして後者は，闘争的な競争の結果，広告が浪費なまでに繰り返されるという意味で闘争的であり，また誇張された広告から生まれる社会的浪費の存在ゆえに好ましくない広告であると述べられている。非常に短い記述のなかで，マーシャルは広告の特性について語っているだけであるが，この二分類は広告の経済分析や産業組織論の中でも広く用いられてきた。マーシャルの「建設的広告」と「闘争的広告」という二分法が，それぞれ先述のチェリントンによる「創造的広告」と「競争的広告」という二分法に極めて類似してお

り，また，マーシャルは1923年の著作の中で広告の二分法に関する議論を展開する際，脚注でチェリントンの『経営力』を引用し，彼の広告に関する議論の基礎にチェリントンの研究成果が重要な影響を与えたことを明示していることからも[42]，マーシャルがチェリントンから広告研究の重要な着想を得たことは明白である。このマーシャルの言及を受け，マーシャルの後継者であるピグー（A. C. Pigou）は『厚生経済学』の中で「情報的な広告」と「競争的な広告」という二分法の下で経済的な営みの一環として展開される広告活動について議論をし，この視点はカルドア（N. Kaldor）にも受け継がれた。これまで広告研究の起源にマーシャルの二分法が引き合いに出されることが一般的であったが，このマーシャルの着想の原点にはチェリントンの広告研究があったことは明らかであり，チェリントンによって広告を分析する1つの重要な視角が築かれ，マーシャルを経て脈々と引き継がれてきたと言える。

第4節　現代的評価

　本稿では，チェリントンの広告研究に焦点をあて，その主張内容を再構成してきた。チェリントンの主張によれば，広告の存在意義に関する経済的根拠は，①広告費は莫大な販売費に代替し，販売にかかわる費用を削減する効果がある，②広告費は消費者に転嫁されているのではなく，それは大規模生産システムによってもたらされた生産費用の縮減の所産であり，広告による需要刺激が更なる生産効率に寄与し，延いては価格下落という形で消費者に利益をもたらす，③広告費は長期的な顧客の愛顧を得るための投資であるという点を明らかにした。さらに広告が消費者に与える社会的な便益としては，広告は消費者を教育し，能動的に購買活動に関与する消費者，すなわち「モダン・コンシューマー」に進歩させ，国民の生活水準を向上させることに寄与するものであること，つまり消費者の啓発を行なう広告は，消費者にとっても社会的に有意義なものであるとチェリントンが議論していた点を明らかにした。

　『経営力』と『消費者』の中でチェリントンが示した広告の機能や効用に関する評価は，幾分楽観的過ぎるという印象もあり，チェリントンの広告擁護の論理は，緻密性という点では課題が残る。例えば，広告が必ず需要を刺激し，販売量を増大させるということがアプリオリに前提とされ，どれだけの需要量

を獲得すれば，どの程度の広告支出が可能となるのか，広告費と生産量・需要量の増減との関係などについても，それが実現する諸条件について言及はされていない。彼の広告思想の出発点は，一般的な広告批判の誤解を払拭することにあり，必ずしも学術的な論理の緻密性を第一に考えたものではなかった。消費者運動の高揚や広告批判の高まりといった時代の中で，広告の利点を喧伝することのほうが先決だと考えていたのであろう。しかしながら，結果的に，その試みが広告の合理性を分析する過程で広告の経済的分析に道を開いたことを思えば，彼の成果は緻密性という問題からのみ過小評価されるべきではない。

チェリントンは1900年代初頭の消費者が能動的かつ主体的に意思決定することのできるモダン・コンシューマーであるという基本的な認識を有し，広告の教育的機能が存分に活用されれば，消費者の判断能力が向上することによって消費者が単に広告の被害者になるようなことはないと考えていた。すなわち，広告を非難する者たちが考えるように，広告の影響下にさらされる消費者を弱者とみなし，さらには虚偽広告のような負の部分を非難することで広告の効用全てを無に帰してしまうのではなく，消費者がモダン・コンシューマーへと成長した時代にあっては，広告活動の存在を肯定的にとらえ，その上で「広告は何をなすものか，広告がどのように為されることが理に適っているのか」[43] ということについて分析してゆくことが，より良い広告，より良い商業活動，そして延いてはより良い社会にとって重要であるとチェリントンは考えていたのである。

「広告は，まさしく認識され始めたばかりなのである。……その新しい形態のみならず，広告の新しい使用法もまた，常に発見されなければならない」[44] と表現されたように，まさしく広告研究の黎明期にあって，広告の肯定的な側面を積極的に取り上げたチェリントンの広告思想は，今日から見ると多分に楽観主義的・理想主義的過ぎるとはいえ，広告に対する社会的批判が高まりを見せていた時代にあっては，こうした非難に対して合理的に回答しようとした懸命な努力の現われとして評価することができよう。そしてその後，1920年代以降，バーテルズによって「統合と完成の時期」と称された時期に輩出されたヴォーン（F. L. Vaughan）やヴェイル（R. S. Vaile），そしてボーデン（N. H. Borden）などによる経済分析によって，広告研究は精緻化されていった。そして，既述のようにマーシャルの広告二分法に対するチェリントンの知的影響は，その後の経済学における広告研究に1つの重要な視角を提供したことも評価す

べきである。チェリントンが提示した概念は後の広告研究で示される仮説の一部を構成していたり，研究課題を提示していたり，または哲学的・思想的基盤を提供するものであったと評価できる。

また，このマーシャルに対するチェリントンへの知的影響という点について言えば，20世紀初頭にアメリカで著されたマーケティングの著作が海を渡ってマーシャルのようなイギリスの研究者たちによっても読まれていたことが明らかで，このことから当代の正統派の経済学者たちがマネジメントやマーケティングといった新興の研究領域に高い関心を寄せていたことが推察される。従前，経済学からマーケティングへの知的影響という点は議論されてきたが[45]，逆に経済学へのマーケティング研究者からの影響という点については十分に分析されていない。チェリントンがマーシャルに重要な知的影響を及ぼしたという歴史的事実は，20世紀初頭におけるマーケティング研究から経済学への影響という，解明すべき重要な歴史的な研究課題を示唆しているといえよう。

そして，虚偽広告が大きな社会問題として取りざたされたのはチェリントンが活躍した19世紀末から20世紀初頭のことであったが，それから1世紀を経た現在にあっても，広告虚偽の問題は頻発しており，広告の真実性は必ずしも実現していない。その点に鑑みると，チェリントンが取り上げた問題は，広告に関する時代を超えた普遍的な問題であると言える。その議論の先見性は評価に値するものであり，現代を生きる我々もチェリントンの主張から学ぶことが多いと言えよう。

〔注〕
1) 新聞，雑誌の広告収入額，総額，人口1人当たりの支出額，そして対国民所得比率に関する統計データは，N. H. Borden (1976) *The Economic Effects of Advertising*, Arno Press, New York., p.48を参照されたい。
2) 本節で示されるチェリントンの略歴については，以下の資料をもとに記述している。M. Witzel (2005) *The Encyclopedia of the History of American Management*, Thoemmes Continuum, Bristol, p.72, Committee on Biographies (1956) "Paul Terry Cherington," *The Journal of Marketing*, Volume 11, Number 2, October, pp.135-136, Clark et al. (1994) *Attention, Attitude, and Affect in Response to Advertising*, Lawrence Erlbaum Associates, Publishers, New Jersey，および，ハーバード大学のオンラインアーカイブによって提供されている略歴 (Harvard University Library, HOLLIS for Archival Discovery：https://hollisarchives.lib.harvard.edu/repositories/11/resources/468#)。私生活ではチェリントンは，1911年8月にカリフォルニア州のモントクレア出身のマリー・ルイス (Marie Louise) とニュー・ジャージー州で結婚し，2人の息子に恵まれた。ハーバード大学の図書館のアーカイブに，チェリントンの講演録や講義資料などが保存され

ているが，それらはチェリントンの息子や家族によって寄贈されたものである。
3) R. Bartels (1988) *The History of Marketing Thought*, 3rd edition, Publishing Horizons, Inc.（山中豊国訳『マーケティング学説の発展』ミネルヴァ書房，1993年，223ページ。）
4) 1932年に毛織物産業の商業問題に関する書物を出版しているが，これは1916年に出版したものを再構成したものであり，内容的にはほとんど一致している。
5) Bartels (1988) p. 39, 邦訳59ページ。
6) チェリントンの広告研究と，その背景としての欺瞞的広告の横行や，それに反発した消費者運動の展開，広告浄化運動の進展については，戸田裕美子（2005）「チェリントンの広告研究―その展開基盤と後の広告研究に対する貢献―」『三田商学研究』第48巻第6号，2月，89~115ページを参照されたい。
7) P. T. Cherington (1913) *Advertising as a Business Force*, Arno Press, New York, Reprinting of the 1913ed., published by Doubleday, Page for Associated Advertising Clubs of America, Garden City, New York, p.429, pp.455-456, P. T. Cherington (1928) *The Consumer Looks at Advertising*, New York：Harper & Bros, reprinted by Garland Publishing, Inc., New York & London, 1985, p.1.
8) チェリントンは販売費と広告費を区別して議論しているが，自身も認識しているように，両者を明確に区分するのは困難である（Cherington 1913, p.440）。通常，販売費の定義は以下のようになされる。販売費は商品の販売に関して発生する費用で，広義では運送費，保管費などの配送費を含むが，狭義では製品の需要に影響を与えるために支出される広告費や販売促進費，販売員の給料などを意味している（占部都美（1980）『経営学辞典』中央経済社，520ページ；久保村隆祐他監修（2002）『最新商業辞典』同文舘出版，269ページ）。つまり，販売費の一要素として広告費が考えられているわけであるが，チェリントンは広告費と販売費の支出割合の対比が明確な衣料品産業の事例を挙げながら，販売費はセールスマンの営業活動に必要な費用，広告は新聞や雑誌などの広告支出として概念化している。
9) Cherington (1913) p.437.
10) *Ibid.*, p.439. Hart, Schaffner & Marxは年商15,000,000ドルの評判の高い衣料品店であった。同社は販売員を削減し，広告によって必要な情報を伝達した。雑誌広告には春と冬のシーズンに85,000ドル出費し，これは競合企業の二倍に相当した。
11) *Ibid.*, pp.440-441.
12) *Ibid.*, p.441.
13) *Ibid.*, pp.432-437, pp.455-457.
14) *Ibid.*, p.457.
15) Cherington (1928) p.13, pp.30-40.
16) Cherington (1913) p. 456, pp.459-460.
17) *Ibid.*, p.443.
18) *Ibid.*, pp.433-434.
19) *Ibid.*, pp.442-450.
20) *Ibid.*, p.441.
21) Cherington (1928) p.33.
22) *Printers'Ink,* January, 26, 1911, p.59.
23) *Ibid.*, pp.90-91.
24) *Ibid.*, p.92.
25) Cherington (1928) p.6, pp.8-11.
26) *Ibid.*, pp.39-41.
27) Cherington (1913) p.459.

28) *Loc.cit.*
29) 公務員の賃金の上昇については1913年を100とした場合，1928年には176へ上昇していると指摘している。電化製品の使用については，電気配線済の家庭が1920年からの5年間で年間およそ100万戸の割合で増加しており，アメリカの家庭の半数程以降に電気が供給されていた。そして電気洗濯機は年間でおよそ60万台の割合で販売されており，価額にすると7,500万ドルであった。電気掃除機は年間で100万台，価額にして5,000万ドルであり，電気アイロン，トースター，レンジ，扇風機，暖房もまた一般的に使用されるようになってきていた。(Cherington (1925) "An appraisal of certain criticisms of advertising," *The American Economic Review*, vol.15, No.1, Supplement, pp.36-38, Cherington (1928) pp.42-53.)
30) Cherington (1928) p.188.
31) Cherington (1913) p.459.
32) *Loc.cit.*
33) F. G. Coolsen (1947) "Pioneers in the development of advertising," *Journal of Marketing*, July, vol.12, No.1, p.80.
34) 1925年以降，広告の文献が急増した理由の1つに，アメリカ経済学会第37回大会で，広告をテーマとしたセッションが開催されたことが挙げられる。統一論題を「広告の経済学」とし，クラーク（F. E. Clark），ホチキス（G. B. Hotchkiss），モリアティ（W. D. Moriarty）の3者が論文を発表し，チェリントン（P. T. Cherington），コープランド（M. T. Copeland）がそれにコメントを寄せ，こうした一連の議論は以下に掲載されている。*The American Economic Review*, Vol. XV, No.1, Supplement, March, 1925, pp.5-41.
35) Bartels (1988) p.37, 邦訳55ページ。
36) このような心理学的な研究の先駆的なものとしては，ノースウェスタン大学の心理学教授であったスコット（W.D.Scott）による『広告の理論』があげられる。スコットは当時主流だった実験心理学の手法を用いて，広告メッセージの注目や理解，記憶を高める方法，広告の反復効果などについて論じた。また行動主義の心理学者であったワトソン（J. B. Watson）は，広告で刺激を与えることにより，購買という反応を引き出すように条件付ける刺激―反応理論を提唱した（梶山皓（1988）『広告入門』日本経済社, p. 84）。スコットの研究内容や，その議論の背景ならびに広告業の諸制度についての記述は小林保彦（2000）『アメリカ広告科学運動』日本経済新聞社に詳しい。
37) Bartels (1988) p.36, 邦訳55ページ。
38) *Ibid.*, pp.37-38, 邦訳56-58ページ。
39) *Ibid.*, p.37, 邦訳57ページ。
40) A. Marshall (1923) *Industry and Trade*, Macmillan and Co., Limited, London, 4th ed., p.304.（永沢越郎訳『産業と商業（第三版）』岩波ブックサービスセンター, 2000年, 161ページ。)
41) *Ibid.*, p.306, 邦訳 p.163.
42) *Loc.cit.*
43) Cherington (1913) p.537.
44) *Loc.cit.*
45) 経済学の中でも，とりわけドイツ歴史学派からの知的影響がマーケティング研究の生成期には大きかったことが議論されている。この点については，戸田裕美子（2002）「成立期マーケティング研究とドイツ歴史学派：B. Jones & D. Monieson の議論に対する批判的考察」『三田商学研究』第45巻第3号8月, 97~130ページを参照されたい。

＊章頭の肖像写真は，アメリカ議会図書館の許諾の上，掲載。

Courtesy of Library of Congress, Prints & Photographs Division, photography by Harris & Ewing, [LC-DIG-hec-17915 (digital file from original negative)]

〔戸田裕美子〕

第12章

N・H・ボーデン
―広告の経済効果と
　マーケティング・ミックスの先駆者――

第1節　はじめに

1.　略　　歴[1]

　ニール・H・ボーデン（Neil Hopper Borden, 1895-1980）はハーバード大学ビジネススクール（Harvard Graduate School of Business Administration）の教授（引退後は名誉教授）であった人である。セオドラ・レビット（Theodore Levitt）は「マーケティング近視眼」（Marketing Myopia）の中でピーター・ドラッカー（Peter F. Drucker）やロー・オルダースン（Wroe Alderson）などとともにボーデンを「マーケティングの概念について（私よりも）独創的で安定した取り組みをしてきた人」[2]と評している。ボーデンは1922年に教鞭を執りはじめ，1962年に教員を引退するまでの40年をハーバード大学一筋で広告やマーケティングの研究・教育をした。そして，彼は1953年と54年の計2回アメリカ・マーケティング協会の会長を務め，AMAコンヴァース学会賞（Paul D. Converse Awards）（1951年）をはじめとした種々の賞を受賞している。また，1953年にはHall of Fame in Distribution に，そして彼の死後の1991年に，彼の広告界への功績や貢献をたたえて広告殿堂（Advertising Hall of Fame）に選出されている。このようにマーケティングや広告の世界で大きな足跡を残し

たのであるが，では，彼がここに至るまでの道のりはどのようなものであったのだろうか。

ボーデンは1895年12月7日にコロラド州ボーダーで生まれた。彼は1919年にコロラド大学から経済学の学士を取得する。そして，彼の経済学の教授の助言により，当時，新しく開かれた研究分野として注目されていた経営管理に魅力を感じたのである。そして，いくつかの選択肢の中から，友人でもあったコロラド大学のウィルフォート・ホワイト学部長の助言によりハーバード大学に行くことにしたのである。

ボーデンは1920年から1922までハーバード大学ビジネススクールで学び，M.B.A.の学位を修得する（ちなみに，彼は生涯，博士号の学位を取得することはなかったのであるが，彼の業績と名声はこれに匹敵したものであったのはいうまでもない）。そして，非常に優秀な学生であったため，修了と同時に学部長付助手に任命された。そして，メルヴィン・T・コープランド教授（Melvin T. Copeland）の下でマーケティングの授業を担当し教員としてのキャリアもスタートさせたのである。

1925年には広告の教員のポジションをダニエル・スターチ（Daniel Starch）から引き継ぐとすぐにコープランドやハリー・R・トスダル（Harry R. Tosdal）の下で取り組んできたケース・スタディ・メソッドを実施することにした。この手法は彼のハーバードにおける授業法の基本的な形となったのである。余談になるが，コンヴァース（P. D. Converse）はこのケース・スタディ・メソッドはマーケティングにおける最も重要な発想またはテクニックの1つであると述べている[3]。また，バーテルズ（R. Bartels）はケース・スタディ・メソッドはハーバード大学のマーケティング思想の発展への長年にわたる主要な貢献であるとし，その例としてコープランド[4]，トスダル[5]，マルカム・マクネア（Malcolm P. McNair）&デーヴィド（D. K. David）[6]の著書とともにボーデンの『広告における諸問題』（*Problems in Advertising*）[7]をあげている[8]。

2. 主要著作

ボーデンの主要な著書，論文，カウンセリング業務，教材などの業績はハーバード大学図書館にアーカイブとしてほぼすべて所蔵（コロラド大学時代のものを含む）されている。これを参考に見ていくとボーデンは論文では後で主要

論文として取り上げる「マーケティング・ミックスの概念」(The Concept of the Marketing Mix)[9] を含めたおおよそ100本の論文執筆をしている。また，主要著書は上述の『広告における諸問題』を含めた9本[10]である。

ボーデンの多くの著書はケース・スタディを扱ったものが多いといえる。最初の主要著書である『広告における諸問題』のリサーチと執筆にはショウ（A. W. Shaw）が6万ドルの資金を提供している。ショウもボーデンをマクネア等とともに有望な若手研究者とみていた証左であろう。

このようにボーデンはケース・スタディを数多く手がけてきたのであるが，それは同時に現在も続いているハーバード大学ビジネススクールのケース・スタディ・メソッドを活用した教育の発展に貢献したことを意味している。

また，ボーデンはこれらのケース・スタディを価値ある研究手段としてももちいた。彼は多数の企業の実施手順を対比し，比較することを通して一般化することに到達させたのである。彼はいくつかのケース・スタディを執筆した後，ケース・スタディ・メソッドを土台にして彼の代表作である『広告の経済効果』(The Economic Effects of Advertising) の調査，執筆に当たるのであるが，その詳細については次の節で述べることにする。ちなみに，『現代経済における広告』(Advertising in Our Economy) は『広告の経済効果』を圧縮して普及版とした本であることを付け加えておく。

第2節　『広告の経済効果』(1942)

1. 時代背景

『広告の経済効果』の内容の検討に入る前にこの著書の位置づけを理解するためにこの時代の広告に関する背景について概観しておきたい。

バーテルズはマーケティングの最も初期の段階で多大の貢献をしたのは広告に関する著作であるとし，彼の推測では20世紀初頭にいたって工業製品の販売にとって広告がことのほか重視されるようになり，実際に広告を通じて成功的な販売成果を上げる企業が現れてきたという事実が見られたこと，それに伴い広告活動に大きな期待を寄せる企業が増加し，しかも彼らが必要とした，例

えば新聞や雑誌の種類や発行部数の大幅な伸長といった制度的な条件が整ったこと，さらには心理学分野で展開された人間行動に動機づけを与え影響力を行使する手法についての研究成果が，広告を通じて市場問題にも適用可能であるとする絶大な信頼を勝ち得たという当時の風潮をあげ，これらが広告研究に多くの人をひきつけた[11]というのである。

アメリカにおける広告研究はウォルター・D・スコット（Walter D. Scott）が『広告の理論』[12]を著して以降，新しい流れが出来上がり，ごく短期間の間に後の広告研究の古典と呼ぶことができる多くの書作が公にされた。例えば「高圧的マーケティング」が盛んに展開されたといわれる1920年代までに限ってもポール・T・チェリントン（Paul T. Cherington）[13]，ハーバード大学の前任者であったダニエル・スターチ（Daniel Starch）[14]やその他多くの著書[15]とともにボーデンの『広告における諸問題』(1927)があげられる。さて，この『広告における諸問題』は130近い企業等のケースを扱っている。この本は確認できたものでは第3版まで改訂されているが，新しい版に変わるたびにおおよそ半数近いケースの入れ替えが行なわれている。ボーデンの研究スタイルはケース・スタディ・メソッドを使うことはすでに述べたが，他者に比べて膨大な数のケースを扱ったことも特徴の1つであったといえるだろう。

話をもとに戻すが，上述した広告研究は大きく分けると2つの流れが存在していた。すなわち，スコットの提示した心理学の枠組みを応用して広告問題に接近しようとした流れと，主として経済学や当時は新興の学問領域であった経営学的知識を背景として広告問題に接近しようとした流れである[16]。いずれにしても，この時代の研究の多くは「高圧的マーケティング」の時代でもあった影響か企業等の個別経済主体の利益に資するための研究（ある意味ミクロ・マーケティング的）であったといえるであろう。つまり広告はセールスマンのノルマや割賦販売法（信用取引）とともに大量生産体制が必然とした大量消費体制を作り出す重要な手段として位置づけされており，広告研究もこれを助けるための研究が主流をなしていた時代といえるであろう。

ところがこうした企業側の「高圧的マーケティング」は消費者との軋轢を生むことになり，製品に対する安全・安心・信用などを求めて1936年には「コンシューマー・リポート」で名高い米国消費者同盟（Consumer Union of United States）が結成されるなど消費者運動が盛んになってくる。そして，この消費者運動は「高圧的マーケティング」の重要な手段の1つであった広告に

も向けられるのである。1920年代後半になると消費者運動の過程で一部の広告がその欺瞞性や虚偽・誇張内容であったために激しい批判の対象となり，また，その種の批判を裏付けるデータも増えてきた。このように一部では広告は浪費でしかないという批判も出てきたのである。

また，1929年の世界大恐慌の発生によって，大規模メーカーは過剰設備を抱え，中小企業は倒産が相次ぎ，街には失業者があふれた。こうした状況に多数の企業は大幅な予算削減を断行し，広告予算も大幅に削減されたのである。

企業は「高圧的マーケティング」から消費者の態様分析を中心とする市場調査に基づいた製品計画や広告，サービスを重視した販売活動に傾注するいわゆる「低圧的マーケティング」へ転回したのである。

このように広告に対して厳しい視線が向けられている状況の中で広告に関連する人たちは広告が客観的に分析され，広告による社会的な善行の可能性や価値が尊重されれば有益であり，好ましい変化をもたらしてくれるのではないかと考え始めた。そして，その客観的な調査・分析・研究を行なう人物としてボーデンが選ばれたのである。

2. 本書の内容

『広告の経済効果』は1000ページ近くにもなる大著であり，広告に関して広範囲の領域を調査・分析している。ここでボーデンはまず広告に対する批判・疑念は3つの背景を持ったものに分類できるとし，それらはイデオロギー的批判，経済的批判，そして倫理的批判であるとした。そして，イデオロギー的批判に関しては資本主義に対する批判でもあるため科学的な証拠を使った論証をするのは非常に難しく，この本の目的とも外れるためここでは行なわないとし，主要な倫理的批判と経済的批判には次のようなものがあるとしている。

① 倫理的批判[17]
▶広告は不必要な製品を売るために使われておりそれは道徳や倫理に反する。
▶いくつかの広告は欺瞞やミスリードされる声明が採用されており，これらが一般的な倫理規律に違反している。
▶採用されているイラストや声明が批判者たちの良識に背くものである。

② 経済的批判[18]

▶多くの広告は費用の浪費である。それに社会的価値があるかは疑念がある。
▶広告を通した強いブランド構築は以下のようなことが起こる：価格競争を回避し，高い価格を確保する，そして，価格と製品コストとの大きなマージン差は販売者や広告費を無駄に費やしてきた者たちに利益としてもたらされる。
▶広告は供給者の数を縮小させること（寡占化）に貢献しており，これは自由な価格競争を阻害する傾向がある。
▶広告は意味のない製品差別化を助長して，そのため，製品コストを増大化させ，消費者の購買問題を不必要に複雑化し，混乱させる傾向がある。
▶広告はその説得的手法によって消費者を商品の不正確な評価に導き，社会的に望ましいと思われる製品を無視し，広告された製品に彼らの費用を向かわせるように誘導する。
▶広告は価格硬直化を奨励することやブームの時期には過度の使用をそして恐慌期には未利用状態になり，すさまじい循環変動に貢献した。

　こうした批判に対して調査し，査定するにはいくつかの視点を踏まえておく必要がある。それは個別のビジネスマンの視点（ただしこれは広告の経済効果の査定には広告がどのように使われてきたのかという知識が必要だからである），消費者の視点，倫理的視点，経済的視点（これは社会的視点にもなる）であるという[19]。
　そして，この調査で主に採用されているのは経済的視点である。これは究極の経済プロセスの目的は社会の経済的繁栄であり，したがって，広告の主要な査定項目は消費者満足を高めることと彼らの幸福であるという[20]。
　そして，ボーデンは広告の経済効果として需要の増大の可否，需要の伸縮性への影響，流通コストの増減への影響，生産コストの減少への影響，供給集中（寡占化）の促進への影響，広告費の均衡か増大かへの問題，価格競争を害したり破壊したりすることにより自由競争を阻害しているか否か，価格硬直化を増殖させるかどうか，ビジネスサイクルの変動への影響，製品の品揃えと品質の向上への影響，国民所得の増減への影響といった項目について数百ページにわたって経済的データをもちいて分析を加えている。
　彼の調査結果は幅広い領域にわたり，多数の重要な発見があった。しかし，実に膨大な量であるため紙面の関係上すべてを検討することはできないので，

その中でもより重要と思われるものを紹介しておく。

　全体的に見た場合，基本的な傾向として製品への需要は主として基礎をなす社会的かつ環境的条件によって決定され，そして広告それ自体が製品の需要を増加させるというよりは好条件時の需要拡大の加速に，あるいは悪条件下の不利な需要傾向を遅らせることに貢献している[21]。

　しかし，個別企業を見た場合，広告が需要を増大させるために有効に作用することがあるという。その条件は，製品全体の需要が増大傾向にあること，製品差別化の機会が存在すること，消費者が直接に確認できないような品質が消費者にとって重要な意味を持っていること，購買動機が高度に情緒的であること，販売額がある程度の大きさを持っていることの5つであるという[22]。しかし，広告は部分的に需要の増大に役立ったかもしれないが，需要の増大は基本的には国民所得の増大に依存していると結論づけた[23]。

　ボーデンが示した広告は全体的な需要には補助的な影響力しか持たないが個別の企業の需要拡大にとっては有益な場合があるという。この調査結果はある程度予測されたものであったといえよう。ただ，彼以前には膨大な経済的データを使用した広範囲の産業にわたっての調査は存在せず，その意味では非常に貴重な調査結果であったと評価できる。

　広告が流通コストを増大させるという関係性については未だ確定的ではない。広告における競争が激しい産業では流通コストが上昇するという傾向が見受けられたりするが，流通コストの上昇にはいくつもの要因が絡んでおり，広告だけに帰結するには無理があるというのである[24]。

　広告が生産コストを減少させるという関係性についても未だ確定的ではない。特定の産業では広告による刺激で販売量が増え，それにより生産量が増えることによって生産コストが節約できたが，すべての産業で十分な需要による低生産コストを実現したわけではないという証拠が示されている[25]。

　このように広告と流通コスト・生産コストの関係性は広告単体で大きく増加させたり，減少させたりするというには十分な証拠はなかったのであり，コストの問題は広告だけでなく産業の規模や発展状況などのその他の要因が複合的に絡み合って現象として現れてきたと理解して良いだろう。

　広告は産業の寡占傾向を助長するのかという問いには一般的に適応する明確な答えはないといえる。特定の産業では広告は少数の供給者に需要の集中をもたらすために採用されてきた。いかなる時でも広告が強力なブランド差別化を

構築することができれば，このような高い参入障壁のため新しいブランドが市場に参入することを思いとどまらせる。しかし他方では供給者の集中に関係しては広告よりも他の要因がさらに重要であることが示された[26]。

　広告は各産業の寡占化を招くことに役立っている場合もあるが，どちらかといえばそれ以外のその産業における価格競争の存在や巨大な設備投資の必要性などの経済構造に左右されることの方が多いということである。

　多くの産業において広告は迅速に動く価格競争を阻害する傾向があるが，最終的には価格競争を阻止することはない[27]。

　広告の比較的短期の効果として価格競争を阻害する傾向がある。しかし，一時的に非価格競争による利益を獲得していたとしても，長期的に見た場合には価格競争を仕掛けてくる販売者はいずれ出現してくるのである。そして，それは消費者にとって価格ベースの商品か差別化された商品かの選択肢を提供することになるのである。

　広告は消費者が入手できる商品群（特に差別化された）の拡大を通して消費者選択に直接的かつ重要な影響を与えてきた。広告は消費者にとって基礎的な利用できる情報源である。ただ，これまでの広告は消費者選択のための完全なガイドと十分に効果的な製品情報を提供していない場合があった。これは消費者運動や消費者教育によって修正されつつある[28]。

　広告の消費者の幸福への貢献はダイナミックな拡大経済が促進されているときに来る。広告の社会的見地からの主要な任務は新製品の発展を刺激するということである[29]。

　ボーデンのこの著作は当時，広告に対して提示された様々な批判や疑念に対して経験的データをもちいた分析をもってそれらが真実かどうかを解明しようとしたのである。当時の広告に関する著作はいかに個別の企業の役に立つかという視点から書かれているものが多かったのであるが，この著書は広告の経済効果という視点をビジネスユースという点ではなく，社会にとってあるいは消費者にとっての経済効果という点が強調されて著されている。つまりマクロ的側面から広告の経済効果を探求しようとしたといえるだろう。

　こうした，問題に積極的に取り組もうとした研究者は少なく，堀田一善の研究によるとボーデンの他にヴェイル（Roland S. Vaile）[30]とヴォーン（Floyd L. Vaughan）[31]の名前が挙げられる程度であった[32]。また，消費者と広告の関係性を分析した研究にはチェリントンの著書[33]があげられる程度である。

この著書で取り扱われた産業は農作物から加工製品，家電製品から日用品まで非常に多様であり，かつ，彼が力点を置いて領域は上述したように広告発展の経済的背景，製品とサービスの需要における広告効果，製品とサービスの費用における広告効果，広告と価格と価格設定行為との関係，製品系列，品質，消費者選択における広告効果，投資と所得量における広告効果，広告の倫理的側面と極めて広範にわたっている。彼はそれぞれについて経験的データとの照合に努めたのである。これほど幅広いデータをもちいて検証した著作はあまり類を見ないといえるだろう。ある意味，今日では経済・産業規模の拡大，経済の深化・複雑化，グローバル化，新メディアの登場などによりここで取り扱われた網羅的な検証はほぼ不可能であるといえるだろう。

　ただ，バーテルズも指摘しているように，この調査結果は経済における広告の役割についての支配的疑念を覆すような新しい発見があったわけではないが，当時の経済学者やマーケティング学者の思想に支配的であった多くの理論的仮定を正当化するもの[34]であったことは間違いない。

　しかし，同書における限界も指摘しておかなければならないだろう。まず，この著書は消費者にとっての経済効果という点，つまり消費者満足という項目が広告の経済効果を検証する重要なテーマになっていたのであるが，残念ながら，この項目に割かれたページは比較的少なく，また，調査結果も表面的で踏み込んだ検証がなされたとはいえないのではないだろうか。

　また，ボーデンはケース・スタディ・メソッドを彼の研究方法にも取り入れていたことはすでに述べたが，同書においても基本的に同じ研究形式を踏襲している。つまり，こうした帰納法的検証方法はどうしても経験則的検証になってしまい，一般化するといっても「その時代の」という但し書きをつけざるを得ないという限界があると思われる。

　しかし，ある程度の限界はあるとしても同書が扱った問題の多くは経済学者をはじめとした隣接領域からも注目を集めた，マーケティング・広告研究の歴史の中でも1つの時代を画した名著であり，今に生きる古典といえるだろう。広告の経済効果に関する問題は今日でも幾多の議論が交わされており，依然として未解決の論点も多数存在している分野であるが，ボーデンのこの著書はこの分野を切り開くパイオニア的著書の1つと位置づけられよう。

　ボーデンの広告研究は経済学や経営学的知識を背景として広告問題に接近しようとしたものである。そして，ボーデンの『広告の経済効果』はマクロ的側

面から広告の経済効果を探求しようとした数少ない著書である。

このような広告の経済効果のマクロ的側面への取り組みは広告やマーケティングの研究者というよりは経済学や産業組織論の研究者によって継承されていったと思われる。

第3節 「マーケティング・ミックスの概念」

1. 背　景

ボーデンのもう1つの重大な業績は「マーケティング・ミックスの概念」（The Concept of the Marketing Mix）である。内容について検討する前にこの研究の位置づけを明確にするためにその背景について概観しておきたい。

「マーケティング・ミックスの概念」はボーデンの研究の一部分を回顧した論文である。ボーデンにとってこのテーマの底流にあるものは「マーケティングは科学（science）か技法（art）か」という論争ではないだろうか。この論争はリンドン・ブラウン（Lyndon O. Brown）の論文（1948）[35]によって火がつけられたといわれ，盛衰の波はあったがおおよそ40年以上もの間，それぞれの立場（多くの場合は科学的立場）から様々な論拠を用いて，時には不毛な議論であるとの批評を受けながら続くのである。しかし，結局のところこの論争は明確な解答を得ないまま終息していったといえるだろう。

ボーデンがマーケティング・ミックスという言葉を初めて公に使用したのは，1953年のアメリカ・マーケティング協会の会長講演であったとされている[36]。この時期は上述の論争も非常に盛んに行なわれており，マーケティングが科学となるためには，広範な領域をカバーしているマーケティングを何らかの基準で整理する必要があり，それらのチェックリストの項目として唱えたのではないかと筆者は考えている。

それはさておき，ここで少し時系列的な流れを確認しておく。ボーデンの回顧論文では彼は1940年代後半には授業や何かの記述にこの用語を用いてきたという[37]。そしてこの用語の出自について述べられており，それは，同僚であったジェームス・カリトン（James Culliton）教授が執筆したマーケティン

グ・コストについての調査研究書[38]の中で重役たちを指して「素材の混合機（mixer of ingredients）」と呼んだところからであったという[39]。そして，ボーデンがマーケティング・ミックスという概念を整理して文章として明確にあらわしたものが公に登場するのは，確認できたものでは1959年のマーシャル（M. V. Marshall）との共著『広告管理・改訂版』である。ちなみに，この本は1950年に初版がボーデンの単著として著されたが，その時点では明確な形でマーケティング・ミックスを整理した記述はない。おそらく，ボーデンの回顧を信じるならば，1959年の著書で1940年代後半ごろから使用しだしたマーケティング・ミックスという概念を整理しまとめたといえるであろう。

2. マーケティング・ミックス概念

　ボーデンは彼の比較的早い広告研究の中で，広告は総合的なマーケティング・プログラムの1つの要因として理解されて使われていることが論証されているといい，どのような総合的マーケティング戦略が利益を生むために採用されているのか，どのようなマーケティング手続きと政策の組み合わせが好ましい取引や消費者の行動を導き出し利益をもたらすように採用されているのか，そして，特に広告，人的販売，価格設定，パッケージング，チャネル，保管などのマーケティング・プログラムの要素が操作されて，どのように組み合わされれば利益を生む事業になるのかということを問う必要があると認識した。そして，こうした視点は上述した『広告の経済効果』で取り扱ったケースでも同じような傾向があることが立証されたというのである[40]。

　ボーデンは多くの調査からマーケティングあるいはマーケティング・プログラムは様々な要因から成立しており，広告もその要因の1つであるとの認識に至ったのである。そして，それよりも重要なことはどのような組み合わせが成功するマーケティングをもたらしてくれるのだろうかということであろう。

　ボーデンは『広告の経済効果』での発見について続ける。それは，マーケティング・プランを作り上げようとするマネジャーにとって，マーケティングの方法と政策の組み合わせは無数にある。マネジャーにとって大事なことは利益をもたらす組み合わせを導き出す公式の発見である。そしてこの組み合わせを作り上げるのが「素材の混合機」役であるマネジャーならば，彼がデザインしたものは「マーケティング・ミックス」と呼ばれるべきだという[41]。

図表 12-1　製造業者のマーケティング・ミックスの諸要素

1. 製品計画	7. プロモーション
2. プライシング	8. パッケージング
3. ブランディング	9. ディスプレー
4. 流通チャネル	10. サービス
5. 人的販売	11. 物理的商品取り扱い
6. 広　告	12. 事実の発見と分析

出典：Neil H. Borden (1964) "The Concept of the Marketing Mix," pp.3-4 より筆者作成。

　そして，より鮮明に描くためには，マーケティング・プログラムを形成する重要な要素と素材のリスト，および企業のマーケティング業務に付加される諸力のリストの作成が必要であるとしている[42]。図表 12-1 はボーデンによるそれらのリストである。

　ちなみに 1959 年の著書では広告とディスプレーは合体されており 11 項目となっている[43]。ボーデンはこの点について次のように述べている。このリストは，あくまでも私（ボーデン）が，授業やコンサルティング業務で用いてきたリストであり，マーケティング・ミックスのリストはマーケティング・マネジャーがマーケティング・プログラムを考えるとき，どの程度まで掘り下げていきたいのかによって長くもなるし，短くもなり，ほかの人たちは違ったリストを構築している場合もあることを理解している[44]。つまり，マーケティングの要因項目が増えたり減ったり，合体されたり分割されたりすることはさほど重要なことではないようにボーデンは考えていたようだ。

　また，ボーデンは各自が構築したマーケティング・ミックスを成功させたいならば，市場の諸要因についても知る必要があるとして，図表 12-2 のようなリストを示している。

　こうしてみてみるとボーデンのマーケティング・ミックスがマーケティングに関わる人々にマーケティングを実行するに当たり把握しておかないといけない要因を整理したものであるといえる。このリストを使ったマーケティング・プログラムを何度となく実行しそこで得られた事実とそのデータの蓄積によってマーケティングを科学の位置づけに移行させようとしたのではないかと考える。実際，ボーデン自身もマーケティング・ミックス概念は経験的アプローチ

図表12-2 マーケティング・ミックスに影響する市場の諸要因

1. 消費者購買行動
   a) 購買における動機づけ，b) 購買習慣，c) 生活習慣，
   d) 環境，e) 購買力，f) 数量
2. 業界行動—卸売業界と小売業界は次のようなものに影響される
   a) 動機づけ，b) 構造，実践，態度，c) 変化を予兆のトレンド
3. 競争者のポジションと行動
   a) 産業構造，b) 需給関係，c) 消費者の製品選択，d) 価格競争，
   e) 競争企業の動機づけ f) 需給変化を予告するトレンド
4. 政府の行動—マーケティングに対しての統制
   a) 製品規制，b) 価格規制，c) 競争活動規制，d) 広告と販売促進規制

出典：Neil H. Borden (1964) "The Concept of the Marketing Mix," p.5 より筆者作成。

であると述べているのである[45]。

　それ故に，ボーデンのマーケティング・ミックスは理論的枠組みというよりはチェックリスト的意味合いが強くその内容については入れ替え可能な柔軟性を持っていたといえる。

　また，上述のマーケティング・ミックスの諸要素とマーケティング・ミックスに影響する市場の諸要因はそれぞれ今日我々がはじめてマーケティングを学習するときに学ぶ統制可能要因と統制不可能要因を示したものに通じるといえよう。つまり，ボーデンのマーケティング・ミックスの概念は学生やマーケターが基礎的なマーケティングの枠組みを理解することにも役立っているといえる。

　ボーデンはマーケティング要因の整理（リスト化）をしようとした先人の一人であることは間違えない。彼のアメリカ・マーケティング協会におけるスピーチの後，このマーケティング・ミックスの議論は非常に盛んに行なわれるようになる。例えばフレイ（Albert W. Frey）[46] はボーデンと似たようなチェックリスト形式の要因を提示している。そしてもっと簡潔で覚えやすいマーケティング要因を整理した代表がハワード（John A. Howard）[47]，レイザーとケリー（William Lazer and E. Kelly）[48]，そしてマッカーシー（E. J. McCarthy）[49] であろう。このマーケティング・ミックスの議論には様々な提案がなされてきたのであるが，ご存じのようにマッカーシーの4Pが広く普及し

ている。このマッカーシーの 4P とその後の議論の展開については，第 3 章で詳しく述べられていると思うので参照されたい。

第 4 節　現代的評価

　これまで見てきたようにボーデンは広告の経済効果に対して膨大な量の経験的データを活用し，ケース・スタディ・メソッドを応用し，幅広い産業を探求して一定の結論を導き出してきた。そして，帰納法的アプローチの限界を抱えつつも，その膨大なデータに裏付けされて，当時の多くの人々を納得させてきたといえよう。今日において，ボーデンが取ったこの研究スタイルは，経済・産業規模の拡大，経済の深化・複雑化，グローバル化，新メディアの登場などによりここで取り扱われた網羅的な検証はほぼ不可能ではないかと思われる。
　しかし，彼が取り組んだ広告の経済効果という課題は今日でも幾多の議論が交わされており，依然として未解決の論点も多数存在している分野である。また新たなメディアや分野が切り開かれてきたことに伴い，いっそう議論が複雑化してきていると思われる。そういった意味で，ボーデンのこの著書はこの分野を切り開くパイオニア的著書の 1 つと位置づけられよう。
　また，ボーデンが解明に取り組んだ広告に対する批判は，今日においても様々な場面で聞かれるものであり，実際の広告行動においても時代時代に出現してきている。こうした批判は広告にとって永遠の課題ともいえるのであろう。批判する立場に同調するのでもなく，ビジネス側に立って弁明するでもなく，広告批判に客観的に真正面から取り組んだボーデンの研究は今日でも意義あるものと評価できよう。新たな社会的な広告の有用性を客観的なデータをもちいて検証する研究が蓄積されることが待たれる。
　また，今日のマーケティング・広告研究の多数派は個別企業にどのように貢献するのかといった立ち位置での研究であるといえよう。つまり，あえていうならばミクロ・マーケティング的アプローチを採用している研究といえるだろう。ボーデンが取った（あるいは取ろうとした）社会的立場や消費者視点を重視する（マーケティング研究のほとんどは消費者を志向すると標榜するのであるが）マクロ・マーケティング的アプローチは今日でも意義深いといえよう。
　ボーデンが提示したマーケティング・ミックスの概念は彼が意図したところ

からは外れてしまったかもしれないが，今日でもマーケティングを理解するためには大いに役立つものである。ある意味，我々が知るマーケティング・ミックス戦略より彼が用意したマーケティング・ミックスのチェックリストのほうが実務家にとっては使い勝手が良いのではないだろうか。

いずれにしろ，ボーデンが取り組んだ広告の経済効果とマーケティング・ミックスというテーマは今日でもマーケティングや広告にとって主要なテーマであり，彼の業績はその先駆的古典と位置づけられるのである。

〔注〕
1) 略歴については Harvard University Library Archive *Neil H. Borden papers,1925-1982 Series VI. Biographical Material, 1950-1982*, James P. Wood (1963) "Leaders In Marketing Neil H. Borden," *Journal of Marketing*, 27 January, pp.75-77, George Schwartz [ed.] (1965) *Science in Marketing*, John Wiley & Sons, Inc., Maxine Block; Anna Herthe Rothe; Marjorie Dent Candee, eds. (1954) *Current Biography*, H. W. Wilson Company, p.109, American Advertising Federation HP. Advertising Hall of Fame Neil H. Borden http://advertisinghall.org/members/member_bio.php?memid=548 (2018年6月25日閲覧) を参考にした。
2) Theodore Levitt (1960) "Marketing Myopia," *Harvard Business Review*, July/August, p.13.
3) Paul D. Converse (1945) "The Development of the Science of Marketing," *Journal of Marketing*, 10, July, p.20
4) Melvin T. Copeland (1920) *Marketing Problems*, A.W. Shaw Co.
5) Harry Tosdal (1921) *Problems in Sales Management*, A.W. Shaw Co.
6) Malcolm P. McNair & D.K. David (1925) *Problems in Retailing*, A.W. Shaw Co.
7) Neil H. Borden (1927) *Problems in Advertising*, A.W. Shaw Co.
8) Robert Bartels (1951) "Influences on the Development of Marketing Thought, 1900-1923," *Journal of Marketing*, 16(1), p.11.
9) Neil H. Borden (1964) "The Concept of the Marketing Mix," *Journal of Advertising Research*, Vol.4, June, pp.2-7.
10) Problems in Advertising 以外の主要著書8本は，以下の通りである。Neil H. Borden (1935) *A Test of the Consumer Jury Method of Ranking Advertisements*, Harvard University, Graduate School of Business Administration, Bureau of Business Research., Neil H. Borden (1937) *Determination of Confusion in Trade-Mark Conflict Cases*, Harvard University, Graduate School of Business Administration, Bureau of Business Research., Neil H. Borden (1942) *The Economic Effects of Advertising*, R. D. Irwin, Inc., Neil H. Borden (1945) *Advertising in Our Economy*, R.D. Irwin, Inc., Neil H. Borden (1946) *Revenues and Expenses of Newspaper Publishers in 1941, Together with Data Relating to National Advertising in Newspapers*, Division of Research, Graduate School of Business Administration, Harvard University, Neil H. Borden, M. D. Taylor and H. T. Hovde (1946) *National Advertising in Newspapers*, Harvard University Press., Neil H. Borden (1950) *Advertising Management Text and Cases*, R.D. Irwin, Inc., Neil H. Borden and Martin V. Marshall (1959) *Advertising Management Text and Cases*, Rev.

ed., R. D. Irwin, Inc.（片岡一郎・村田昭治・浅井慶三郎共訳（1964）『広告管理』日本生産性本部。）
11) Robert Bartels（1962）*The Development of Marketing Thought*, R.D. Irwin, Inc. p.46. Robert Bartels（1988）*The History of Marketing Thought*（3rd ed.）, Horizons, Inc. p.35.（山中豊国訳（1993）『マーケティング学説の発展』ミネルヴァ書房. 53 ページ。）
12) Walter D. Scott（1903）*The Theory of Advertising*, Small, Maynard Co.
13) Paul T. Cherington（1913）*Advertising as a Business Force*, Doubleday, Page & Co., Paul T. Cherington（1928）*The Consumer Looks at Advertising*, Harper & Bros.
14) Daniel Starch（1923）*Principle of Advertising*, A. W. Shaw Co., Daniel Starch（1927）*Advertising Principal*, A. W. Shaw Co.
15) 例えば Harry L. Hollingworth（1913）*Advertising and Selling*, D. Appleton-Century Co., S. R. Hall（1921）*The Advertising Handbook*, McGraw-Hill Book Co., H. W. Hess（1915）*Productive Advertising*, J. B. Lippincott., H. E. Agnew（1926）*Cooperative Advertising by Competitors*, Harper & Bros., H. E. Agnew and G. B. Hotchkiss（1927）*Advertising Principles*, Alexander Hamilton Institute. などである。
16) 堀田一善（2003）『マーケティング思想史の中の広告研究』日本広告研究所，204~211 ページ。
17) Borden（1942）*op. cit.*, p.839.
18) *Ibid.*
19) *Ibid.*, pp.839-40.
20) *Ibid.*, pp.840-41.
21) *Ibid.*, p.843.
22) *Ibid.*, pp.427-435.
23) *Ibid.*, p.847.
24) *Ibid.*, pp.851-854.
25) *Ibid.*, pp.854-857.
26) *Ibid.*, pp.859-860.
27) *Ibid.*, p.860.
28) *Ibid.*, pp.640-678.
29) *Ibid.*, p.881.
30) Roland S. Vaile（1927）*Economics of Advertising*, Ronald Press Co.
31) Floyd F. Vaughan（1928）*Marketing and Advertising*, Princeton University Press.
32) 堀田一善，前掲書，212 ページ。
33) Cherington（1928）*op. cit.*
34) Bartels（1988）*op. cit.*, pp.43-44.
35) Lyndon O. Brown（1948）"Toward a Profession of Marketing," *Journal of Marketing*, 13 July, p.27-31.
36) W. V. Waterschoot and C. van den Bulte（1992）"The 4P Classification of the Marketing Mix Revisited," *Journal of Marketing*, 56, October, p.84., American Marketing Association Home Page《https://www.ama.org/AboutAMA/Pages/About.aspx》（see 2018.6.19）.
37) Borden（1964）*op. cit.*, p.2.
38) James Culliton（1948）*The Management of Marketing Costs*, Division of Research, Graduate School of Business Administration, Harvard university.
39) Borden（1964）*op. cit.*, p.2.
40) *Ibid.*, pp.2-3.

41) *Ibid.*, p.3.
42) *Ibid.*
43) Neil H. Borden and Martin V. Marshall (1959) *op. cit.*, pp.23-24, pp.35-40.
44) Borden (1964) *op. cit.*, p.3.
45) Neil H. Borden and Martin V. Marshall (1959) *op. cit.*, p.24
46) Albert W. Frey (1956) *The Effective Marketing Mix: Programming for Optimum Result*, The Amos Tuck School of Business Administration, Dartmouth College.
47) John A. Howard (1957) *Marketing Management: Analysis and Decision*, Richard D. Irwin, Inc.
48) William Lazer and E. Kelly (1962) *Managerial Marketing: Perspective and Viewpoints*, revised ed., Richard D. Irwin, Inc.
49) E. J. McCarthy (1960) *Basic Marketing: A Managerial Approach*, Richard D. Irwin, Inc.

＊章頭の肖像写真は，ハーバード大学ビジネススクールアーカイブより許諾の上，掲載。
HBS Archives Photograph Collection: Faculty and Staff, Baker Library, Harvard Business School (olvwork399916).

〔野村比加留〕

《補録》

マーケティング史学会 30 年の歩み
（旧・マーケティング史研究会）

　これまでマーケティング史研究会は，研究会の名を掲げているために，少人数の私的な組織と思われることも少なからずあったようである。だが実質的にはマーケティング史研究学会と呼んでよい運営，内容とメンバーは理解してきた。そこで慎重な議論を経て，今般創立 30 年を機に，これまでの「マーケティング史研究会」の名称を「マーケティング史学会」と変更することとした。

　マーケティング史研究会・マーケティング史学会は，1987（昭和 62）年 11 月にすでに歴史研究業績を持つ数名の学究者（発起人）が相談の上，1988（昭和 63）年 5 月に歴史的な視点から流通・マーケティング論領域をじっくり研究することを目指して，全国的な範囲で同学の学究者が集うことでスタートした。2018 年 5 月，産声を上げてから丸 30 年を経過したが，この間，研究報告会と出版活動とを主軸に継続活動してきた。

　この歩み（記録）は，研究会・学会創立 30 周年記念として本書の刊行が企画された際，巻末にこれまでの足跡を残すと決定したことにより記すものである。すでに創立 20 周年時にその 20 年の歩みを記録済みであるので，ここではその後の 10 年間の研究会記録を追加的に記録することとした（出版物はすべて掲げる）。

　なお，先の創立 20 周年の記念出版は「シリーズ・歴史から学ぶマーケティング」全 3 巻として，全巻が統一性をもって研究会の総力を挙げて執筆された。第 1 巻『マーケティング研究の展開』，第 2 巻『日本企業のマーケティング』，第 3 巻『海外企業のマーケティング』からなり，その最終巻に学会の「歩み」を掲載し刊行された。今般は創立 30 周年記念本として本書一冊をまとめている。出版事情の悪い中でこれまでと同様に同文舘出版から多大なご協力を得て，出版の運びとなった。

　マーケティング史学会にとっては，研究報告会と出版活動とが車の両輪とい

うべきもので，ともに研究水準の高さを堅持し，流通・マーケティング論領域への歴史研究の認識を高めてきたと自負しており，少なからず斯界に貢献してきたと思われる。

マーケティング史学会は，現在もメンバーはそれほど多くない学究者集団であるが，そのスタート時点から，メンバー間の意思疎通を図り，研究会での報告要旨を中心に活動経過を記録するため，『マーケティング史研究会報』を年2回発行している。以下の経過記述は，その『会報』に一部掲載済みのものである。

1. 研究会の活動経過

マーケティング史研究会は，春・秋と年2回の研究報告会と，出版事業とを主な柱として運営されてきている。前者の研究会活動については，春5月に日本商業学会全国大会開催時に合わせて，また秋11月に独自に研究会がもたれてきた。研究報告会記録は【別表1】の通りである（なお掲げる方々の所属は当時のものである）。なお，春の研究会については，一時期，学会での報告に便乗した時期がある。本学会における各自の研究報告要旨は，会報に記録掲載しているが，その後それぞれ個人の研究は著作等に成果としてまとめられている。

他方，出版活動については，当初から3本の柱で進めることが企画されてきた。「学説史シリーズ」，「実践史シリーズ」，「翻訳シリーズ」の3シリーズで，これまで本書を含め計13冊が共同著作の形で結実してきた。その出版リストは【別表2】の通りである。いずれの出版も歴史的な視点を大事にするその姿勢が強く貫かれている。

2. 研究会の運営

研究会の運営については，当然のことながら民主的ルールに則り，会員の総意を得るべく会員総会の議を経ることを基本にこれまで順調に経過してきた。また，実質的に組織を運営する役員（世話人）を互選しながら，ルールに則して順番で担当してきている。以下，会則，会員数の推移，および役員担当者を掲げる。

【会員数の推移】

1988（昭和63）年 5 月　　21 名
1993（平成 5 ）年11月　　26 名
1998（平成10）年11月　　33 名
2003（平成15）年11月　　40 名
2008（平成20）年11月　　53 名
2013（平成25）年11月　　64 名
2018（平成30）年11月　　62 名

【各期の役員】

	世 話 人	会 計 監 事
1988（昭和63）年5月	小原　博（拓殖大学） 光澤滋朗（同志社大学） 山中豊国（福岡大学）	堀田一善（慶應義塾大学）
1997（平成9）年5月	薄井和夫（埼玉大学） 西村栄治（大阪学院大学）	上沼克徳（神奈川大学）
1999（平成11）年5月	木下明浩（立命館大学） 西村栄治（大阪学院大学）	上沼克徳（神奈川大学）
2001（平成13）年5月	薄井和夫（埼玉大学） 木下明浩（立命館大学）	上沼克徳（神奈川大学）
2003（平成15）年5月	上沼克徳（神奈川大学） 後藤一郎（大阪経済大学）	木下明浩（立命館大学）
2005（平成17）年5月	後藤一郎（大阪経済大学） 堀越比呂志（慶應義塾大学） ＊事務局スタッフ 戸田裕美子（慶應義塾大学）	森田克徳（静岡県立大学）
2009（平成21）年5月	石川和男（専修大学） 岩本明憲（関西大学）	森田克徳（静岡県立大学） 代行　上沼克徳（神奈川大学）
2013（平成25）年5月	鍾　淑玲（東京工業大学） 大内秀二郎（近畿大学）	越川靖子（湘北短期大学）
2018（平成30）年5月	大内秀二郎（近畿大学） 越川靖子（目白大学）	岡野純司（愛知学院大学）

3．学会の今後

　マーケティング史学会は，これまで研究会活動と出版活動とを車の両輪としてきたが，それら活動を継続して早くも30年を経過した。「継続は力なり」の

至言の通り，流通・マーケティング論領域において，わが学会は歴史研究の重要性を喚起し，それなりの存在感を得てきたのではなかろうか。

このうち，研究報告会については，通常の学会等ではスケジュールから時間等の制約のため報告時間を極力短くせざるを得ない状況にあるのに対して，メンバー相互の深い理解，報告内容の深化のために，無制限とはいかないが，通常より長目の報告時間をかけてきている。今後もこの点は継続され，より真摯に研究を行なうこととしている。

他方，出版事業については，本書を含め30年間で13冊の研究書を出版してきた。いうまでもなく歴史的な視点を重視した本格的専門書や，一般啓蒙書の公刊をさらに継続していく方向にある。とりわけ洛陽の紙価を高めるような，より高度な専門書に特化しながら継続すべきものをと考えている。

学究者がその業績を上げるうえで，歴史研究は，少なからずハンディを負っているようにも思える。過去の学説や事象について，史資料を中心にコツコツと時間をかけながらの積み重ねが必要であるためである。社会科学，とりわけ流通・マーケティング論領域では現実の解決しなければならない，最新のトピックに対して現実・実証性が求められることがあろう。このゆえに若い学究者にとっては，業績第一主義の学界において，また自身のプロモートに大きくかかわるため，時間のかかる歴史研究は敬遠されるようなこともあろう。しかし，1つの学問の本質を見極めようとするとき，「急がば回れ」と歴史研究を捉えて頂きたいものとも思う。

マーケティング史学会（旧・マーケティング史研究会）は創立30周年を機に，より研究を深め学問的な前進に寄与したいものとメンバー一同が念じている。

2018（平成30）年11月吉日

マーケティング史学会

（小原　　博・編集責任者）

（大内秀二郎・編集担当者）

＊　　＊　　＊　　＊　　＊

【別表1】

マーケティング史学会　研究会開催記録（第46回以降）
（＊所属機関は当時のもの）

第46回研究会（於：沖縄国際大学）　2010（平成22）年11月20日（土）
「現代イギリスの食料消費と小売流通―1980年代から90年代半ばにおける消費者の世帯構造の変化および大規模小売業者の市場行動の展開を中心に―」
　　　　　　　　　　　　　　　　　　　　　　　金　度渕（大阪商業大学）
「再販売価格維持行為に関する『古典的仮説』再考―フリーライダー仮説と書籍再販―」　　　　　　　　　　　　　　　　　　岩本　明憲（関西大学）

第47回研究会（於：くまもと県民交流館パレア）　2011（平成23）年5月27日（金）
「サービス・ドミナント・ロジックの台頭，その枠組みおよび発展方向」
　　　　　　　　　　　　　　　　　　　　　　　菊池　一夫（明治大学）
「『アパレル産業のマーケティング史：ブランド構築と小売機能の包摂』同文舘出版，2011年。序章と結章を中心として」　　　木下　明浩（立命館大学）

第48回研究会（於：東京工業大学）　2011（平成23）年11月19日（土）
「マーケティング学説史研究の進む方向に関する小見―その課題と方法の再確認に頼って―」　　　　　　　　　　　　　　　余　漢燮（明治大学）
「アメリカにおける広告記憶研究の展開―研究の展開と学際研究の整理―」
　　　　　　　　　　　　　　　　　　　　　　越川　靖子（湘北短期大学）

第49回研究会（於：北海商科大学）　2012（平成24）年5月25日（金）
「零細小売業研究の歴史的分析と現実的理論規定について」
　　　　　　　　　　　　　　　　　　　　　　出家　健治（熊本学園大学）
「マーケティング思想と消費者主義」　　　　　上沼　克徳（神奈川大学）

第50回研究会（於：関西大学）　2012（平成24）年11月17日（土）
「S.D.ハントの方法論と資源優位性理論」　　　齋藤　典晃（明治大学大学院）
「新興国の外資政策の史的展開と教育システムの変遷―在シンガポール日系企業進出のプル要因の視点から―」　　　　　　　岩内　秀徳（富山大学）

第 51 回研究会（於：立命館大学）　　2013（平成 25）年 5 月 24 日（金）
「アジアのグローバル・マーケティング―日系家電企業を中心に―」
　　　　　　　　　　　　　　　　　　　　　近藤　文男（京都大学名誉教授）
「『日本企業のアジア・マーケティング戦略』（マーケティング史研究会編　実践史シリーズ第Ⅶ巻）出版計画について」
　　＊分担執筆者による各章の内容報告，一部は大内秀二郎が代理報告

第 52 回研究会（於：青山学院大学）　　2013（平成 25）年 11 月 30 日（土）
「ヨーロッパ家電小売業の競争構造―ユーロニクス，ディスソンズ，メディア＝ザトゥーンの国際化戦略―」　　　　　　　　　薄井　和夫（埼玉大学）
「ユナイテッドアローズの国際化の意思決定をめぐる逡巡を中心に」
　　　　　　　　　　　　　　　　　　　　　　　　東　伸一（青山学院大学）

第 53 回研究会（於：専修大学）　　2014（平成 26）年 5 月 30 日（金）
「マーケティングにおける『価値』の概念の研究」
　　　　　　　　　　　　　　　　川口　高弘（NTT コミュニケーションズ）
「中国自動車市場の成長と日系自動車メーカーの行動」　石川　和男（専修大学）

第 54 回研究会（於：同志社大学）　　2014（平成 26）年 12 月 6 日（土）
「日本における再販売価格維持行為研究―再販売価格維持行為と流通系列化―」
　　　　　　　　　　　　　　　　　　　　　　　　岩本　明憲（関西大学）
「韓国家電品流通の展開―何故，韓国家電量販店は成長できないか―」
　　　　　　　　　　　　　　　　　　　　　　　　関根　孝（専修大学）

第 55 回研究会（学会報告：香川大学）　2015（平成 27）年 5 月 31 日（日）
「日本における小売研究とサービス研究の分断―リテール・マーケティング研究への統合可能性―」　　　　　　　　　　　　石川　和男（専修大学）

第 56 回研究会（於：東京工業大学）　　2015（平成 27）年 12 月 5 日（土）
「マーケティング定義の変遷が意味するところのもの」　上沼　克徳（神奈川大学）
「小売事業ブランドの生成・発展―ユニクロを素材として―」
　　　　　　　　　　　　　　　　　　　　　　　　木下　明浩（立命館大学）

第 57 回研究会（学会報告：千葉商科大学）　2016（平成 28）年 6 月 5 日（日）
「地域商業・商店街の収益事業と社会的活動の両立をめぐる一考察―地域課題の解

決に向けた商店街活動の実態とその効果―」
        新島　裕基（専修大学大学院）・渡辺　達朗（専修大学）
               ＊新島氏は非会員

第 58 回研究会（於：近畿大学）　　　2016（平成 28）年 12 月 10 日（土）
「物理的属性に還元できない使用価値が顕在化するプロセスの再検討―E. ウェンガーの『意味の交渉』と文化的透明性の概念を手がかりとして―」
        川口　高弘（NTT コミュニケーションズ）
「プライシングの分類枠組みに関する批判的考察」　　　岩本　明憲（関西大学）
「専門店小売チェーンの盛衰過程の財務的視点を導入した分析枠組みの試論」
              東　伸一（青山学院大学）

第 59 回研究会（学会報告：兵庫県立大学）　2017（平成 29）年 5 月 27 日（土）・28 日（日）
講演
「小売国際化の二面性―現象の進展と困難性の露呈―」　　鳥羽　達郎（富山大学）
報告
「日系コンビニのイノベーションと中国市場における埋め込み戦略」
             鍾　淑玲（東京工業大学）
「耐久消費財の普及とリテール金融―ASEAN における自動車流通を中心に―」
             石川　和男（専修大学）

第 60 回研究会（於：神奈川大学）　　2017（平成 29）年 11 月 25 日（土）
「委託型出店契約の機能と推移の研究―百貨店の事例を素材として―」
             岡野　純司（愛知学院大学）
「キリンビールの価格行動」　　　　　　　　後藤　一郎（大阪経済大学）

第 61 回研究会（学会報告：日本大学）　2018（平成 30）年 5 月 26 日（土）・27 日（日）
「小売企業のグローバル・ソーシングと社会的責任」　　鳥羽　達郎（富山大学）
「食品スーパーにおける地域密着型の競争戦略：高知県内のローカル小売チェーンに着目して」
             新島　裕基（専修大学）
             渡辺　達朗（専修大学）
              ＊新島氏は非会員
「百貨店が用いるテナント利用の考察―戦前～戦後復興期における委託型出店契約の事例―」　　　　　　　　　　　　岡野　純司（愛知学院大学）
「ASEAN 自動車流通―フィリピンとベトナムを中心として―」

石川 和男（専修大学）

第 62 回研究会（於：東京・山の上ホテル）　2018（平成 30）年 11 月 3 日（土）
　マーケティング史研究会創立 30 周年記念講演会
　　＊研究会の創立および基礎確立・発展期を支えた名誉会員（名誉教授）3 氏による講演
「マーケティング史研究会の 30 年」　　　　　　　小原　　博（拓殖大学）
「わが国マーケティングの生成」　　　　　　　　光澤　滋朗（同志社大学）
「マーケティングの歴史及び学説史研究への細道（私抄)」
　　　　　　　　　　　　　　　　　　　　　　堀田　一善（慶應義塾大学）

【別表 2】

マーケティング史学会　研究出版目録

学説史シリーズ I
　『マーケティング学説史―アメリカ編―』
　　　同文舘出版，1993 年【共著 11 名】（編集担当者：光澤　滋朗）
　　　＊増補版，2008 年【共著 12 名】
学説史シリーズ II
　『マーケティング学説史―日本編―』
　　　同文舘出版，1998 年【共著 8 名】（編集担当者：上沼　克徳）
　　　＊増補版，2014 年【共著 9 名】
学説史シリーズ III
　『オルダースン理論の再検討』
　　　同文舘出版，2002 年【共著 5 名】（編集担当者：堀田　一善）
学説史シリーズ IV
　『マーケティング研究の展開―シリーズ歴史から学ぶマーケティング第 1 巻―』
　　　同文舘出版，2010 年【共著 15 名】（編集担当者：堀越比呂志）
学説史シリーズ V
　『マーケティング学説史―アメリカ編 II―』
　　　同文舘出版，2019 年【共著 12 名】（編集担当者：小原　　博）

―――――

実践史シリーズⅠ
　『日本のマーケティング―導入と展開―』
　　　同文舘出版，1996 年【共著 10 名】（編集担当者：小原　博）
実践史シリーズⅡ
　『日本流通産業史―日本的マーケティングの展開―』
　　　同文舘出版，2001 年【共著 9 名】（編集担当者：西村　栄治）
実践史シリーズⅢ
　『現代アメリカのビッグストア』
　　　同文舘出版，2006 年【共著 12 名】（編集担当者：光澤　滋朗）
実践史シリーズⅣ
　『ヨーロッパのトップ小売業―その史的展開―』
　　　同文舘出版，2008 年【共著 12 名】（編集担当者：薄井　和夫）
実践史シリーズⅤ
　『日本企業のマーケティング―シリーズ歴史から学ぶマーケティング第 2 巻―』
　　　同文舘出版，2010 年【共著 15 名】（編集担当者：小原　博）
実践史シリーズⅥ
　『海外企業のマーケティング―シリーズ歴史から学ぶマーケティング第 3 巻―』
　　　同文舘出版，2010 年【共著 16 名】（編集担当者：薄井　和夫）
実践史シリーズⅦ
　『日本企業のアジア・マーケティング戦略』
　　　同文舘出版，2014 年【共著 9 名】（編集担当者：近藤　文男）

―――――

翻訳シリーズⅠ
　パラマウンテン著『流通のポリティクス』
　　　白桃書房，1993 年【共訳 5 名】（編集担当者：光澤　滋朗）

事項索引

〔あ 行〕

愛顧 …………………………………… 212, 219
新しいタイプのセールスマン ……………… 189
アメリカ・マーケティング学会 …… 127, 207
アメリカ・マーケティング協会（AMA）
　……………………… 16, 26, 127, 161, 225, 237
アメリカ経済学会 ……………………………… 127
アルファ・カッパ・プシー賞 ………………… 84
暗黒大陸 ………………………………………… 131
異形態間競争 ………………… 68, 109-111, 117
イノベーション ………………………………… 68
イリノイ大学 …………………………………… 26
インターディシプリン ………………………… 77
ヴァラエティ・ストア ………………………… 126
ヴィジュアル・マーチャンダイジング … 132
ウィスコンシン・アイデア …………………… 125
ウィスコンシン大学 …………………………… 124
ウォートン校 …………………………… 162, 164
ウォルター・トンプソン社 ………………… 206
AMA　→アメリカ・マーケティング協会
AMAコンヴァース学会賞 …… 33, 44, 84, 225
営利チャネル ………………………… 88-91, 93, 94
STP ……………………………………… 52, 53, 60
延期─投機の原理 ……………………… 83, 84, 92
OPA　→物価管理局
オハイオ州立大学 ………………………… 16, 128
オペレーション ………………………………… 133
卸売機能 ………………………… 111-113, 119-121
　──の兼任 ………………………………… 111
卸売業 …………………………………………… 105
卸売経営 ………………………………… 118, 120
卸売市場 ………………………… 105, 107, 110, 117
卸売商 …………………………………………… 105
卸売商支配体制 ………………………………… 107
卸売流通 ………………………………………… 67
卸売割引 ………………………………… 111, 120

〔か 行〕

カーネギー財団報告書 ……………………… 164
海外取引 ……………………………………… 105
概念 ……………………………………………… 11
概念拡張論 ……………………………………… 17
科学 ……………………………………………… 15
「科学か技術か」 ……………………… 193, 201
価格競争 …………………………… 109, 230, 232
価格差別 ………………………………………… 78
価格差別規制 …………………………………… 72
科学条件論争期 ………………………………… 15
科学対技芸論争期 ……………………………… 15
科学的管理 …………………………………… 133
　──の諸原理 ……………………………… 190
科学的管理法 ……………………… 187, 190, 199
科学的販売管理 ……………………………… 188
科学的方法 …………………………………… 198
科学哲学論争期 ………………………………… 15
格上げ ………………………………………… 146
学際主義 ………………………………………… 56
格付け ………………………………………… 108
寡占経済 ……………………………………… 107
学科 ……………………………………………… 15
神の見えざる手 ………………………………… 12
関係特定的投資 ………………………………… 98
企業経営的マーケティング …………………… 31
技芸 ……………………………………………… 15
機能学派 ………………………………………… 55
機能錯綜 ……………………………………… 119
帰納主義 ………………………………………… 56
機能代置　→機能の代替可能性
機能的研究 …………………………………… 119
機能的中間商人 ……………………………… 116
機能の代替可能性 ………………………… 91, 97
機能割引 …………………………… 111, 112, 120
規範科学論争期 ………………………………… 15
規範チャネル ………………………… 87-92, 95, 97
教育訓練 ……………………………………… 199

境界論争 …………………………………… 17
業者割引 ………………………………… 111, 120
競争者の保護 …………………………… 73, 79
競争的広告 ……………………… 209, 215, 218
競争の保護 ……………………………… 73, 79
業態 ………………………………………… 133
業態間競争 ………………………………… 146
共同卸売商 ………………………………… 119
虚偽広告 ………………………… 213, 215, 221
クレイトン法 ……………………………… 72
経済学の考え方 …………………………… 13
経済人 ……………………………………… 11
経済成長の諸段階 ………………………… 13
経済的衝突 ………………………………… 66
形態的効用 ………………………………… 12
ケイパビリティ …………………………… 98
ケース・(スタディ・) メソッド …… 142, 227
懸隔 …………………………… 87, 115, 119
原価割れ販売 ……………………………… 72
建設的広告 ……………………………… 218
現存チャネル ………………………… 89, 97
限定機能卸売商 ……………… 108, 120, 121
高圧的マーケティング ……………… 228, 229
公益性 ……………………………………… 71
交換 ………………………………………… 56
交換価値 ………………………………… 214
広告 ……………………… 194, 205, 209, 220
　――の経済効果 …… 229, 230, 232-234, 238
　――の経済性 ……………………… 210-212
　――の経済的分析 ……………………… 220
　――の消費者教育 ……………………… 215
　――の二分法 …………………………… 209
　――の真実性 …………………………… 221
広告アーカイヴ ………………………… 171
広告アローワンス ……………………… 111
広告研究 ………………………………… 216
広告史 …………………………………… 171
広告費 ………………………… 210, 212, 219, 220
　――の源泉 ……………………………… 211
広告批判 ………………………………… 220
公正取引法 …………………………… 69, 72
購買力濫用 ………………………………… 78
効用創出 …………………………… 115, 119
小売業研究 ……………………………… 175

小売業態 …………………………… 133, 146, 153
小売業態開発 …………………………… 112
小売協同組合 ……………… 109, 113, 119
小売業務 ………………………………… 126
小売経営 ………………………………… 126
小売形態 …………………………… 133, 146, 153
小売研究者 ……………………………… 175
小売商業形態 ……………………… 133, 146, 153
小売商圏の実証と理論 …………………… 34
効率性 ……………………… 113, 117, 118
小売店舗形態 …………………………… 133
小売の輪 …………………………… 146, 165, 175
小売流通 ……………………………… 67, 126
小売流通システム ……………………… 134
小売割引 ………………………………… 111
国際小売業 ……………………………… 166
個別経済主体的アプローチ ……………… 3
個別利益 ………………………………… 71
コロンビア大学 ………………………… 126

〔さ 行〕

サービス・マーケティング ……………… 57, 58
サービス卸売商 ………………………… 108
最適ミックス …………………………… 61
再販売価格維持 ………………………… 166
再販売価格維持行為 ……………………… 72
差別化 …………………………… 230, 231
産業材マーケティング ………………… 57, 58
CHARM ……………………… 158, 170-174
CS　→チェーンストア
自己喪失危機 …………………………… 18
資産特殊性 ……………………………… 98
市場細分化 ……………………………… 52
市場分散化 ………………………… 87, 89, 90
『ジャーナル・オブ・コンシューマー・
　リサーチ』………………………………… 172
『ジャーナル・オブ・マーケティング』
　…………………… 49, 54, 163-165, 170, 172, 174, 176
『ジャーナル・オブ・マクロマーケティング』
　………………………………………… 174
『ジャーナル・オブ・リテイリング』
　………………………… 145, 163, 166, 175, 176
社会開発のマーケティング ……………… 12
社会経済的アプローチ …………………… 3

社会経済的マーケティング ……………… 31
収集業者 ……………………… 108, 116, 121
州主義 …………………………………… 75
集団分析 ………………………………… 66
州法 …………………………………… 69, 72, 75
自由放任主義の哲学 …………………… 12
使用価値 …………………………… 214-216
商業経済論 ……………………………… 97
商人卸売商 …………………… 10, 113, 116
商人的中間商人 ……………………… 116
消費者 ……………………………… 212-214
消費者運動 ……………… 166, 220, 229, 232
消費者教育 …………………………… 214
消費者厚生 ……………………………… 79
商品別研究 …………………………… 119
ジョージ・ディーン法 ……………… 127
ジョンズ・ホプキンス大学 ………… 136
新古典派経済学 ………………………… 87
真実の広告 …………………………… 213
新制度派経済学 ………………………… 98
進歩主義 ……………………………… 135
信用 …………………………… 108, 115
心理学主義 ……………………………… 56
心理学の導入 ………………………… 199
垂直的衝突 ……………………………… 68
水平的競争 ……………………………… 68
スーパーマーケット ……… 67, 72, 126, 158
スーパーマーケット・エイジ ………… 75
スタンフォード大学経営大学院 ……… 206
政策形成過程 …………………………… 69
政策決定過程 …………………………… 66
生産者 ……………………… 105, 108, 110
　──の卸売機関 ………… 108, 110, 116
　──の直接販売 …………………… 105
　──の販売支店・営業所 ………… 108
生産性 …………………………… 113, 115
生産費用 …………………… 211, 212, 219
政治的紛争 ………………………… 66, 69
製造業者の卸売市場への参入 ……… 107
正当化の文脈 ………………………… 20
制度的研究 …………………………… 119
制度派経済学 ………………………… 136
セールス・プロモーション …………… 57
セールスマン ……………… 187, 188, 192, 193
　古いタイプの── …………………… 189
セールスマンシップ ……… 131, 191, 197
セールスマンシップ論 …… 191, 196, 198, 201
石油卸売商 ………………… 108, 115, 121
セグメンテーション ………………… 158
セルフサービス ………………………… 67
全国広告論教職者学会 ……………… 207
全国食料品小売商協会（NARG） …… 70
センサス ……… 103, 107, 108, 115-117, 121, 130
センサスデータ ……………………… 131
戦術 ……………………………… 60, 61
全米マーケティング教師協会 ……… 127
専門卸売商 …………………………… 109
戦略 ……………………………… 60, 61
戦略的領域 …………………………… 60
創造的広告 ………………… 209, 215, 218
素朴科学志向期 ………………………… 14

〔た　行〕

ターゲティング ……………………… 52
第一価格政策 ………………………… 111
大規模小売商 ……………… 108, 112, 117
大規模小売組織 ………………………… 66
大恐慌 …………………………… 126, 160
大衆消費社会 ………………………… 126
ダイム・ストア ……………………… 127
代理商 ……………………… 105, 107, 108, 116
大量生産システム …………………… 211
多国籍小売業 ………………………… 175
単一編成 ……………………………… 112
チェーンストア（CS）
　………………… 67, 109, 111, 127, 133, 157
チェーンストア（CS）税法 …… 112, 113, 120
チェーンストア（CS）倉庫
　……………………………… 109, 111, 113, 120
チェーンストア・エイジ ……………… 75
チェーンストア・オペレーション … 126, 133
チェーンストア課税 ……………… 69, 70, 75
チェリントン・ロパー・ウッド社 ……… 206
チャネル構造 ……………… 87, 91, 92, 96
チャネル産出 ……………………… 87-91, 95
仲介手数料 …………………………… 111
中間業者 ……………………………… 130
中間商人排除問題 ………………… 104, 110

中小独立小売商 …………………………… 66
低圧的マーケティング …………………… 229
ディスカウント・ストア ………………… 86
ディスカウント小売業 ……………… 162, 163
ディスプレイ ……………………… 194, 195
手数料商人 ………………………………… 107
ドイツ歴史学派 …………………………… 136
動学的取引費用 …………………………… 98
投下費用説 ………………………………… 11
闘争的広告 ………………………………… 218
動態性 ……………………… 109, 110, 116, 117
トラベリング・セールスマン …………… 187
ドラマー ……………………………… 189, 190

〔な 行〕

ナイスナー・ブラザーズ ………………… 160
仲買商 ……………………………………… 107
仲立商 ………………………………… 107, 116
仲間取引 ………………… 106, 110, 115, 120
ナショナル金銭登録会社 ………………… 196
ニュースレター『RIM』 ……………… 169, 174
ニューディール …………………………… 75
ニューヨーク大学 ………………… 159, 160, 206
農業生産者 ………………………………… 106
能率性 ……………………………………… 118

〔は 行〕

ハーバード・ビジネス・スクール ……… 206
『ハーバード・ビジネス・レビュー』 …… 163
ハーバード大学 …………………………… 125
配送 ………………………………………… 116
配達時間 ………………… 87, 89, 90, 93, 94
場所的, 時間的, 所有的効用 …………… 12
バッファロー大学 ………………………… 161
パワー・コンフリクト論 ……………… 96, 97
反チェーン運動 ………………… 69, 74, 75
反チェーンストア運動 …………………… 69
反トラスト法 ………………………… 72, 79
販売会話の標準化 ………………………… 192
販売管理 …………………………………… 191
販売管理論 ……………………… 197, 199, 202
販売計画 …………………………………… 194
販売代理商 ………………………………… 107
販売費 ……………………………………… 219

販売費用 …………………………………… 210
販売マネージャー ………………………… 195
販売割当 …………………………………… 194
判例法 ……………………………………… 72
販路説 ……………………………………… 11
PB 品開発 ………………………………… 112
PhD 学生セミナー ……………… 167-169, 176
百貨店 ……………………………………… 133
標準化 ……………………………………… 108
VC →ボランタリー・チェーン
ファッション・サイクル ………………… 126
ファッション・ビジネス ………………… 123
ファッション・マーチャンダイジング … 123
フォード財団 ………………………… 48, 55
フォード財団報告書 ……………………… 164
付加価値 ……………………………… 114-121
複合編成 ……………………………… 112, 113
物価管理局 (OPA) ……………… 160, 164, 166
プライマー …………… 190, 192, 196, 200
ブランド …………………………… 194, 195
プリンターズ・インク ………… 159, 167, 213
フル機能卸売商 …………………………… 108
ペドラー …………………………… 189, 190
ペンシルベニア大学 ……………………… 162
ボイコット ………………………………… 109
ホーソン実験 ……………………………… 133
保管 ……………………………… 112, 115, 116
保険 ………………………………………… 116
ポジショニング …………………………… 52
補助商業 …………………………………… 116
ホランダー最優秀論文賞 ………………… 172
ボランタリー・チェーン (VC)
 …………………………… 108, 112, 113, 119

〔ま 行〕

マーケティング
　——の科学論争 ………………… 26, 30, 56
　——の基礎理論 ………………………… 27
　——の境界論争 ………………………… 33
　——の実践史 …………………………… 171
　——のリーダー ………………………… 123
　——の開拓者 …………………………… 123
マーケティング・サイエンス論争
 …………………………………… 26, 30, 56

マーケティング・プログラム ………………… 127
マーケティング・マネジメント ……………… 3
マーケティング・ミックス
　………………… 54, 55, 227, 234, 235-239
マーケティング学 …………………………… 18
マーケティング学説 ………………………… 124
マーケティング機能 ………………………… 91
マーケティング思想 ………………………… 30
マーケティング実践の歴史 ………………… 168
マーケティング理論の発展 ………………… 172
マーケティング理論の歴史 ………………… 168
マーケティング一般理論 …………………… 17
マーケティング史 ……………………… 167, 176
マーケティング史学会 ………… 158, 170-174
『マーケティング史研究ジャーナル』
　……………………………………… 167, 174
マーシャル・プラン ………………………… 128
マーチャンダイジング ……………………… 126
ミシガン州立大学（MSU） ……… 164, 175, 176
ミネソタ大学 ……………… 126, 163, 164, 175
メールオーダー ……………………………… 133
メゾミクロ …………………………………… 77
メタ理論 ……………………………………… 20
メディア ……………………………………… 195
モニーソン最優秀学生論文賞 ……………… 172
モダン・コンシューマー
　………………………… 213, 214, 216, 219, 220
モチベーション維持 …………………… 192, 194

〔や　行〕

優越的濫用行為 ……………………………… 78
有効性 ………………………………… 113, 117, 118
4C ……………………………………………… 57
4P ………………………………… 47, 53, 56-59, 237

〔ら　行〕

利益集団 ………………………………… 67, 71
リスク ………………………………………… 108
略奪的価格 …………………………………… 73
流通・マーケティングの機能 ……………… 27
流通課業環境 ………………………………… 126
流通機関 ……………………………………… 130
『流通経路構造論』 …………… 84-87, 95, 96
流通コスト …………………………………… 74
流通産出（流通サービス） ………………… 135
流通システム ………………………………… 130
流通チャネル ……………………… 83, 85-89, 97
流通費用 ……………………………………… 135
リレーションシップ・マーケティング
　……………………………………… 57, 58, 158
連邦法 ………………………………………… 69
ロット・サイズ ……………………… 87, 89, 90
ロビンソン・パットマン法（RP法）
　…………………………… 69, 72, 78, 112, 113, 120,
割引 …………………………………………… 111

人名索引

〔あ 行〕

アダムス（Adams, H. F.） …………………… 216
アトキンソン（Atkinson, E.） …………… 30, 39
アトキンソン（Atkinson, W. W.） ………… 198
ウィリアムソン（Williamson, O. E.） ……… 98
ヴェイル（Vaile, R. S.） … 14, 95, 163, 220, 232
ウェルズ（Wells, D. A） ……………………… 40
ウェルド（Weld, L. D. H.） …… 28, 55, 123, 207
ウォーカー（Walker, A.） …………………… 199
ヴォーン（Vaughan, F. L.） …………… 220, 232
エメリー（Emery, H. C.） …………………… 41
オルダースン（Aldreson, W.）
　　　………………… 14, 86, 88, 93, 95, 123, 162, 225

〔か 行〕

カリトン（Clliton, J. W.） ……………… 54, 234
カスター（Kastor, E. H.） ………………… 217
カルドア（Kaldor, N.） …………………… 218
クールセン（Coolsen, F. G.） …………… 30, 38
クラーク（Clark, F. E.） ……………… 28, 88, 123
グルンルース（Grönroos, C） ……………… 59
クレヴェット（Clewett, R. M.） …………… 86
グレサー（Grether, E. T.） ………………… 86
ゲイ（Gay, E.） ……………………………… 206
ゲイル（Gale, H.） …………………………… 41
ケリー（Kelly, E.） ………………………… 237
コープランド（Copeland, M. T.）
　　　……………………… 141, 143, 200, 207, 226
コックス（Cox, R.） ………… 14, 86, 117, 123, 162
コトラー（Kotler, P.）
　　　………………… 3, 17, 33, 57, 60, 61, 207
コンヴァース（Converse, P. D.） … 14, 25, 225

〔さ 行〕

サビット（Savitt, R） ……………………… 170
シェス（Sheth, J. N.） ……………… 37, 87, 96, 97
シュンペーター（Schumpeter, J. A.） …… 68
シャーラー（Schaller, E.） ………………… 160
ショウ（Shaw, A. W.）
　　　……………………… 27, 39, 55, 116, 207, 227
ジョーンズ（Jones, D. G. B.） ……………… 174
スコット（Scott, W. D.） …………… 125, 216, 228
スターチ（Starch, D） ………………… 226, 228
スターン（L. W. Stern） …………………… 96, 97
スティグラー（Stigler, G. J.） ………… 95, 166
セングプタ（Sengupta, S.） ………………… 84

〔た 行〕

ダグラス（Douglas, A. W.） ……………… 199
竹内弘高 ……………………………………… 85, 97
ダディ（Duddy, E. A.） ……………………… 83
ダビッドソン（Davidson, W. R.） …… 88, 104
ダンカン（Duncan, D.） ……………………… 86
チェリントン（Cherington, P. T.）
　　　…………………………………… 205, 228, 232
ティパー（Tipper, H.） …………………… 217
テイラー（Taylor, F. W.） ………… 133, 190, 199
トスダル（Tosdal, H. R.） …………… 199, 226
ドラッカー（Drucker, P.F.） ………… 131, 225
トルーマン（Truman, D. B.） ……………… 67

〔な 行〕

ネイソン（Nason, R） ……………………… 170
ナイストロム（Nystrom,P.H.） …………… 123

〔は 行〕

バーゴ（Vargo, S. L.） ……………………… 60
パーソンズ（Parsons, F.） ………………… 217
バーテルズ（Bartels, R.） …… 3, 26, 83, 86, 87,
　　　　　　　　　　　　104, 167, 205, 226, 227, 233
パターソン（Patterson, J. H.） ………… 190, 196
バックリン（Bucklin, L. P.） …………… 83, 153
バックリン（Bucklin, R. E.） ……………… 85
バトラー（Butler, R. S.） ………………… 88, 207
ハフ（Huff, D. L.） ………………………… 36

人名索引　259

バライ（Baligh, H. H.）·················· 95
パラマウンテン（Palamountain, J. C. Jr.）
　·· 65
バルダーストン（Balderston, F. E.）········· 95
ハロウェイ（Holloway, R. J.）················· 55
ハワード（Howard, J. A.）·········· 3, 37, 55, 237
ハント（Hont, S. D.）············ 15, 17, 124, 136
ピグー（Pigou, A. C.）······················ 218
ファーカー兄弟(Farquhar, A. and Farquhar, H.)
　·· 40
ブラウン（Brown, L. O.）··················· 234
ブリスコ（Brisco, N. A.）···················· 198
フレイ（Frey, A. W.）······················ 237
ブレイヤー（Breyer, R. F.）··················· 83
フレデリック（Frederick, J. G.）······ 199, 210
風呂　勉······································ 97
ヘス（Hess, H. W.）························ 217
ベックマン（Beckman, T. N.）········ 103, 123
ベントリ（Bentley, A.）······················ 66
ホイト（Hoyt, C. W.）······················ 187
ボーデン（Borden, N. H.）
　························ 54, 55, 123, 220, 225
ホール（Hall, S. R.）······················ 217
ホチキス（Hotchkiss, G.）··················· 217
ホランダー（Hollander, S. C.）
　························· 50, 148, 153, 157
ホランダー夫人（Hollander, Selma）
　·································· 164, 175
ホリングウォース（Hollingworth, H. L.）
　·· 216
ホワイト（White, P.）······················ 200

〔ま　行〕

マーシャル（Marshall, A.）
　························· 209, 218, 219, 221
マーシャル（Marshall, M. V.）··········· 235
マクガリー（McGarry, E. D.）········· 55, 161
マクネア（McNair, M. P.）
　························· 141, 165, 226, 227
マズロー（Maslow, A. H.）··················· 13
マッカーシー（McCarthy, E. J.）···· 3, 47, 237
メイ（May, E. G.）························ 145
モリソン（Morrison, E. J.）··················· 199

〔や　行〕

山中豊国································ 5, 12

〔ら　行〕

ライリー（Reilly, W. J.）···················· 34
ラッシュ（Lusch, R. F.）··················· 60
ラッスーリ（Rassuli, K）··················· 168
ラロンド（La Londe, B. J.）··············· 199
ラングロア（Langlois, R. N.）·············· 98
リオン（Lyon, L. S.）················· 123, 200
リヒャーツ（Richartz, L. E.）················ 95
レヴザン（Revzan, D. A.）······ 83, 86, 88, 119
レイザー（Lazer, W）············ 104, 170, 237
レビット（Levitt, T.）······················ 225
ロストウ（Rostow, W. W.）··················· 13
ロバートソン（Robertson, P. L.）············ 98
ロビンソン（Robinson, J.）··················· 13

執筆者紹介（章編成順，◎編集責任者）

上沼　克徳	神奈川大学経済学部教授	（第1章）
◎小原　　博	拓殖大学名誉教授	（第2章，補録）
堀越比呂志	慶應義塾大学商学部教授	（第3章）
渡辺　達朗	専修大学商学部教授	（第4章）
大内秀二郎	近畿大学経営学部准教授	（第5章，補録）
後藤　一郎	大阪経済大学経営学部教授	（第6章）
東　　伸一	青山学院大学経営学部教授	（第7章）
鳥羽　達郎	富山大学経済学部教授	（第8章）
William W. Keep	ニュージャージー大学経営学部教授	（第9章）
薄井　和夫	埼玉学園大学特任教授，埼玉大学名誉教授，エディンバラ大学客員教授	（第9章日本語訳）
越川　靖子	目白大学経営学部専任講師	（第10章）
戸田裕美子	日本大学商学部准教授	（第11章）
野村比加留	東京農業大学生物産業学部准教授	（第12章）

2019年2月28日　初版発行

《検印省略》

マーケ学説（米Ⅱ）

マーケティング学説史
―アメリカ編Ⅱ―

編　者　©マーケティング史学会

発行者　中　島　治　久

発行所　**同文舘出版株式会社**

東京都千代田区神田神保町1-41　〒101-0051
電話　営業 (03)3294-1801　編集 (03)3294-1803
振替 00100-8-42935　http://www.dobunkan.co.jp

Printed in Japan 2019

印刷：萩原印刷
製本：萩原印刷

ISBN 978-4-495-64951-7

JCOPY〈出版者著作権管理機構 委託出版物〉
本書の無断複製は著作権法上での例外を除き禁じられています。複製される場合は，そのつど事前に，出版者著作権管理機構（電話 03-5244-5088, FAX 03-5244-5089, e-mail: info@jcopy.or.jp）の許諾を得てください。